VARIAÇÕES GOLDMAN

Bernardo Ajzenberg

VARIAÇÕES GOLDMAN

Rocco

Rio de Janeiro – 1998

Direitos desta edição reservados à
EDITORA ROCCO LTDA.
Rua Rodrigo Silva, 26 – 5.º andar
20011-040 – Rio de Janeiro, RJ
Tel.: 507-2000 – Fax: 507-2244

Printed in Brazil / Impresso no Brasil

preparação de originais
ELIZABETH LISSOVSKY

CIP-Brasil. Catalogação-na-fonte
Sindicato Nacional dos Editores de Livros, RJ.

A263v
Ajzenberg, Bernardo
Variações Goldman / Bernardo Ajzenberg. — Rio de Janeiro: Rocco, 1998

ISBN 85-325-0903-7

1. Romance brasileiro. I. Título.

98-0996
CDD – 869-93
CDU – 869.0(81)-3

Variações – Uma das mais importantes formas de composição, consistindo em certo número de reformulações ou repetições modificadas de um tema (...) As contribuições de J. S. Bach para a forma são consideráveis, e incluem as Variações Goldberg (...) – *Dicionário de Música Zahar*, página 396.

1

Vêem no tio algo especial, e suponho que esse algo especial deva brotar como um halo em torno do meu corpo apenas quando eles estão por perto. Não fosse assim, o assédio seria inexplicável diante do que fiz e sou. Procuram-me sempre, aí está. Adoram vir aqui. Mas o que encontram nesta carcaça, sinceramente nem sei.

Apesar de lhes dizer que ninguém é velho aos quarenta, decerto acreditam que já funciono mal e que portanto, dentro em breve, somente fraldas geriátricas serão capazes de me salvar de um escândalo público. Seus olhares exprimem essa convicção – a de que estou próximo da morte –, o que, além de revelar a incontornável ignorância decorrente da idade, idade deles, não minha, bem entendido, constitui clara estupidez, mais uma, aliás, em sua coletânea de asneiras.

Os cabelos ruivos e as entradas irreversíveis talvez contribuam para tal imagem, admito. Quem sabe tenham eles ouvido bisbilhotices a meu respeito – essas jamais faltarão na vida de uma pessoa adulta – e, em sua fantasia, acrescentem dezenas de rugas às já estabelecidas precocemente no meu rosto puído e sardento, descorado e cheirando a mofo. Ou ainda, com seu verde turvo, quase cinza, a cada dia mais espremidos nas cavidades marcadas em que se alojam, meus olhos talvez fracassem no esforço instintivo de disfarçar o tempo acumulado em progressão geométrica, tantos foram os furos n'água, as caçadas vãs, as braçadas no ar. Essa mania de acariciar os móveis e as paredes constantemente, como se fossem de veludo, e tantas outras excentricidades – não se descarta que também elas, por sua conotação marginal, motivem neles as duas coisas: o grude em relação a mim e a sensação de estarem se dirigindo a um velho.

Patetice, em todo caso.

Sejam elas quais forem, importam menos as causas e mais os fatos. Pois a verdade é que não entendem nada de nada, os meus sobrinhos, pobres-coitados que são, e demonstram tal realidade a cada conversa, no gesto, nas roupas, no desalinho dos cabelos longos.

Não que desgoste deles. Ao contrário: recebo-os com prazer, seja aqui, interrompendo reuniões, seja em casa, tanto faz. Não me impaciento, dado que, além de ingênuos e geralmente belos, adolescentes são impermeáveis ao ambiente. Sabem o que querem, embora, a meu ver, imaginando sonharem muito, queiram na verdade pouco. Procuram-se uns aos outros como animais em tempo de cio, por isso riem às escâncaras e choram demasiado. Zangam-se por um pio à toa e se jogam com tamanha facilidade sobre qualquer cama ou sobre qualquer tapete. Seres insuportáveis, se não se souber olhá-los, nada do que possam dizer constituirá no entanto alguma novidade – isso está tão fora de questão quanto a pureza da sua pequena lucidez. Vez por outra, porém, vale a pena ouvir o cacarejo que emitem: realimenta-me o cérebro infectado, ao menos isso; faz-me constatar, ademais, o quanto já fui besta também.

Nenhum filho, nada de compromissos. Neste ar-condicionado, junto à mesa de vidro, mais tempo passo aqui do que em meu apartamento. O café da manhã, faço-o todos os dias no trajeto percorrido a pé até este edifício, em um *coffee shop* de estilo europeu forrado de madeiras, cores e chás, careiro mas bem-cuidado, a cem metros de casa – o país finalmente avançou, já temos estabelecimentos assim por estas bandas. Chama-se Chez Bougnat, nome certamente tirado de algum cartão-postal francês; ou belga, quem saberia? Na mesa de mármore preto salpicado de pontinhos brancos, no canto que para mim reservam sob o pôster preto-e-branco assinado Robert Doisneau no qual um jovem casal parisiense se beija com paixão, ali abro toda manhã o jornal ou o computador e leio o que há de essencial, isto é, a lista de falências e concordatas no ramo de engenharia, materiais para construção e assemelhados.

Dias atrás visitou-me o Álvaro, o sobrinho do meio. Rapazola franzino, espinhudo, nem o primeiro grau terminou mas já planeja ser fagotista, músico de orquestra, e parece querê-lo de verdade, com a força de uma ânsia genuína – só por essa peculiaridade, aliás, é que lhe perdôo as impertinências da idade. Timidamente, perguntou-me por que os porta-retratos daqui do escritório trazem apenas animais, casas ou paisagens, nenhuma pessoa.

– Sei lá – respondi a seco, sem pensar. – Simplesmente aconteceu – eu disse. E o menino, mesmo engolindo mal a explicação – Álvaro é um imperito na vida, mas de burro não tem nada –, ficou calado por instantes, em respeito aos meus olhos, ou aos meus anos, a que mais poderia ser?, levando depois a conversa para outro assunto. Não é de briga, o pequeno Álvaro.

Percebo hoje, no entanto, que embora tenha me sentido um trapaceiro no momento em que a emiti, não estava na verdade mentindo para o meu sobrinho ao lhe dar aquela resposta vaga e um tanto inibidora. Até agora, durante os muitos invernos e verões passados, as coisas de fato aconteceram assim, sem que eu tivesse o menor controle sobre elas, sem que eu notasse a densidade ou o formato da sua acumulação. Aconteceram. Pronto. Falha minha, com certeza: ao longo de tantos anos, não me deixei possuir pela necessidade de domar os meus próprios passos, e certamente temi assumir a responsabilidade pelo que de bom ou de ruim pudesse acontecer comigo e com os que estiveram próximos de mim.

De um modo ou de outro, enfim, desapareceram pouco a pouco os olhos, bocas e narizes que me circundavam. Carcomidos ou deformados, afastaram-se, sumiram de mim. Poderia ter sido diferente? Sei que poderia, e para tanto não dependia de outra pessoa que não eu mesmo. Mas assim foi, aí está. Que hei de fazer agora?

Espero poder lhe contar dentro de alguns anos, mas dessa vez ainda não disse para o Álvaro que os tais olhos, bocas e narizes, esses mesmos que acabaram desalojados um a um dos porta-retratos, tinham ou têm nome de gente, alguns familiares a ele, outros não: Dorieta, Izabella, Rovai, Gisele, Dario, Moisés, Márcia... Não lhe disse, tampouco, que a essas coisas com nomes de gente – há razões concretas para classificá-las dessa maneira, eu mesmo as destruí, tornei-as coisas, não tenho como esconder de mim essa façanha, embora tal feito cheire a canalhice –, a elas, portanto, devo o sombreado permanente do meu rosto de agora; a elas devo a miséria acolchoada deste escritório em pleno Moema, o atributo de rabugento de que vira e mexe me acusam e o descompasso das minhas euforias; esta Montblanc de prata e os ternos escuros que visto sempre; ou ainda as sóbrias gravatas cuja seda me acaricia os lábios às escondidas. Não lhe disse que a elas devo igualmente o quanto tive de rubor na face quando fui alegre, a solidão presente e esta cigarreira dourada, vazia sobre a mesa.

Minha história, eu lhe confessaria também dentro de alguns anos, não valeria nem sequer uma lenha queimada ao fogo se ela não fosse, na verdade, a história dessas coisas com nomes de gente.

Direi tudo isso algum dia ao meu sobrinho Álvaro?

A secretária virá me aborrecer em instantes, como sempre, quando a fumaça deste petit-corona, esvaindo-se na sala, a ela revelará ter chegado o momento de perguntar se preciso de algo – a jornada tem de começar, afinal de contas. Já sabe que aguardo para qualquer momento a visita de Plínio, outro dos sobrinhos, o mais velho, e que para ele a porta está sempre aberta. Assim será, e, com a boca ressequida pelos efeitos do charuto, disposta para o trabalho, direi então "perfeito, pode tocar as ligações". A querida secretária. Escrava!

Até que tudo isso aconteça, porém, devo saldar a dívida

contraída com Teodoro Meyer anos atrás, quando compreendi que, embora depois para uns do que para outros, chega inevitavelmente uma idade em que é preferível ignorar certas realidades. Se decido fazê-lo nos momentos que restam nesta manhã, antes que Plínio me assombre, ele também, com suas perguntas, é por sentir que só agora estou preparado para pagar tal dívida, ainda que um outro Teodoro Meyer, sucessor do primeiro, justamente agora não o mereça mais.

Sinto-me levado a isso, na verdade, e com urgência. Devo evitar que tal disposição me escape novamente, que se refugie outra vez em um canto qualquer, inacessível, da cabeça. Ademais, executá-lo não durará nem sequer o tempo que um charuto de qualidade leva para consumir-se, tenho certeza. Trata-se, no fundo, de um passivo simples: fechar os olhos, "feche muito bem os olhos", dizia Meyer antes de sua transmutação, e rememorar, sem qualquer censura ou interrupção, insistia ele nisso, "sem qualquer censura ou interrupção", rememorar sem temor tudo o que passou, "tudo, sem temor", enfatizava o primeiro Meyer. Nada mais do que isso.

Demorou, acima do cabível, talvez, mas sinto que agora posso entregar-me à tarefa. É o mínimo que tenho a fazer, aliás, anos depois, em homenagem a ele e, por que não?, às outras figuras que sumiram de meus porta-retratos.

2

“Certos empreendimentos humanos, uma grande construção arquitetônica, por exemplo, costumam nos deixar calados, boquiabertos, à beira da embriaguez. Aos nossos olhos de comuns mortais, eles parecem inatingíveis, erguem-se como potência assustadora, algo impossível, apresentam-se como fenômenos extraterrenos, virtuais. A engrenagem dos sentidos se entorpece diante de sua beleza monumental, muitas vezes obscura, a ser decifrada com paciência, e somos acometidos por uma espécie, bastante comum, de muda admiração.”

Essa afirmação, uma das primeiras que li em meu curso de Arquitetura, soa óbvia agora. Mas se dela não escapo, após tantas e confusas vagabundagens, é porque no dia 21 de julho de 1984, os olhos já em alerta para captar essa beleza ao mesmo tempo concreta e enigmática, aprendi que a mesma mumificação contemplativa imposta por um colosso arquitetônico pode se apoderar de nós quando nos deparamos com certo tipo, bastante raro, de pessoa.

A diferença entre uma reação e a outra é que, no primeiro caso – o da obra humana –, uma aplicação estóica ao estudo ou a curiosidade pura e simples podem levar a uma compreensão no mínimo razoável dos eventos de início assombrosos que o conhecimento produz, e sobrevém, então, a saudável sensação da meta conseguida; enquanto no segundo caso – o do ser humano – as conseqüências do choque, além de permanecerem anos e anos inexplicadas, podem se tornar dolorosamente irreparáveis.

Acabara de nascer o Plínio, primogênito dos sobrinhos, por isso guardo a data com precisão. Eu passeava pelos corredores da Pro Matre depois de visitar Gisele entre caixas de bombons, ver à distância o rosto amarrotado do sobrinho e ganhar de Moisés um charuto Cohiba ressequido e áspero, irrecuperável. Caminhava lentamente. Flanava à deriva entre os penduricalhos azuis e cor-de-rosa das portas fechadas, enfermeiras de óculos, um ou outro arranjo floral esparramado pelo piso de paviflex.

A cada metro se agudizava a recorrente sensação de um bolor crescendo dentro da cabeça. Levada por força natural a se concentrar no único ponto nervoso do ambiente, uma névoa de azedume me envolvia. Com o concurso do éter espalhado no ar, fazia-me esfregar os olhos segundo a segundo entre avisos vários, cortando em diversos pontos a procissão minguada de alegres novas-mães inchadas a ensaiarem passos de chinelo e penhoar.

Isso se explicava por que, a despeito dos atritos constantes e de odiar Moisés, eu ainda gostava de minha irmã naquela época. Mantinha-nos ligados, um ao outro, algum pendor imemorial. Além disso, incomodava-me, também, o fato de que Plínio, prematuro, precisaria ficar no mínimo quinze dias numa incubadora.

No quarto andar da maternidade, um homem rechonchudo com metro e meio de altura e terno cinza postou-se no meio do corredor, por onde eu ia, interrompendo a minha caminhada. Parados então um defronte ao outro, como animais que se estranhassem, ele ergueu os olhos em minha direção.

– Nada boa essa aparência, jovem – alertou-me. Tinha uma sobriedade militar na voz e na postura, aquele homem, mas, ao mesmo tempo, sua mirada era a de um frade morno e caridoso.

– Meu nome é Braga. Estou aqui para ajudá-lo. Precisa de alguma coisa?

Enquanto eu inclinava o corpo para um lado e para outro, mostrando impaciência, seu olhar teimava, firmava-se interrogativo, cada vez menos aceitável. Não fosse a cabeça a impor respeito, cabeça cintilante de tão branca que era a curta cabeleira sob o boné de lã azul, teria lhe dado logo um safanão ou algo parecido, para seguir em frente.

– Tudo bem, senhor Braga, OK, está tudo OK, estou em paz. Não se preocupe comigo, obrigado – eu disse tudo isso com um sorriso ainda mais teatral do que o olhar dele, minha cabeça então voltada, mais uma vez, para o chão lustroso da maternidade.

Arrastei a língua pelos lábios, rangi os dentes. Sentia-me inapto a qualquer conversa, disposto apenas a escapulir o quanto antes daquele benfeitor incômodo surgido eu não imaginava de onde. Não só dele, na verdade: estava louco para me afastar da chatice geral reinante ali, dos penduricalhos azuis e cor-de-rosa com rendinhas e fitas de seda, das tias nervosas, das sogras e avós afoitas – farto de parentelas, enfim, e da minha para começar.

Mesmo de cabeça abaixada, esfregando os olhos, notei as mãos espalmadas do velho em seu resmungo. "Tudo bem também, jovem, pelo menos tentei, você é que sabe" – ele expressava algo assim naquele gesto meio irônico meio resignado, ao finalmente abrir a passagem para mim, com um risinho frouxo sob o boné. Achava-se sábio, o senhor Braga. E nisso talvez tivesse razão.

Sem olhar para trás, continuei então o meu trajeto, rumo à escadaria, ao final do corredor do quarto andar.

Naquela época, além do bolor no cérebro, eu experimentava uma nova lente de contato, do tipo gelatinosa, e não me adaptava a ela. Ela não se adaptava a mim, a bem dizer. Meus olhos andavam irritadiços, efervescentes, embotados num ardor constante; perambulavam feito um par de morangos voadores. As pessoas precisam saber se mancar em certas horas, é o mínimo – tentei raciocinar a esmo em meio à coceira incontrolável nos olhos enquanto descia em ziguezague mais um lance de escadaria. A atitude do sr. Braga realmente incomodara.

No terceiro andar, estranhamente vazio para aquela hora em tarde de sábado, notei uma moça com a testa encostada na vidraça do berçário. Uma capa cáqui cheia de dobras e ondulações a encobria, ficando à mostra, além da cabeça, apenas a sapatilha vermelha e brilhante. Escondido até a metade pela cabeleira castanha e lisa, em corte chanel, o que mais expressava sua condição feminina, afora a sapatilha e a caída do corpo, era o pescoço, muito grosso, robusto, mas dotado de uma acentuada curvatura. Não vi as mãos dela – a rigor, não entendi onde poderiam estar metidas naquele instante.

Ao pé da escadaria, parado no início do corredor, observei a moça por alguns segundos. Pensei em dirigir-me a ela, perguntar se os meus olhos estavam muito vermelhos, pois de fato ardiam e me castigavam mais e mais. Claro, seria essa também uma forma educada, perspicaz e indireta de um homem solteiro e jovem como eu abordar alguém que à distância o atraía, uma tática não demasiado hipócrita de provocar a empatia de um olhar aprofundado e de, quem sabe, trocar a maternidade por uma paisagem mais edificante. Livrar-me do mal-estar, enfim; largar no corredor a melancolia que teimava em não se dissipar.

Feias ou bonitas, magras ou gordas, as mulheres estão sempre mais disponíveis do que se supõe. Tão ou mais disponíveis do que os homens até. Gostem elas que se diga isso ou não, gostem eles também ou não, trata-se de uma afirmação incontestável. Somente certa estreiteza de espírito ou a imaturidade nos levam a pensar o contrário, a nós pobres medrosos e a elas falsas tímidas. É natural, e é bom. Sempre pensei assim: trata-se de animais. Não passamos disso, uns e outros.

Agora, no corredor, enquanto eu permanecia hesitante, duas, três, quatro intenções se amontoavam à vista daquela capa cáqui. Convulsas dentro de mim, passavam a estimular em conjunto os movimentos do meu corpo. Aproximei-me então da moça devagarinho, evitando assustá-la, entretida que estava pelo vaivém de tons pastel dentro do berçário. Enquanto a olhava concentrado, com todo o esforço que implicava o rebuliço nos meus olhos, atacou-me a impressão de que o tempo de repente estancara na maternidade. Havia somente eu e ela. Um silêncio de túnel vazio ocupou o andar inteiro.

Já a menos de um metro, passei a ouvir sua respiração, como se costuma dizer, mas ela permaneceu imóvel, o ombro e a cabeça apoiados no vidro do berçário. Estivesse maquiada e vestida de branco, poderia passar por um desses artistas de rua que se fazem de estátua para ter o trocado dos turistas. Será uma cega? Face a uma fixidez tão definida, cheguei a aventar essa hipótese esquisita, pois parecia mesmo inimaginável que até aquele momento ela não me tivesse visto. Ao mesmo tempo, reparei que tínhamos altura semelhante, embora a mulher não estivesse ereta e fosse visivelmente magra. Um e setenta e cinco de altura, no máximo, calculei.

No momento seguinte, um garotinho com roupa e maquiagem de palhaço passou por nós, olhando para trás e rindo efusivamente. Sumiu súbito, ao final do corredor, de onde eu viera; parecia brincar de esconde-esconde. Esbocei um sorriso, adotando a criança como álibi, mas foi um sorriso frouxo e inútil. Nada na verdade seria capaz de desfazer a paralisia do ar naquele terceiro andar da maternidade.

Aguardei um tanto ainda, na expectativa de que a moça se virasse naturalmente, ante a imantação que o espaço cada vez mais reduzido provocava entre nós. Apelei à paciência, apertei os olhos, grudei-me ao chão. Cheguei a torcer para que o garotinho ressurgisse mais barulhento, mas ele de fato sumira em definitivo.

Aos poucos senti minhas mãos se mexerem por conta própria. Eram as tais intenções convulsas, aí está. De uma hora para outra a ansiedade se assenhoreava de mim, desfazendo a espera forçada. Toquei então de leve no seu ombro esquerdo – a inércia da capa cáqui me fisgara de vez, meu gesto brotou sem mais, em pleno descontrole –, enquanto a pergunta que pretendia lhe fazer já escalava a garganta: algo como "desculpe, mas você pode dar uma olhada nos meus olhos, dizer se estão vermelhos demais?"

Centímetro a centímetro, após meu toque no ombro, a moça girou o corpo, ergueu o pescoço pudicamente, encarou-me, e quem acabou por levar um susto fui eu. Seu movimento, quase calculado, com feitio de ioga, fez se distanciarem de minha consciência os motivos vulgares pelos quais eu estava ao seu lado àquela hora; não só ali, no terceiro andar da maternidade, devo dizer: produziu-se de repente, mundo afora, uma ausência total, assim me parecia; um intervalo de existência fincou-se por todo canto, cobrindo São Paulo em revoada; e eu podia senti-lo ao mesmo tempo inteiro dentro de mim.

A verdade é que, talvez por causa da capa, até ali eu não dera muito para a moça fisicamente. Mas agora, tão próximos ficáramos um do outro que eu podia absorver ponto por ponto o seu rosto pálido e retangular. E daí provinha o maior impacto. Dos olhos, mais precisamente. Imensos, de um azul-piscina que eu jamais vira em toda a minha vida, estavam avermelhados, muito mais túrgidos e inchados do que os meus poderiam estar naquele momento. Avolumavam-se, esses olhos, tristes e improváveis, à altura da minha testa.

Havia num dos berços de acrílico uma criança cuja roupa se diferenciava. Era uma malha vermelha, cor de sangue, e a blusinha debaixo tinha a mesma cor. Em especial para essa criança, provavelmente uma menina, é que se voltavam os olhos da moça até que eu a tocasse. E certamente por uma coincidência inexplicável, a mesma criança, que até então se movia aos berros, numa agitação incomum que deixava seu rosto quase tão vermelho quanto a roupa, pareceu se tranqüilizar no pedaço de tempo em que eu me aproximava e tocava na capa cáqui. Tão claro isso ficou, que ela mesma, a moça de olhos vermelhos, deve ter sentido o fenômeno – o qual, além do meu toque, sem dúvida contribuiu para que prestasse alguma atenção à minha pessoa.

Mais próximos ainda um do outro, engoli em seco. Senti que a atração entre os nossos corpos fazia no meu sangue um efeito devastador. Na falta de qualquer apoio – quase tombei de encontro à vidraça do berçário –, por pouco não esmaguei o Cohiba escondido na mão esquerda.

No lado direito do seu rosto, da altura das narinas descia rumo aos lábios uma cicatriz fininha, um fio branco de pele, não mais do que dois centímetros de comprimento. Mal consegui manter a respiração, nesse embaraço, quanto mais articular a pergunta que planejara; pois o que via, bem à minha frente, mais do que uma pessoa esquisita e atraente, parecia uma entidade híbrida, uma espécie de monstro angelical que me derreava.

Sem deixar de dirigir a atenção para o rosto da moça, comecei a me deparar, internamente, com outra pergunta, ressurgida no cérebro embolorado; a dúvida de sempre, a bem dizer, indesejada mas presente desde muitos anos antes: por que motivo devo existir, verme ruivo e sardento que sou, já que alguém como eu, ruivo e sardento, bolachudo de merda, diante de algo assim, diante de uma pessoa assim, alguém como eu não mereceria estar aqui? Em vez de ouvir qualquer resposta, a qual, a rigor, seria naquele momento inencontrável, senti um calafrio, seguido de uma vontade de encostar meus lábios naquela boca tremulante.

Todas essas sensações aconteciam ao mesmo tempo. Embaralhavam-se. Não podem ter consumido mais do que cinco segundos – os movimentos leves da moça, a exposição de olhos, o roçar da capa e sua imantação, meu desconcerto –, mas alcançaram uma intensidade desproporcional a essa duração.

– Nossa, cuidado, você está com os olhos muito vermelhos, parecem dois rubis – disse a moça, de repente, com uma voz suave e cadenciada, que planava sobre marolas. – Aconteceu alguma coisa séria com você.

É cômico admiti-lo, tantos anos depois, mas creio que cheguei a salivar em conseqüência dessas palavras, tamanho o pânico de que fui acometido ao ouvi-las diante do berçário.

Ela tirou do bolso um lenço azul-marinho e, com sua mão branca de unhas curtas, estendeu-o para mim.

– Melhor dar um trato nisso – recomendou; e aquilo era uma ordem, na verdade.

Tão grande o meu descompasso, tão cheio de frisos o seu olhar, ficamos de novo paralisados junto à vidraça nem sei quanto tempo, no meu rosto o lenço, perfumado de patchuli, ela com as mãos nos bolsos da capa. Pensei em lhe dizer "olha, teus olhos também estão assim, bastante avermelhados, piores que os meus até", mas nada saía de minha boca além de uma expressão de pasmo – por pouco não me saltaram dos olhos as novas lentes de contato. Eu simplesmente não estava preparado: senti, naquela hora, que eu não sabia o que eu queria, que nunca iria saber o que queria, aí está, a não ser que aquela moça o indicasse.

A imobilidade entre nós já se aproximava do insuportável, transformando-se num duelo involuntário entre olhos abatidos, quando por fim a convidei a tomar um café na lanchonete da maternidade. Ela fez um movimento ligeiro com o rosto, franziu a testa como quem repreende a ruptura de um encanto, depois sorriu sem mostrar os dentes nem desviar dos meus os olhos avermelhados.

– Por que a gente não toma alguma coisa em outro lugar, fora daqui? – sugeriu. Rápida e certeira, pensei, surpreso com proposta tão ousada.

Nesse instante, uma enfermeira apareceu do nada, a passo lento, com cabelos mechados e duros como bombril arranjados em forma de suspiro. Examinou-nos demoradamente, de cima a baixo, revirando os olhos por trás dos óculos de aros verdes – o que quer essa filha-da-puta?, pensei; justo agora! – para partir em seguida, expedita, com passos pequeninos.

Chacoalhei então a cabeça, na mão esquerda o lenço amarfanhado, na direita o charuto a se decompor com o meu suor. Ali no corredor, em menos de dois minutos, esquecera-me da vermelhidão que antes me arrasava os olhos. Sendo, aquele convite, muito mais do que poderia desejar, assenti de imediato, sem disfarçar a perplexidade e o entusiasmo que me dominavam. Sentia-me atado, aí está; pequena presa; ou, ainda, um esmoleiro, esmoleiro torpe a babar de contentamento face à graça de um ser superior – era isso, eu ali, nada menos do que isso.

Sem trocar qualquer palavra, caminhamos rumo ao elevador.

– Vamos de escada mesmo – propôs a moça, desviando à esquerda e avançando degraus abaixo com seu corpo grande, à minha frente, embora na escadaria coubéssemos os dois lado a lado.

À saída, no balcão de distribuição de crachás para visitantes, dei de frente com o senhor Braga, o baixinho de boné que me interpelara pouco antes no quarto andar da maternidade. Pensei por um momento que ele já houvesse esquecido de mim, ou desistido de me dar atenção. Mas enganei-me. Ao contrário, sem cerimônia o velho se aproximou, analisou-nos com meticulosidade – efetivamente, éramos uma dupla estranha naquela casa –, e, esfregando as mãos uma na outra, deu uma piscadela em minha direção.

– Agora as coisas estão resolvidas, não é, rapaz? Parabéns.

A diferença entre essa impertinência e a da enfermeira de cabelos mechados era que ele, o sujeitinho do boné, mostrava-se de fato preocupado com o meu bem-estar, sendo inoportuno portanto sem querer, enquanto ela, a funcionária policialesca, apenas cumprira a sua função de bedel uniformizada. Induzido por esse raciocínio, retribuí o novo gesto e as palavras do senhor Braga com um sorriso menos embaçado do que o produzido da primeira vez. O homenzinho sorriu também – sem dúvida captara a evolução do meu estado de ânimo – e, depois de dar uma brusca meia-volta dois metros adiante para fazer uma continência, mão esquerda na pala do boné, retirou-se com pompa. Cumprira a sua missão; assim dava-me ele a entender.

Embora me ocupassem esses salamaleques do velho de boné, notei entretanto que, naquele curto intervalo de tempo, a moça da capa cáqui, minha nova companhia, adiantara-se para o guichê de crachás e recebera de volta do segurança os nossos documentos. Ao voltar-me para ela, já liberado do senhor Braga, vi então em suas mãos, erguida no ar, a minha carteira de identidade, na qual uma foto em preto-e-branco de garoto azedo denunciava ainda mais os traços já normalmente desconexos do meu rosto. Era de um desajuste humano absoluto, aquela foto, nada menos do que isso; eu parecia ter levado dois tapas no rosto, um de lado e um bem de frente, antes de me sentarem, com certeza à força, na cadeira do fotógrafo.

– Hummm... Gold... man... Sil... vi... o... Gold... man... – As sílabas saíram de sua boca de novo lentamente, em forma de melodia, uma a uma. – Adoro judeus. Tão certinhos, pinheiros condenados, eles são, recheados de passado, os pintinhos desde cedo ressentidos, não é isso? Adoro mesmo! – ela sorriu depois de dizer essas palavras, e eu, eriçado mais uma vez, não consegui detectar se naquela exposição de dentes bem tratados havia uma franqueza escancarada, um desdém mal planejado, um ódio em formação, quem sabe uma ironia pouco sutil ou simplesmente um escárnio disfarçado. Cheguei a conjeturar se não se tratava, na verdade, de uma mistura terrorista de todas essas possibilidades.

Tremeu-me a cabeça nesse momento. Meu pescoço entortou. Senti uma fisgada junto à garganta. Logo, porém, a temperatura agradável na rua devolveu, por sorte, um pouco do fôlego seqüestrado, e decidi me arriscar também.

– Você é psicóloga? – perguntei, a voz a conta-gotas, na tentativa de exorcizar o susto, desfazer a vertigem, tomar a iniciativa.

– Tradutora, meu caro homem de ouro! Ou seria meu caro ourives? Apenas uma tradutora – disse ela, na voz a mesma melodia branda e adocicada, negativo exato da nuança predatória de suas palavras.

Antes ainda de atravessarmos a Joaquim Eugênio de Lima, e sem que eu o pedisse, mostrou-me então a sua identidade, segurando-a na vertical, à altura de minha cabeça – tinha nessa pose a empáfia do árbitro de futebol ao punir o jogador com cartão vermelho. E ali estava registrado:

> "Nascimento: 12 de maio de 1958.
> Nacionalidade: Brasileira.
> Nome: Dorieta Mangano."

Conhecia o Maksoud Plaza, mas nunca atentara para detalhes de sua decoração. De imediato achei-os de mau gosto – brilho em excesso, cores pasteurizadas –, mas encantou-me, mais uma vez, o vão livre de sessenta e tantos metros de altura, espécie de vácuo arquitetônico que já visitara duas ou três vezes e sobre o qual costumava ouvir maravilhas do ponto de vista técnico e funcional.

Fora sugestão de Dorieta ir até ali. "Não é caro demais, a gente pode ficar conversando no lobby", ela dissera, enquanto cumpríamos os mais ou menos duzentos metros que separam a maternidade do hotel e eu pensava: se essa mulher me passasse agora uma dúzia de rédeas em volta do pescoço, eu adoraria; é tudo o que me falta.

Feito o pedido ao garçom – café e água –, ficamos em silêncio nas poltronas cor de caramelo do lobby. Após alguns minutos, Dorieta retirou da bolsa um maço de Carlton e um isqueiro. Puxou um cigarro, mas não o acendeu nem me ofereceu nada. Observei nesses movimentos, em cada gesto dela, traços de um exibicionismo disfarçado. Age com etiqueta própria, concluí então, como se apanhasse flores invisíveis no ar, constantemente.

Levado um pouco pela insegurança, um pouco pela necessidade de puxar assunto, outro tanto pelo ambiente de glamour hoteleiro reinante ali, pedi-lhe o isqueiro emprestado e acendi o charuto ressequido dado por Moisés. Ganhei tempo de propósito com essas tentativas, devo admitir, o que me pareceu relevante naquele hotel, diante daquela figura.

Nosso silêncio já se mostrava constrangedor, entretanto, quando finalmente o garçom trouxe águas e cafés, depositando-os com uma rara seqüência de maneirismos – esse indivíduo só pode ser veado, raciocinei – sobre a mesinha redonda. Dorieta acendeu o cigarro.

– Não tenho muito tempo – disse ela. – Algum problema se a gente ficar só na água e no café?

– Por mim tudo bem – respondi, embora, na verdade, tivesse vontade de lhe perguntar para o quê ela não tinha tempo.

O silêncio entre nós retornou, e notei que, a essa altura, os olhos de Dorieta não estavam inchados nem vermelhos como eu os havia visto na Pro Matre meia hora antes. Sumira a dramaticidade. Em compensação, tendo-se tornado mais límpido e mais exposto o seu azul, enxergava-os agora ainda maiores. Não desaparecera, apenas se remodelara, o fulgor que eles traziam desde o primeiro instante. O fiozinho branco sobre os lábios – a pequenina cicatriz – agora se escondia na pele. Seus dedos longos, de unhas aparadas, ao segurarem o cigarro se espichavam à frente do rosto como se emanassem dele.

Ao observá-la, sob a fumaceira do meu charuto, ocorreu-me a hipótese de ter caído numa cilada. Como assim "não tenho muito tempo"? O que quer dizer com isso?, pensei. Passou-me pela cabeça a idéia de que talvez Dorieta não fosse tradutora coisa nenhuma. Talvez não fosse mais do que uma puta de luxo em horário de trabalho, aí está. Deve ser isso, raciocinei. Uma profissional especializada em identificar, atrair e capturar clientes na maternidade para trazê-los ao Maksoud Plaza. Era estranho, mas isso se mostrava o mais coerente naquela cena, embora não harmonizasse com a figura, seus gestos, o olhar, as roupas.

Dei uma baforada para o alto. Depois, sem querer, traguei um pouco da fumaça do charuto, o que me fez tossir por alguns minutos. Apesar da tontura criada pela ingestão dessa dose excessiva de nicotina para um não-fumante, depois de recuperado tomei coragem.

– Então, a Dorieta é uma tradutora...

– Alemão, francês, italiano e, em pouco tempo, se tudo der certo, vou traduzir do inglês também – ela respondeu de pronto, olhando-me direto nos olhos. Estava sentada na poltrona, de pernas esticadas, calça jeans e camiseta branca, a sapatilha vermelha. Sua capa fora jogada no encosto de uma poltrona ao lado.

– E gosta de judeus... – tentei manter a ofensiva por meio dessa indireta. Nunca fui bom em indiretas, devo observar, mas aquela primeira frase obscura dela, os tais pinheiros abatidos, pintinhos ressentidos e outras qualificações bizarras, essa frase permanecera no ar, ciscando em meu redor desde a maternidade.

– Provocação, Silvio, nada mais, embora eu aprecie mesmo homens judeus. Mas não todos eles, hein! Atenção! – Um torvelinho branco saiu da sua boca para o alto. Pensei nos rastros da esquadrilha da fumaça em dias de festa no céu azul do Campo de Marte.

O garçom se aproximou e, com os mesmos trejeitos delicados, perguntou se queríamos mais alguma coisa. Dorieta respondeu "não" com um ligeiro movimento de cabeça, sem me consultar. Aflitivo que não me pergunte nada, pensei; aflitivo que não queira nem sequer saber minha profissão, minha origem.

Dei mais duas, três baforadas, tomei um gole de água, outro de café, enquanto Dorieta esfregava no cinzeiro o cigarro consumido apenas pela metade.

– Não vou fumar mais. Não agüento. Faz algum tempo que não consigo fumar mais que o começo.

– É bom, não é? – falei algo apenas para efeito de contraponto.

– Não, não é nada bom. Isso calcifica, estraga a garganta, a voz.

– Não, não é o que eu quis dizer. Eu disse que é bom que você não esteja conseguindo fumar mais do que isso. Meio cigarro. Foi isso o que eu quis dizer.

– Você é que devia apagar esse charuto. Olha só. Teus olhos ainda estão bem esbugalhados.

– Daqui a pouco voltam ao normal.

Mantinha aceso o Cohiba, ainda que ele estivesse terrível, simplesmente porque sem o charuto eu não saberia o que fazer com as minhas mãos naquela conversa.

Dorieta então se levantou – a calça cabia justa no corpo, apreciei o seu pescoço de diâmetro privilegiado, sem sardas nem frinchas, quase tão claro quanto a camiseta branca –, esticou a capa e retirou de um de seus bolsos um saquinho de papel pardo.

Demorou um pouco com ele nas mãos. Parecia concentrada em acontecimentos distantes.

– Gosta de gengibre? – perguntou Dorieta, estendendo-me o embrulho.

– Não, obrigado – eu agora explodia de calor, envergonhado de minha estupidez diante do prosaísmo da sua oferta.

Dorieta certamente notou a vermelhidão do meu rosto, tanto que não insistiu com o gengibre. Enraivecido, o suor querendo borbulhar para fora da testa, tomei um gole do café já frio.

– Faz bem para a voz – ela disse, recostada na poltrona. – Como bastante disso, mastigo bem ou então deixo se desfazer na boca. Arde um pouco, mas é delicioso.

Dei mais uma baforada no charuto, definitivamente estragado, com gosto de cinza escura. Maldito Moisés, droga de cunhado, pensei, e logo bebi água para driblar a náusea que se generalizava.

Mastigando o gengibre, Dorieta me encarava com seus olhos enormes. Tornava-se cada vez menos claro, para mim, se ela tratava de me enrolar, com algum objetivo obscuro, alguma segunda intenção que eu não imaginava qual pudesse ser – nem mesmo, acrescento, se seria nobre ou não –, ou se apenas queria me usar, pura e simplesmente, para passar o tempo.

– Você tem alguma coisa para fazer nas próximas horas? – partiu dela, enfim, dessa forma direta, a pergunta que eu aguardava. Pergunta que aguardava quase em desespero, devo dizer, pois, embora excitante, o prolongamento daquela atmosfera claudicante de mistério já me incomodava no lobby do Maksoud.

Agora, diante de uma interrogação tão simples, o temor de uma emboscada pareceu desaparecer.

– Não, não. Talvez saia com amigos mais tarde, à noite, só isso...

– Ótimo. Tenho um convite para te fazer.

Minha náusea atenuou-se, de supetão.

– Eu canto num coral – disse Dorieta, enfiando mais gengibre na boca. – A gente ensaia sábado e terça. Você não quer ver o ensaio hoje?

Era tudo o que eu queria: uma sinalização pacífica e generosa no sentido de que, ao contrário do embaraço para o qual me preparava, eu não me veria obrigado, fervente de vergonha, a dizer algo do gênero "olha, Dorieta, não tenho dinheiro, não me interessa, o quarto aqui deve ser caro demais, você deve ser cara demais, é uma pena, você é o máximo, é linda, você é demais, mas eu me enganei..."; ou algo como "escuta, Dorieta, foi um engano, sou um cara duro...".

Tendo ordenado a um maître que providenciasse a conta, senti meu espírito mais a cavalheiro – assim diria o senhor Braga, o velho de boné. No mesmo instante, Dorieta se curvou como um lorde diante de uma princesa, pedindo licença para ir ao banheiro. Não se pede licença para essas coisas, vai-se simplesmente, foi o meu raciocínio.

Depois de receber o troco – a água e o café não ficaram tão baratos como ela fizera crer na vinda, e eu tinha ainda que deixar os dez por cento de serviço –, sob o olhar incômodo do garçom passei a observar Dorieta, que deslizava os dedos na vitrina de uma loja ao fundo do lobby. Não parecia apenas três anos mais velha do que eu. Mostrava segurança e tranqüilidade, apesar de ser um corpo estranho naquele ambiente turístico, mais até do que na maternidade. Melhor assim, concluí.

Nesse momento, meus olhos voltaram a perturbar com seus humores ardidos. Senti vontade de arrancar fora a maldita lente de contato, o que entretanto era inexeqüível – nada veria com o mínimo de decência. Pensei em ir ao toalete também. Poderia lavar o rosto, aliviar os olhos e diluir o mal-estar criado pelo Cohiba. Mas o temor de uma quebra no ritmo do entrosamento com Dorieta, ali à vista, segurou-me pelo pescoço junto à porta giratória do Maksoud, de onde saímos em seguida, caminhando de volta à maternidade sem trocar palavras.

Defronte à Pro Matre, próximo do meu Gol, havia um

Fusca amarelo-canário coberto de poeira, com pára-choques cromados cheios de ferrugem e pontas entortadas. Por uma coincidência divertida, justamente naquele minuto um vira-latas fazia as necessidades num dos pneus do carro.

Dorieta espantou o animal com rispidez e tirou da bolsa um molho de chaves. Aproximei-me do Fusca. Estiquei os olhos: livros, jornais, pastas, folhas de xerox – o banco traseiro era um depósito ambulante. Ela abriu as portas. Entramos.

Conquanto fosse sábado, com o trânsito portanto desimpedido, Dorieta acelerava o carro loucamente pela avenida Paulista.

– Estamos atrasados? Fugimos de alguém? – perguntei meio na brincadeira, tentando afivelar o cinto de segurança quebrado.

– Dirijo assim mesmo. É um vício. Não se assuste.

Em menos de cinco minutos passávamos pela porta de vidro de uma biblioteca pública na Vila Mariana.

O coral ensaiava numa espécie de sala de aula e tinha na sua formação algo que logo me chamou a atenção. Dentre os doze integrantes, dois eram negros e três eram mulatos, sendo um destes últimos cego; havia ainda uma japonesa, uma mulher de pele vermelha de setenta anos no mínimo, ornada com uma peruca branco-azulada, e um senhor de cabelo pintado de acaju que não parava de sorrir; outros três eram rapazes branco-escritório, sem nada a destacar salvo a coincidência de usarem, os três, cabelos com corte militar; e, por fim, a própria Dorieta.

Com toda essa miscigenação, formara-se ali, na realidade, uma peça publicitária perfeita, utilizável a qualquer momento em alguma propaganda oficial do governo que quisesse expor as benesses da "democracia racial" brasileira. Falta apenas um ruivo como eu para completar a heterogeneidade, especulei, enquanto coçava os olhos energicamente.

Em meio aos coralistas combinavam-se ainda roupas as mais diversas. Viam-se, lado a lado, jeans e calças de tergal, bermudas e saias curtas ou abaixo do joelho, blusas de seda e camisetas de algodão. Certamente era Dorieta a mais jovem do grupo.

Lido o programa do ensaio pelo regente – um quarentão grisalho de calça jeans, camisa pólo em vermelho-berrante e cavanhaque –, reparei, sem ser especialista no assunto, que o ecletismo era marca também do repertório: misturavam-se jazz com Villa-Lobos, folclore paulista e canções de roda com sucessos populares em arranjos à moda de Ray Connif ou Glenn Miller.

A única pessoa a desempenhar o papel de platéia era eu, ao fundo da sala, de modo que as demais cadeiras ou estavam vazias ou serviam de cabide para bolsas, paletós puídos ou casaquinhos de lã inexplicáveis diante do calor do dia. Fazia realmente muito calor, devo enfatizar. No entanto, nenhum ventilador, nenhum aparelho de ar-condicionado havia na sala. Comecei então a abrir os botões de minha camisa, mas, observado pelos coralistas – como se fosse eu o artista, não eles –, desisti da operação. Ao mesmo tempo, procurava não desviar meus olhos dos de Dorieta um só segundo, e toda minha energia se consumia nesse esforço.

Aos poucos, num devaneio criado pela presença dela, mas também pela abafadura instalada ali, senti a música quebrar com maestria o ar pesado. De olhos fechados, vi-me junto à amurada de um navio, apreciando o mar na noite, embalado pela brandura da água densa. Suavemente, àquela visão de mar numa sala de aula, dei-me conta de que não sabia distinguir uma menina de uma mulher. Dorieta cantarolava junto aos demais, entrosava-se, mexia-se com delicadeza entre a japonesinha e um mulato magro e alto, mas era como se estivesse sozinha, como se lançasse o próprio corpo num abismo. Movia a cabeça sem parar. A cada gesto do regente uma plenitude de prazer parecia ganhar forma em sua boca. Figurava-se naquelas duas facetas ao mesmo tempo: era menina, mas era também mulher, aí está; e assim oscilava, qualquer que fosse a música. Ao compasso das melodias que se sucediam com morosidade, os olhos ora abertos ora fechados, eu a enxergava sob essa alternância, onda tremulante naquele mar fabricado pela imaginação.

Durou vários minutos, essa espécie de contemplação religiosa, acabando por impregnar em minha cabeça, como subproduto, a convicção de que dali em diante Dorieta arrancaria de mim tudo o que quisesse, sem precisar de um mínimo esforço – sendo ela menina ou mulher, o que fosse. Surgida entre a clareza e a inconsciência, tal premonição causou-me um bem imenso na sala abafada, pois, na verdade, tornar-me escravo de alguém como Dorieta era algo que já se impunha como necessidade àquela altura da minha vida, aí está. Até ali, com efeito, sentira-me sempre sem norte, sem metas, solto demais, sem trilha nem guia. A liberdade, em vez de significar um ganho, perturbava enormemente.

Mais de uma hora depois, ao final do ensaio, limpei o suor do rosto com a manga da camisa, ajeitei os cabelos e levantei-me num frenesi, deixando no assento da cadeira marcas de umidade que logo evaporaram. Queria parabenizá-la, mostrar como era genuína a minha vibração – realmente gostara do que havia visto e escutado naquela sala calorenta. No mesmo instante, porém, a japonesinha do coral chamou Dorieta de lado com um sorriso sutil, próximo do invisível, e lhe entregou uma fita cassete.

Dorieta fechou os olhos. Quando os reabriu, no momento seguinte, vi que estavam mais uma vez avermelhados.

– Obrigada, Eliza. Isso vale ouro!

Beijou a testa da colega, bem mais baixa do que ela – notei que Eliza ficou vermelha com aquele indiscreto estalo no seu rosto –, pegou a capa antes largada numa cadeira e guardou a fita num bolso.

Ao sair da sala, por fim a parabenizei, conforme o planejado. Mas Dorieta não agradeceu meus elogios. Apenas me beijou na testa – tem mania de beijar a testa das pessoas, raciocinei, considerando no entanto que esse gesto carinhoso era também um sinal: as coisas começam a andar bem.

– Por que você dormiu no meio do ensaio, Silvio? – A pergunta, lançada com rispidez, teve em mim o efeito de uma palmatória, ainda mais reverberante por ter sido feita no saguão cheio de ecos da biblioteca. – Quase roncou durante as músicas! Até babar babou, Silvio! Todo mundo viu! Que ridículo!

– Que nada! Estava só de olho fechado, Dorieta. Fazia muito calor lá dentro. Você viu! Não cheguei a adormecer. Só relaxei.

– Ridículo! – ela insistiu, caminhando à minha frente, rumo à calçada.

– O maestro toca órgão muito bem, hein! – Foi minha tentativa, mais uma, de contornar as evidências.

No carro, tonto de embaraço, a camisa empantanada pelo suor, perguntei-lhe o que havia na fita dada por Eliza.

– Pode pegar do bolso da capa – disse ela, secamente.

"Variações Goldberg"
"J-S. Bach"
"Glenn Gould"
"1955".
"1) Aria"
"2) 30 variações"

Aquilo não me dizia nada. E o Fusca amarelo-canário de Dorieta, por outro lado, nem toca-fitas tinha.

3

A gaze de nuvens no céu denunciava a chuva e o frio próximos.

– Vou ser si.. sincero ccc... com você – disse Dario, e eu me aprumei para ouvir mais uma história.

Descíamos a Augusta, rumo ao centro. Fiz uma conversão proibida, à esquerda, via Consolação, peguei à esquerda novamente, subimos um tanto e mergulhamos sem pressa na Rebouças. Não obstante o seu anúncio e o meu silêncio de ouvinte, Dario permaneceu calado. Queria falar, ajustara frases na cabeça, mas prostrava-se agora sem coragem, ou talvez sem forças: para Dario, nessa época, falar era acima de tudo cansativo.

Na esquina com a Oscar Freire, um caminhão da prefeitura interrompia parte do trânsito na pista bairro–centro. Quatro homens faziam o recapeamento de uma das faixas, outros três tapavam um buraco imponente, verdadeira cratera com pelo menos dois metros de diâmetro cercada por cavaletes amarelos. Todos trajavam uniformes azuis.

O farol fechado, eu tentava distinguir as ferramentas com as quais executavam aquela trabalheira, quando uma menina loira de quatro ou cinco anos de idade surgiu do nada à janela do Gol. Tinha o rosto manchado, não por guloseimas ou areia, mas pela imundície da fuligem urbana, do óleo grudado à pele. Short e camiseta amarelos de tecido gasto, ela aproximou o rosto de mim, miúda, mirradinha, o olhar se agitando esgazeado. Ao apoiar os cotovelos na porta, utilizou, sem saber, a leveza de um manequim – a mesma leveza das nuvens que já se adensavam adiante, no ponto do céu que parecia ser o fim da cidade.

– Você tem algum trocado para me dar? – perguntei à menina, sorrindo.

Ela sorriu também, surpresa e contente com meu senso de humor. Seus olhos, observei de perto, tinham uma cor fugidia, nunca vi essa cor em gente, ao vivo, é anil, pensei, não é um azul qualquer, era um olhar inteirinho anil que eu via de fato pela primeira vez. Dario levou as mãos à testa e balançou a cabeça.

– Esse cara é de... demais, olha só a idéia, pedir dinheiro para a garota.

Queixo sujo e ossudo, cicatrizes fininhas espalhadas como fiapos de pano pelo rosto, cachos amarelo-ouro quase encostados no meu ombro, a menina retirou do bolso uma moeda e atirou-a para dentro do Gol. Espertinha, captou a brincadeira no ato, pensei ao dobrar o corpo para alcançar o metal no chão.

Logo notei, porém, olhando-a de novo, que ela na verdade não estava de bem comigo: deixava o rosto imóvel, nenhum sorriso havia nele, os olhos se inflamaram, inchados pelo fermento de uma raiva que senti se expandir em torno dela. Não está gostando nada do meu jogo, concluí, e agora o dinheiro ardia na palma da minha mão.

– Foi só uma brincadeira – eu disse, estendendo-lhe a moeda, cuja devolução a menina no entanto descartou, decidida, afastando-se cabisbaixa, de olho no asfalto.

Pensei em atirar a coisa metálica de volta, meio aturdido. Perguntei a Dario o que ele achava.

– Joga de volta. A garota vv... vai pegar de qq... qualquer maneira.

O farol porém ficou verde, um carro buzinou doidamente atrás e eu acelerei num ímpeto com a moeda guardada na mão – meu medo, acredito, era de que a menina, orgulhosa, não apanhasse o dinheiro e este passasse então às mãos de alguém que não o mereceria, pelo menos não mais do que eu naquele instante.

– Por que você está tã... tão branco? – perguntou Dario.

Engatei a segunda marcha, calado, sem olhar no espelho retrovisor.

Dorieta acabara de tapar com cera um buraco no tampo da mesa. Alisava a superfície do remendo. As mãos, sujas e enrugadas, deviam estar ocupadas desde muito antes nesse ofício.

Grandes, médios, pequenos, havia dezenas de buracos na mesa, alguns já cobertos mas ainda detectáveis, dada a diferença entre a cor do remendo e a madeira original, outros espalhados como verrugas crescidas para dentro da tábua escura. Peça majestosa de nogueira, dois metros e meio de comprimento por um de largura, estimei – eu e minha mania de calcular cômodos e móveis. Madeira maciça.

Sobre a prateleira de vidro chumbada na parede, dois palmos acima do móvel, uma bailarina minúscula se agarrava a um dançarino – ele empoado e queixudo, indiferente, cheio de pose no fraque, ela com vestido de plástico imitando madrepérola. Rodopiavam sem ritmo, num equilíbrio instável, diante do espelhinho empoeirado por trás do qual se escondia o cilindro da caixinha de música.

Assim estávamos também, Dario e eu, à distância, sem equilíbrio nem firmeza sob o umbral da porta, enquanto Dorieta prosseguia no trabalho de restauro da mesa e a melodia da caixinha de música operava o seu passeio metálico. O dela era um corpo em construção, não-uniforme, tão desajuntado naquele espaço defronte à mesa quanto o corpo da pequena bailarina. Na verdade fazia-se várias, Dorieta. Multiplicava-se, agarrada à flanela, debruçada agora sobre o móvel, concentrada num vaivém de tanta regularidade que parecia igualmente movido a corda.

O rosto largo – pálido, apesar da agitação contínua – ficava às vezes encoberto pelos cabelos úmidos de suor. "Lenços fatiados e esvoaçantes bamboleiam ao redor de uma coluna marmórea", foi a frase de pretensão poética que bolei a propósito deles para impressioná-la – mas uma gota de suor começou a escorrer pela têmpora esquerda de Dorieta, onde se destacava uma veia larga, e preferi ficar calado. Minhas palavras, além de pernósticas, ou justamente por causa disso, não teriam qualquer efeito diante daquele esforço físico tão genuíno.

Imaginei que Dorieta agüentaria ainda bastante a gota de suor sem retirá-la. Passei até mesmo a contar o tempo mentalmente – Curitiba um, Curitiba dois, Curitiba três, como aprendera no colégio. Em menos de dez segundos, porém, ela interrompeu o trabalho e com um piparote expulsou-a do rosto.

Trazia as mãos ainda mais sujas de óleo e cera. Respirou fundo uma, duas, três vezes. Sem nos olhar, apanhou a flanela. Quando deduzi que por fim passaríamos aos preparativos de nossa saída, voltou a esfregar o que via à frente, energicamente, mais uma vez.

Proporciona-lhe um prazer especial polir a tábua, não tenho mais dúvida a esse respeito, pensei. Lustrar esse objeto com a cabeça abaixada, as duas mãos no mesmo compasso, para ela é o máximo, está claro. Lavadeira no tanque – nada poderia tirá-la daqui agora. Ia, vinha. O corpo a sofrer ataques de energia para poder extrair do móvel um brilho de metal nodoso.

Girando o indicador em torno da orelha, Dario sorriu e deu uma piscadela. Parece maluca mesmo, pensei.

– Vão ficar aí parados feito dois patetas? Por que não trazem água para mim? – Disfarçada de indagação, a reprimenda partiu do corpo dela ainda em movimento, veio portanto em tonalidade imprecisa, variável, sílaba por sílaba.

– Deixa que eu pp... pego – disse Dario, dando-nos as costas, embora, assim como eu, nem sequer soubesse onde ficava a cozinha da casa.

Duas pilhas de dicionários de cores e tamanhos variados amassavam o carpete verde-musgo entre o pé da mesa mais próximo de mim e um cesto de revistas. Na extremidade oposta àquela em que Dorieta trabalhava agora, observei sobre o tampo da mesa um atril antigo no qual repousava o livro em alemão que – saberia mais tarde – ela traduzia naqueles meses. Havia também um copo de conhaque vazio ao lado do atril, junto à máquina de escrever.

Sentia-me agitado e nervoso. Dali a pouco, reuniria pela primeira vez Dorieta e os meus amigos. Conhecendo cada um como conhecia, não tinha noção do que poderia acontecer. Combináramos de pegar a sessão das dez, o cuco de antiquário preso à parede pouco acima da caixinha de música marcava já oito e meia, e, no entanto, Dorieta permanecia de alma absorta pelo manuseio da restauração. Bermudão, camiseta regata, mãos imundas, a testa respingada de suor. E, o pior, nem sequer dera atenção para nós.

Quando a corda da caixinha de música chegou ao fim – hora do recreio, até que enfim o sinal bateu!, pensei – ela interrompeu o trabalho, ergueu-se, espreguiçou-se, caminhou em direção à janela, que estava fechada, e acionou o toca-fitas do aparelho três-em-um. O som aveludado de um piano solitário tomou então conta do cômodo. Senti-me aliviado: finalmente sairíamos.

Dario voltou da cozinha trêmulo e serviçal com o copo d'água transbordando. Em pé, Dorieta bebeu tudo em quatro ou cinco goles, pôs o copo ao lado do outro, de conhaque, sentou-se, pegou a flanela e, inacreditavelmente, reiniciou o trabalho de polimento. Nem mesmo agradeceu a gentileza de Dario, embora tivesse sorrido para ele, sem mostrar os dentes.

Por momentos deixei-me absorver pela música, pelo piano, cujo soar, em sua melancolia, em seu ritmo suave, convidava-nos a esquecer qualquer programa para aquela noite. Era uma música triste, a bem dizer, repetitiva mas ao mesmo tempo fugaz, serpenteando pelo ar com agilidade. Até mesmo um leigo, como eu, seria incapaz de ignorar essa evolução, e Dorieta parecia se movimentar ao seu embalo, indo e vindo, repetidamente.

Pisquei no entanto os olhos e, com esforço, afastei a música de minha mente. Então, depois de me concentrar por alguns segundos no decote da camiseta e no balanço dos seios nus de Dorieta, enrolei uma cartolina branca, fiz um canudo e levei-o à boca.

– Vai fazer frio! – Esgotara-se a minha paciência.

Para minha surpresa, Dorieta parou de burilar a mesa. Respirou fundo. Parecia assustada. Largou a flanela sobre a cadeira e esfregou os olhos com força, retirando-se, em seguida, do escritório. Dario e eu ficamos aturdidos, mais ainda do que já estávamos. Ele chegou a sorrir de novo, enquanto se ouvia água caindo de um chuveiro: Dorieta deixara entreaberta a porta do banheiro.

– Meia de seda, para nós, é como a gravata para vocês – disse Dorieta. – Uma lesão na alma toda manhã, puxar a certa; e no calor, veja só, fica já sem sustento esse gesto frio. O absorvente, isso não tem igual em vocês; chato também, embora a cada ano surja um modelo mais higiênico, menos incômodo, mais eficaz, sempre um modelo renovado, como é a lâmina de barbear para vocês, mais do que para nós na depilação. A mão no seio, por exemplo, é para nós a mesma que no combate inibe vocês embaixo, quer dizer, onde mais dói a chibatada. Se exponho os ombros, tudo é gesto. Tem de ser assim, não é? Se exponho os ombros, exponho tudo. Devemos ainda fechar o zíper do vestido nas costas, o que não é nada fácil solucionar, convenhamos, principalmente quando se mora só, embora eu não seja apaixonada por vestidos. E voltas enormes, voltas, mais voltas ainda têm vocês de cumprir até onde nos dirigimos numa reta, está aí o essencial, para nós, meu caro Silvio, meu caro Dario, não sei se para vocês... – assim dizia suas coisas, Dorieta, sem se interromper, dez minutos mais tarde, banho tomado, enquanto trocava de roupa no quarto, a porta mais uma vez entreaberta.

Meio de brincadeira, meio à guisa de teste, eu ralhava por causa de seu atraso. Mas ela fazia escapulirem pela janela as minhas interjeições, e estas se iam, então, frágeis, desapareciam, junto com o que restava de vapor do banho de Dorieta. Aliás, só eu lhe pedia pressa. As mãos nos bolsos da calça preta de veludo, Dario parecia em outro terreno: rondava o escritório de Dorieta com pose de inspetor, averiguando – ou fingindo averiguar – o trabalho de restauração do tampo da mesa; talvez estivesse ali também para ouvir o piano, cujo som ainda fazia volteios pelo ar.

A fita parou de tocar. Dorieta ressurgiu e voltou para o quarto, com calça de veludo ela também, só que verde-bandeira. Agora vai, agora vamos, pensei; manifestavam-se em cada ponta dos meus dedos sinais variados de ansiedade.

Fiz um gesto para que Dario agitasse a nossa retirada. Ele sabia que estava ali para me ajudar, sabia que o trouxera comigo não só por ser amigo, mas porque também vivia de traduções. Verdade que sua especialização era em livros técnicos, principalmente americanos, ao passo que Dorieta traduzia romances, ficção em geral, européia de preferência, mas a lógica fazia-me crer que, apesar dessa diferença de área, ambos teriam assuntos em comum, poderiam trocar idéias. Conversáramos a respeito disso antes da visita, Dario e eu. Combináramos como envolver Dorieta – e ele se prestaria ao papel, eu tinha certeza disso até então.

– É bom a ge... gente sair antes que a chuva aperte – disse Dario.

Grande amigo! Excelente rapaz! O garoto entendeu perfeitamente a missão. Tudo conforme o combinado. Exultei desse modo, internamente, e eram sinceros esses elogios a ele dirigidos pelo meu silêncio expectante.

Depois de desligar o aparelho de som, Dorieta tirou a fita e guardou-a no bolso da capa.

Ela no banco do carona, Dario atrás, acionei o motor do Gol.

– Por que você não larga essa moeda? Não atrapalha para dirigir? – perguntou Dorieta.

Só então me dei conta de ter mantido por tantas horas a moeda na mão, o tempo inteiro, na verdade, mesmo na casa dela. Recusada pela garotinha da Rebouças, a moeda permanecera na minha mão sem que eu tivesse notado, aí está.

Dario, porém, não me deu tempo de responder. Enquanto eu me ocupava com a ultrapassagem de um furgão, entregou-me, como alcagüete.

– Tirou de uma mm... menina, coitada, estt... tava pedindo esmola na... na Oscar Freire – disse ele, e aquele metal de pouco valor era agora a miniatura de um cão sufocado a latir loucamente na quentura da minha mão.

Dario, devo enfatizar, sempre teve no tato o seu sentido mais acurado. Tipo sinestésico, gesticulando muito ao falar, tocava nas pessoas em qualquer parte, sob qualquer pretexto. A toda hora abraçava alguém, pegava nos ombros, apertava as mãos de todo mundo – um ser pegajoso, indiscriminadamente. Talvez essa mania de sanguessuga tivesse a ver com a gagueira, surgida na infância, e com o fato de que, salvo ao contar historietas – passatempo predileto dele, apesar da dificuldade natural de oratória –, preferia calar a emitir um simples monossílabo. Pappi, seu sobrenome, curto e pragmático, eis a única palavra garantida no seu vocabulário, a única palavra que Dario sempre foi capaz de pronunciar na frente dos outros sem hesitação.

Embora fisicamente avantajado – um metro e oitenta, atlético, ombros largos –, resultado da natação recomendada pelos médicos, o que nele mais chamava atenção, além da gagueira, eram as pálpebras: espessas, desenergizadas, mal suportando o próprio peso, cobriam quase metade das íris castanho-escuras e conferiam ao rosto uma impressão de enfado permanente. A expressão, é preciso dizer, modificava-se de vez em quando, assemelhando-se à do desprezo – em quantas oportunidades não me senti rebaixado diante dele! –, apesar da languidez e da sensualidade que projetava. Muito tempo passou desde esse dia em que conduzi Dario e Dorieta no meu Gol, mas seus traços físicos e de personalidade não só permaneceram como acabaram por se tornar menos problemáticos no meu amigo se comparados aos traços que ele mais tarde incorporaria em suas atividades e relacionamentos.

– Fácil, vamos voltar lá na Rebouças. É pertinho, certo?

A gente devolve a moeda para a menina e pronto! – sugeriu Dorieta.

Achei esquisito os dois levarem aquilo tão a sério. Era uma bobagem, afinal. Mera brincadeira minha que a garotinha não entendera. Tínhamos uma sessão de cinema pela frente. Estávamos atrasados.

– Difícil a menina estar lá a essa hora, já escureceu. TT... tá garoando... – argumentei.

– Vamos ver – disse Dario. – É cccc... cc... caminho mesmo!

Dorieta tirou a fita do bolso da capa e enfiou-a no toca-fitas. Em segundos reconheci tratar-se do mesmo piano que escutávamos enquanto ela terminava de polir a mesa do escritório. Li no estojo: "Variações Goldberg", e só aí percebi que era o presente dado por Eliza, a pequena coralista japonesa. Em seguida, abriu o maço de cigarros e acendeu um, oferecendo-o a Dario.

– Não, obrigado, só fumo Hollywood – ele disse.

Filho da puta!, pensei. Custava ter um pouquinho de gentileza nessa hora?

– Mas, me diga... – continuou Dario. – O que você ees... está traduzindo agora?

Dorieta ficou em silêncio, meditativa.

– *Der Untergeher*. "O Náufrago" – disse, por fim. – Dá para traduzir mais ou menos assim. É de um austríaco. Ficção. Thomas Bernhard...

Ela se agitava, o cigarro à mão. Parecia incomodada com o assunto, enquanto Dario, ao contrário, sentia-se à vontade no banco de trás; ele sempre se sentiu à vontade, a bem dizer, principalmente quando os outros ficavam embaraçados.

– Não gosto ddd... de traduzir literatura – disse Dario. – É coisa de gente morta. Além disso, não é exato ccc.... ccc... como livros técnicos ou científicos. FFi... fica sempre a sensação de interpretação do que o original qqq... queria dizer. Vale tudo. Às vezes soa até falso. Engana os leitores.

– Essa discussão é mais velha do que a nossa profissão –

retrucou Dorieta, sem olhar para o seu colega tradutor, como se fosse ela a motorista. – Você acabou de dizer uma grande bobagem, Dario. Soa falso para quem não sabe ler. Ainda por cima esse cara, o Bernhard. Está vivo. Não tem nada de morto. Mas vejo que é melhor a gente nem falar nisso.

Gostei que Dorieta preferisse cortar a conversa, pois a sua condução não me parecia das melhores. Dario, porém, insistiu. Estranhamente, em oposição ao que havíamos combinado, mostrava-se decidido a criar indisposições.

– Não, não é bb... bobagem – disse ele. – Muita gente importante acha isso que eu estou fa... falando também. Não é uma ttt.. tese minha, ora. Não conheço livro desse cara.

Tive vontade de dar um tapa em Dario, deixá-lo no meio da rua.

– É um livro novo, do ano passado – explicou Dorieta. – Você não conhece porque até hoje não tem nada dele traduzido no Brasil. Parece incrível, mas essa vai ser a primeira obra dele aqui. O cara é o máximo. Estonteante. É importante para mim. Melhor nem falar do assunto, para não queimar.

– Chegamos. – Cortei a discussão. Estava mesmo sem qualquer pachorra; o limpador do pára-brisa fazia um barulho infernal de borracha arranhando vidro; Dorieta perturbava os meus ouvidos; Dario só fazia irritar com a sua descontração fora de hora. Além de tudo isso, eu achava sem pé nem cabeça a idéia de um bate-boca àquela altura. Se for para conversar sobre tradução numa boa, tudo bem, mas briga não, pelo amor de Deus, briga não! Eu não suportava uma briga, aí está.

Apesar da chuva, que se adensava, na esquina da Rebouças com a Oscar Freire os homens da prefeitura continuavam a trabalhar, dessa vez protegidos por capas amarelas e já iluminados pelas lâmpadas de mercúrio da avenida. Dois deles carregavam lamparinas a gás. O asfalto reluzia com os reflexos de luz na água.

Para surpresa e desagrado meus, a garotinha loira também permanecera por ali. Estava sozinha, sob a marquise de uma banca de jornais fechada.

Estacionei com as rodas do lado direito sobre a calçada.

– Deixa que eu vou, eu falo com ela – apressou-se Dorieta, arrancando da minha mão a moeda e saindo do carro a toda.

Observando a cena, de dentro do Gol, Dario e eu mal ouvíamos o que ela dizia à menina – estávamos a uns trinta metros das duas, pois a loirinha correra para longe, tentando fugir ao reconhecer o carro. Mas seus gestos eram de uma eloqüência amedrontadora. Passava-lhe um pito, na verdade. Segurava o queixo da criança entre o indicador e o polegar energicamente. O dedo em riste por pouco não furava aqueles olhos pequeninos. Ordenava-lhe que erguesse a cabeça – o gesto expressava isso –, mas a garota mantinha a firmeza: não erguia o rosto, mexia a cabeleira para lá e para cá em sua recusa, os lábios apertados, ameaçando fugir mais uma vez.

Dorieta agarrou-a pelo short amarelo e sujo, enfiou a moeda no bolso, virou-a pelos ombros e desferiu o golpe definitivo no traseiro. Um pontapé de verdade, violento, de humilhar, dizendo-lhe depois algum impropério que não consegui captar.

Passada a bronca, a garota finalmente se foi, às tontas pelo meio-fio. Devagar, subia a Rebouças sob a chuva.

De volta ao Gol, Dorieta bateu a porta com força, muito mais força do que a necessária, e ordenou:

– Vamos embora logo, antes que ela alcance a gente.

Era uma ordem absurda, evidentemente, pois a menina nem sequer esboçara qualquer movimento de reação. Pasmo, no entanto, fiz cantarem os pneus do Gol.

Demorei para acreditar, minutos depois, que aquele que nos fazia um sinal de longe, diante do cinema, fosse mesmo Rovai.

Estava de mão dada com uma mulata mais alta do que ele, de cabelos frisados, lábios brilhosos e grossos, um corpo cuja perfeição era exaltada pelo caimento de um vestido verde do tipo tubinho absolutamente pródigo. Cena de uma desproporção burlesca, aquela, pois, ao contrário de Dario, Caio

Rovai era esquelético: quando de perfil, por exemplo, o pescoço e o nó da gravata tinham quase o mesmo diâmetro. Ali, no Conjunto Nacional, junto à robustez, aos seios exuberantes de Alcione – sim, chamava-se Alcione, a nova namorada de Rovai –, era um grilo visto através de lentes invertidas.

Feitas as apresentações, fui de imediato ao guichê comprar os ingressos – quase corri, na verdade, para não dar vexame com a minha divertida perplexidade diante do novo casal. É gozação, não é possível, ridículo, o cara endoidou de vez, assim raciocinei enquanto aguardava na fila e os demais trocavam palavras junto à vitrine de uma livraria.

Mais uma surpresa, logo a seguir, foi observar, distribuindo já os bilhetes, que, mesmo aborrecida desde a tarde com a idéia dada por Rovai de assistirmos a *Indiana Jones e o Templo da Perdição*, Dorieta demonstrava simpatia por Alcione. Cheira a hipocrisia, pensei, sem tirar os olhos do tubinho verde da mulata e observando, de passagem, como era pequena a bolsinha vermelha de couro que ela trazia a tiracolo.

– É ss... sempre gostoso ter gente nova entre ve...vv... velhos amigos – disse Dario, com cinismo e entonação irônica na voz, também ele cheio de simpatia.

Ao adentrarmos o *foyer* do cine Astor, notei que todos estavam na verdade muito simpáticos uns com os outros, em excesso para um grupinho recém-formado. Péssimo sinal, conjeturei, a coçar os olhos. Descontraída, Alcione caminhava à minha frente, junto com Dario. Pareciam entusiasmados, como velhos amigos a compartilharem uma exaltação ali injustificável. Está sem calcinha, só pode estar. Um vestido desse qualquer calcinha marcaria. Deve estar com frio, no ar-condicionado do cinema vai congelar, eu pensava. Era exuberante, sem dúvida, o corpo da namorada de Caio.

No momento seguinte, subindo a rampa que dá acesso à sala de exibição enquanto Dorieta, vinda do banheiro, despia-se da capa, e Rovai, atrás de mim, comprava pipoca, essa figura rotunda de Alcione, enlaçada no tubinho verde, remeteu-me, na lembrança, ao início de minha amizade com Caio, seis anos antes daquele dia.

Novo na escola, mesmo ano – terceiro colegial –, mas outra turma, Rovai andava sempre sozinho. Nossas aproximações se limitavam ao futebol, onde às vezes jogávamos – um pior do que o outro – no mesmo time. Certa manhã, vi-o cabisbaixo no recreio caminhando em direção à lanchonete, de onde eu acabava de sair. Ofereci-lhe uma paçoca – mero ponto de partida para conversar. Entendendo o gesto, ele aceitou o doce. Caminhamos juntos, então, até o balcão.

Rovai pegou um guardanapo, esticou-o e tirou do bolso uma bic com a parte superior toda mordida.

– Estou encantado – disse. – Você sabia que os desenhos dos algarismos arábicos nasceram por causa do número de ângulos?

Fiquei quieto: a paçoca me ocupava a boca.

– Se você olhar bem o desenho cru do número um, por exemplo, sem aquela basezinha horizontal – continuou Rovai, fazendo o desenho dos algarismos –, vai ver que ele tem um ângulo só. Olha aqui, o dois também, no desenho cru, sem as firulas, sem as serifas, tem só dois ângulos, e assim por diante.

Ignorava aquilo. Achei interessante. Mesmo assim, mudei de assunto:

– Não quero me intrometer, Caio, a gente mal se conhece, desculpa, mas você está com uma cara inacreditável. E se se sente assim, contente, admirado com esse negócio dos algarismos, por que essa cara de pano sujo?

Era claro, para mim, que ele precisava se expor, enquanto eu, costumeiramente sorumbático, tinha também minhas necessidades, ansiava por ouvir alguma coisa nova. Difícil haver estado psicológico mais adequado para uma conversa como a que realizaríamos ali.

Pedi uma Coca-Cola e sugeri que nos sentássemos. Rovai assentiu, mantendo a cabeça abaixada. Acendeu um cigarro. O encantamento com a história dos algarismos desaparecera. Ele se mostrava chocado diante de minha pergunta – "cara de pano sujo"? Mas eu acertara em fazê-la, aí está. De tal forma isso é claro que, de sua boca, logo em seguida, acabou por sair muito mais do que a minha ingenuidade e minha inexperiência poderiam suportar naqueles anos.

Caio contou-me, então, que, três meses antes, a pretexto de oferecer carona, ele apanhara um travesti na rua Augusta. Sabia que não era uma mulher, mas não resistira: um entorpecimento; algo pulsara no corpo; necessidade de encarar o desconhecido. Cabelos pretos lisos até o ombro, rosto moreno arredondado, dizia chamar-se Milk, o travesti. Minutos depois, adentravam um drive-in, perto da avenida Sumaré.

Depois que o garçom trouxe cerveja e salgadinhos, o travesti pediu que Caio aumentasse o volume do rádio. Tirou da bolsa um saquinho plástico, pôs no colo o livro que havia no console e, com um cartão de visitas, perfilou duas carreiras de cocaína.

No início hesitantes, logo se beijavam. Tocavam-se. Até que o Fiat (ganho do pai poucos meses antes, ao completar dezoito anos) ficou pequeno, incômodo, disse-me Rovai. Por sugestão do travesti, decidiram então mudar para um motel na Marginal Tietê. Ao entrarem ali, Rovai manteve distância. Em vez de aproximá-los, o isolamento parecia ter causado uma repulsa. Dividiram mais carreiras de pó. Pediram mais cerveja.

Resquícios de raciocínio se agitavam na cabeça de Rovai. Conjeturava se aquela aventura não acabaria demasiado cara; ou então, temendo uma possível irritação do travesti – Milk, apesar do recurso à fita pornográfica, à droga e à bebida, não atingia a própria ereção e parecia furioso –, vislumbrava um final infeliz para a noite.

Esses temores e preocupações de Caio, porém, acabaram por se desfazer quando o corpo finalmente começou a arfar, atiçado pelas carícias e pelo pó.

– Nunca experimentei isso antes, mas ali me soltei – disse Caio na lanchonete. – Foi uma incúria absoluta. Sabe o que é incúria, não é?

O inesperado veio pelo avesso, ao deixarem o motel. Milk, além de não ter cobrado nada, perguntou se Rovai podia deixá-lo em casa, na avenida Sumaré, e ainda quis combinar um novo encontro. Caio desconversou. Daria a carona, mas preferia não marcar nada para o futuro. Estava assustado com aquela intimidade.

Passadas quatro ou cinco quadras, o travesti apontou um sobrado do outro lado da avenida – Caio viu um Fusca azul na garagem da casa. "Moro ali, com meu marido", disse Milk. "Cai fora logo; se ele te vê é capaz de te dar um tiro."

Na despedida, já fora do carro o travesti lhe pediu dinheiro. Rovai engoliu seco. "Gosto da sensação de ter me prostituído, só isso, pode ser uma moeda, coisa para sentir, simbólica", justificou-se Milk, sorrindo. Passado o susto Rovai lhe deu uma moeda. "Agora você sabe onde moro", completou o travesti.

Na semana seguinte, várias vezes Rovai voltou ao sobrado para espiar Milk. Certo dia, viu sair da casa um homem de cabelos grisalhos e traje discreto. Entrou no Fusca; deixou a garagem. Caio esperou que virasse a esquina e tocou a campainha. "Meu marido acaba de sair", disse-lhe Milk. "Você é bem louquinho, hein!"

– A gente transou ali mesmo, na sala. Mas não tinha nada a ver com prostituição – disse Caio na lanchonete. – Essa a diferença. Eles têm uma relação estável. A família do marido acha que o Milk é mulher mesmo.

No conjunto aquele homem parecia mesmo, e muito, uma mulher, insistiu Rovai. Não tinha voz anazalada ou artificial, nada de gestos exagerados, nenhuma afetação. Além disso, mantinha um salão de "haute coiffure" no bairro, e dali tirava o sustento. O próprio Caio visitara o local fazendo-se passar por vendedor de cosméticos. Era portanto independente, Milk, o que corroborava a tese de que se tratava de alguém com quem ele poderia se relacionar sem o receio de estar enfiando a mão em um cesto escuro de caranguejos.

Se o corpo de uma pessoa é, como se dizia antigamente, toda a sua alma esparramada para o lado de fora, então Rovai constituía na lanchonete a expressão mais acabada desse paradigma. Enquanto conversávamos, em meio ao burburinho juvenil dos colegas que iam e vinham, reparei pela primeira vez em sua fragilidade física, no amarelado quase doentio da pele, no cabelo negro e liso de fios longos, penteados com displicência para trás. Trazia na testa um franzimento permanente. Fumava sem parar.

Diante do seu desconcerto exposto, procurei aplacar o meu próprio assombro com aquela história. Esforcei-me para manter alguma frieza, ao menos a aparência de algo semelhante a isso no meu rosto. Afinal, era o que ele pedia com aquelas revelações feitas no atropelo, em tom de confissão.

Preocupava-o, mais do que tudo, o extravio no caminho percorrido até então.

– A pilha de convicções está em xeque-mate – disse Caio. – Todos temos um monte de regras, não é? Isso é o mais perigoso.

Não falou em repercussão familial, fuxicos na escola, doenças ou riscos quaisquer. Buscava, na verdade, a maneira de sustentar diante de si próprio o fato de que cogitara seriamente morar com Milk.

Pensei em lhe dizer que não haveria problema se ele quisesse assumir essa verdade. "Os tempos são outros, quantos homens não prefeririam assumir isso se lhes acontecesse algo semelhante?", eu diria, apelando à minha parca psicologia juvenil, "afora uns poucos velhos decrépitos, toda a clientela dos travestis no centro da cidade é composta por senhores honoráveis, pais de família, jovens executivos, ou então por aspirantes às três coisas, isso é mais do que sabido, não há o que estranhar nesse sentimento", acrescentaria.

Mas não fui adiante – pura covardia, sei bem –, nada do que pensara em lhe dizer foi dito. Falei apenas:

– Tudo vai passar, Caio. Não quer dizer que você seja homossexual. Isso passa. É normal um acesso de insegurança como esse. Uma fase dessas passa. Muitas vezes são só fantasias.

Disse-lhe coisas assim – imbecil!, eu me xingava por isso. Ridículo, eu era! Censurava-me de imediato ao pronunciar essas palavras, mas, na prática, não interrompia a projeção de asneiras.

Ficamos em silêncio por alguns instantes. A lanchonete se esvaziou. Caio finalmente comeu a paçoca. Quando a cigarra anunciou o fim do recreio, jogamos as embalagens do doce no lixo.

– Estou aliviado – disse Rovai quando voltávamos para as salas de aula. – Desde muitos meses atrás, já no início das aulas, pensava em me aproximar de você.

Por amizade, nada mais, acrescentou. Sentia-se sozinho. Intuía que eu, mais do que os outros colegas de ano, tinha alguma coisa a ver com ele.

– Obrigado pela confiança, Caio. Nunca vi alguém se abrir assim para um desconhecido. Essas coisas todo o mundo esconde.

– Faço isso por egoísmo, Silvio. Pode deixar. Estou à beira de uma explosão. É para me aliviar. É interesse meu. Só isso.

A verdade é que, se por um lado ele já estava então mil anos-luz à frente de mim, por outro soubera me transformar em cúmplice, e o fizera do dia para a noite. Do dia para a noite e para sempre, aí está.

Falou-me de poesia enquanto subíamos o último lance de escadaria. Queria mostrar poemas seus, redigidos num caderno sempre alojado sob o braço nas andanças pelo colégio e em cuja capa aparecia um "Caio Rovai" em letras miúdas, quase escondidas.

– Poesia é a Filosofia da palavra, é o que conta quando você quer entender o significado do que cada um fala no dia-a-dia – disse Caio, professoral, como se tivesse engavetado, magicamente, o desconforto anterior.

A "sessão poética" foi então agendada para o dia seguinte. Deu-se conforme o combinado. E assim voltou a acontecer em outros inúmeros recreios durante dois anos.

Jamais entendi algo de poesia, menos ainda de filosofia. Mas nosso relacionamento se desenvolveu aí, entre frases de efeito, rimas de amador, como dizia ele, e pensamentos mais ou menos estapafúrdios. Como um esconderijo que se preserva a vida inteira para duas pessoas, a intensidade com que nasceu essa amizade, tão definitiva já no primeiro dia, causou-me por muitos anos um agora saudoso e inigualável regozijo.

O caso de Caio com o travesti, devo concluir, duraria nove meses, de modo intermitente, até que Milk simplesmente desapareceu.

Calados e a passos largos. Caminhávamos assim certamente por causa da fome na Paulista, rumo a um bar com música ao vivo no Paraíso. A garoa tinha se esgotado. Havia um friozinho agradável que facilitava os nossos passos.

Alcione é nome de sambista e só pode mesmo ser nome de sambista, não combina com outra coisa, eu pensava, atentando para a namorada de Rovai. Ela ia um pouco à minha frente, atrapalhada na calçada por causa dos saltos altos do sapato bicudo em xadrez branco-e-preto. A bolsinha vermelha a tiracolo.

O Indiana Jones de Spielberg não tinha agradado. Ninguém queria falar sobre ele, até porque Rovai e Alcione, amassando-se no escuro do cinema o tempo inteiro, certamente não tinham visto nada do filme.

Na esquina com a Joaquim Eugenio de Lima, Dorieta apontou a Pro Matre para mim, dando uma piscadela, sem sorrir. Sorri eu, numa reação nervosa, mantendo porém o ritmo da caminhada. Alcione! Que nome! Só Rovai é capaz de uma coisa dessas.

Mais vinte minutos e ocupávamos três mesinhas redondas com toalhas vermelhas no salão do bar. Pedimos petiscos e cerveja. Apenas Dorieta preferiu água com gás. A banda tocava sucessos dos anos 60 e 70. Bob Dylan, Beatles, Cat Stevens, Rolling Stones, Bread, Carpenters. Foi o que reconheci. Além de alegres, pareciam competentes, os músicos, aquecidos por holofotes vermelhos, azuis e amarelos.

Não é para conversar que lugares como esse foram inventados. Ainda assim, Dario resolveu puxar assunto – e sempre que o fazia, entre nós, era ou para falar de política, o que no seu caso significava atacar a miséria, a corrupção e a ignorância, invariavelmente nessa ordem, ou para levar alguém a lhe pedir que desfiasse de dentro da cabeça alguma historieta. Problemas de carência afetiva, eis a conclusão a que chego anos depois. Enorme carência afetiva. Carência e mais carência, não custa insistir: naquela época, mais do que Caio e apesar de agressivo, Dario era a carência em pessoa. Talvez por essa razão até devesse perdoá-lo, agora, mas isso é uma outra história.

O rosto parcialmente escondido, à meia-luz do bar, Dario contou-nos então que surgiam naqueles meses inesperadas reações no "meio castrense" contra a liberalização do regime militar – ele usava essas expressões com total seriedade, parecia discursar para nós. Entre os militares, dizia, falava-se em atrocidades, golpe, vinganças. A anistia fora um fiasco, achava Dario, que, além de acompanhar com afinco o que se passava na política – ao contrário de mim –, simpatizava com grupos dentro do Partido dos Trabalhadores favoráveis a um boicote ao Colégio Eleitoral onde Paulo Maluf e Tancredo Neves deveriam se defrontar dali a alguns meses.

Dorieta soltou uma baforada para o alto e, em meio ao silêncio dos demais, encarou Dario:

– Nada a ver, esse boicote. Bobagem. Vai dar em merda. Como sempre – disse ela, voltando os olhos novamente para a banda de rock.

Para meu espanto, o tema proposto por Dario parecia incitá-la também. Interessante, pensei, na expectativa de assistir a um confronto que me permitiria conhecê-la melhor. Dario, porém, no prenúncio de um tique nervoso que desenvolveria mais tarde, retorceu o pescoço com brusquidão para todos os lados. Apatetado, mais surpreso do que eu com a reação de Dorieta, esvaziou o copo de cerveja – certamente não esperava um posicionamento tão incisivo de nenhum dos integrantes do nosso grupinho, ainda mais sendo contrário à sua posição sobre aqueles assuntos.

Notei que Rovai fitava o vazio, sentado defronte a mim, com os olhos injetados. Está chapado, concluí. Parecia indisposto a participar da conversa. No momento seguinte, ignorando-nos ostensivamente, puxou Alcione pela mão, e foram dançar em frente à banda – dançar é força de expressão, a rigor, pois nem um nem outro sabiam dar um único passo ordenado, apenas se roçavam em movimentos rocambolescos, abraçando-se para não despencar, e nesse esforço construíam o seu precário equilíbrio de casal bailarino.

Como ninguém mais dançava, pois na verdade não havia pista nem espaço apropriado para isso, os dois passaram a ser a principal atração do bar. Brincavam, a bem dizer; faziam-me lembrar o minúsculo par de dançarinos da caixinha de música de Dorieta. Eram divertidos os seus movimentos. Só ele mesmo, grilo dançante, pensei. O baixista cantor sorriu e aplaudiu a iniciativa da dupla.

Nessa hora, enquanto Dario se recobrava para continuar a expor seus argumentos, senti meus olhos arderem com intensidade. Costumavam ficar assim por vezes em questão de segundos só com a lente de contato, mas ali havia ainda a fumaça do ambiente para irritá-los. Além dela, o velho bolor dentro do cérebro, a inchar-se mais uma vez. Deviam já estar realmente muito vermelhos, os meus olhos, em ardência crescente àquela altura. Insinuava-se dentro da cabeça uma vasta perturbação, aí está. Algo nada construtivo parece prestes a acontecer, foi o que intuí, e esse temor se refletiu em seguidas pontadas em torno de minhas pupilas, dilatadas pela escuridão do bar.

Tive vontade de tirar as lentes de contato, roçar algodão com água boricada nos olhos, dar um descanso às pálpebras, acarinhá-las. Mas seria pior, é evidente. A miopia passava dos quatro graus. Calma, Silvio, calma. Repeti a mim mesmo: calma, Silvio, calma, coçando os olhos.

– Absurdo, esse negócio de boicotar o Colégio Eleitoral – Dorieta perseverou. – Balela, balela. Tem mais é que apoiar o acordo entre os caras, mesmo que tudo fique como sempre foi. E vai ficar mesmo. Pode ter certeza disso.

Embora irritado, Dario mal escondia a satisfação por encontrar uma interlocutora em seu tema predileto. Discordava de Dorieta com veemência – nesses momentos sentíamos que ele tinha sangue grosso nas veias –, tentava argumentar em favor de uma visão radical, dizendo-se de esquerda. Vociferava. Apontava incoerências na falação de Dorieta.

– Democracia é bem dd... diferente de ditadura, isso parece, e é, óbvio, mas tem que sss... se... ser dito – argumentou Dario. – Porque a diferença entre os dois regimes não é para todos, ...e é pri... pri... principalmente para os trabalhadores. É hora de fazer as coisas andarem mais ppp... para a frente, não recuar.

Dorieta, agora, fingia não mais ouvi-lo. Seus olhos se alternavam com displicência entre a banda de rock e os bailarinos, Rovai e Alcione, que nesse instante imitavam robôs, sob o aplauso de outras mesas. Emitiu baforadas em direção ao teto, e foi quando, apesar da ardência em meus olhos, pensei em aproveitar a trégua unilateral naquela discussão para convidar os polemistas a brincarmos de dança também. Temia um bate-boca inútil, aí está, convicto de que, caso Dorieta e Dario continuassem a debater, teríamos de deixar o estabelecimento e resolver as divergências do lado de fora.

Estava a ponto de fazer a proposta, quando o garçom me interrompeu, perguntando se ia tudo bem, se precisava de alguma coisa. Parecia sinceramente preocupado com os meus olhos.

– Tudo bem, claro, tudo bem – respondi.

– Olha esse garçom – disse Dorieta, no ato, diante da indignação de Dario. – Olha como ele demora de propósito para atender as pessoas, e, quando vem, é para fazer demagogia. Vem hipocritamente, olha só. Como agora. Na verdade, não quer saber se está mesmo tudo bem. Quer é fazer demagogia para receber os dez por cento mais tarde. Porque é esse o único poder que ele tem, o único poder real dele, e ele quer gozar desse poder ao máximo, como todos fazem quando têm algum poder nas mãos. Escárnio puro, assim é que é. Por menor que seja o seu poder, ele leva a conta quando quer, recebe o pedido quando quer, deturpa o pedido se quiser. Olha só, finge que não escuta as pessoas. É trabalhador, da classe trabalhadora, como vocês dizem – dirigia-se especificamente a Dario –, nem por isso é decente o que ele faz.

– Larga de ser estúpida, Dorieta – explodiu Dario. – Aonde vo... você quer chegar?

– Curar a cegueira de vocês, só isso – respondeu.

Está ficando insustentável, pensei, esfregando os olhos. Puta que o pariu. Daqui a pouco vai esquentar, acabam brigando. Não foi para isso que viemos aqui, eu dizia a mim mesmo, à beira de um colapso, embora também me sentisse estupefato diante do que ouvia de Dorieta. Pois em política, conquanto não fosse militante ou entusiasta, raciocinava como Dario – acompanhava-o, para ser exato –, e, além disso, não conseguia deixar de relacionar o que Dorieta dizia agora à brutalidade com que ela tratara a garotinha da Rebouças horas antes.

Discutir política era parte dos nossos relacionamentos, meus e de Dario, de Rovai também. Estávamos habituados a fazê-lo a qualquer momento naqueles anos. Mas não com quem pensasse de forma absolutamente oposta à nossa, com inimigos, portanto. O inimigo? Combate-se, pronto! Não se discute com ele – era um lema, natural e tácito. Debater diretamente com um inimigo político, aí está, era tão inconcebível, tão inédito como dar a esse mesmo inimigo o tempo de que necessitasse para afiar suas armas.

Jamais imagináramos, também, que uma mulher possante como Dorieta pudesse ter idéias daquele tipo, posições reacionárias, como dizíamos, Dario e eu. Tão espantoso era quanto supor, ao contrário, àquela época, que sujeitos de sapato brilhante e abotoaduras, terno e gravata, por exemplo, viessem um dia a ter idéias semelhantes às minhas, às de Dario mais precisamente. Os anos passam, como se diz, e nos comemos por dentro, por fora, pelo meio, comemo-nos todos, aos outros e a nós mesmos, aí está a realidade. Já estava ali, a bem dizer, tal realidade já estava clara ali, na agitação das toalhas sujas e dos copos de chope. Mas nós não tínhamos como enxergá-la: era nossa, também, interna a nós mesmos, a escuridão daquele barzinho.

A discussão entre os dois prosseguiu aos berros no ambiente barulhento e cheio de fumaça, tornando-se uma presença incômoda com desfecho imprevisível. Ao som do conjunto de rock, proliferou-se por vinte detestáveis minutos em ironias e intransigências mais ou menos grosseiras, mais ou menos ácidas, bestas de todo modo, entrecortadas por curtos intervalos de silêncio ou pela contemplação aos músicos – ninguém ia convencer ninguém, era evidente –, até que Dario saiu da mesa rumo ao banheiro sem pedir licença. Sua cadeira, meio pelo peso da jaqueta, meio pela indelicadeza dos movimentos, tombou ao chão com estardalhaço.

– Espera aí, vou com você – sussurrou Rovai, retornando resfolegante da "pista" de dança.

Fiquei na mesa, com Dorieta.

Abandonada à frente dos músicos, Alcione parou então de se balançar. Depois de agradecer os aplausos da freguesia bêbada e exaltada, repôs no lugar a cadeira de Dario e sentou-se à mesa conosco novamente. Suada, nada aborrecida, mais sensual ainda do que antes – o tubinho verde parecia ter encolhido no corpo –, aparentemente imune ao clima de mal-estar instalado em nossa mesa, sorriu sem destinatário para tanto, acendeu um cigarro, passou batom cor-de-laranja nos lábios com o auxílio de um espelhinho. Olhando em seguida para todos os lados, dedicou-se à árdua tarefa de conseguir que o garçom se aproximasse. Gesticulava de modo espalhafatoso, e eu me perguntava se fazia tudo isso para fugir de qualquer conversa, para se entreter por conta própria ou simplesmente para deixar-nos à vontade, a Dorieta e a mim. Nada boba, a Alcione, não é tão imbecil quanto parece, pensei.

Embora procurasse não denotar a perplexidade em que me debatia, manifestei a Dorieta minha estranheza diante das convicções conservadoras dela, e principalmente minha indignação com a insistência em digladiar numa mesa de bar como se estivéssemos num congresso partidário.

– Não são convicções – retorquiu, e eu observei uma crispação na cicatriz sobre os lábios –, são apenas opiniões. Posso mudar de opinião na hora que quiser. Opinião é para isso mesmo, não é? A gente pode jogar com elas. Leio aqui, releio ali. Não temos compromisso nenhum com as idéias, como em qualquer assunto, e ponto final. Em política é assim. Não é coisa séria. Além do mais, é o teu amigo aí, o tradutor de livros técnicos, ele é que não pára de falar, deve estar doente.

Como? Que história é essa de "não temos compromissos"?, perguntei a mim mesmo tomando cerveja. Parecia-me inconcebível sentir atração, como eu sentia, por uma mulher que pensava, como Dorieta, de modo tão claramente oposto ao meu.

Quando por fim o garçom se aproximou, sorrindo largamente em direção a ela, Alcione pediu cigarros e Dorieta, interrompendo nosso início de conversa, mandou-o trazer batatas fritas. Virando-se, em seguida, para o tubinho verde manchado de suor, perguntou:

– Gostou do conjunto, Alcione?

– O máximo! O máximo! – respondeu Alcione, deslumbrada, sem fingimento, pois ninguém jamais poderia simular aquele transporte, aquela euforia que se apossara da namorada de Caio.

Ouvia-se agora uma fita do Rod Stewart. Por um momento achei que Alcione fosse aproveitar a pausa para reclamar da falta de samba no repertório da casa – por que não um pagodinho, um choro bem-tocado?, diria ela. Mas isso não aconteceu, tão admirada que estava no calor do bar.

– Adoro esse cara – disse Dorieta, de olhos fechados, fazendo circular o rosto vagarosamente. – O Rod Stewart é uma delícia!

De volta do banheiro, Rovai sentou-se à mesa e puxou Alcione pela cintura. Fato raro, registrei então, pois, sendo indivíduo de natureza oral, de corpo retraído e muita timidez, o que mais contava para ele, em qualquer circunstância, eram as palavras. Jamais abraçar nem dar a mão a ninguém, fazer o mínimo de gestos ao se expressar – exatamente ao contrário de Dario. Se dançar em público, como acontecera minutos antes, já fora algo extraordinário, agarrar alguém pela cintura, então, daquele modo como fazia agora com Alcione, isso era acontecimento histórico para Rovai! Está bêbado e mais chapado ainda, deduzi.

Vinha a calhar, no entanto, essa desenvoltura inusitada do grilo dançante. Naquele momento, em meu raciocínio, esse comportamento poderia encaixar-se à perfeição como antídoto para desanuviar a tensão gerada pelo bate-boca entre Dario e Dorieta. Assim, agindo como um juiz de paz, decidi estimular Rovai em sua desinibição. Enquanto Dario não voltava do banheiro, pedi-lhe que recitasse alguns poemas para as nossas convidadas. Idéia meramente utilitária e oportunista, reconheço, pois não só Rovai era poeta medíocre – ele próprio já se julgava então impostor e aventureiro no que chamava de "admirável mundo das Letras" – como também, na minha concepção, mais do que para produzir um gozo estético, o recital improvisado serviria de fato para aliviar o clima de discórdia instaurado em nossa mesa. Foi a melhor idéia que me ocorreu ali, no entanto, mais uma vez o oportunismo revelando-se cheio de atrativos e falsas soluções, enganando-nos – a nós, ó nós, os desde sempre naufragados! – com suas promessas desavergonhadas.

Nosso subpoeta se aboletou de bom grado, para minha surpresa. Ajeitou-se soberbamente até, dando tapinhas na mesa e aprumando um inexistente colarinho no pescoço. Alcione bateu palmas; sua alegria era de uma ingenuidade abissal. E eu, enquanto Dorieta acendia mais um cigarro, erguia-me para assistir ao espetáculo. Assim, diante dessa pequenina platéia, Caio declamou pela primeira vez em público.

– Vamos lá – anunciou. – Chama-se "Vulva de Algodão". – E disse:

"Tirar a cera/da orelha/me enrijece/o seio e a vulva,/ viva,/enlouquecida/parte o/cotonete/ao meio"

Alcione permaneceu calada; deu apenas um sorrisinho. Dorieta cobriu o rosto com a fumaça do cigarro. Eu, em pé, aplaudi freneticamente o poema. Num esforço especial para vencer a timidez, gritei um "bravo!", um "viva!", e ainda pedi bis.

Não pudemos saber, porém, se Rovai prosseguiria o seu pungente e altamente bem-vindo recital, pois, no instante seguinte, retornando já do banheiro, ignorando minhas intenções, Dario sentou-se conosco novamente – também está chapado, o filho da puta, só assim poderia relaxar, raciocinei – e, sem dar tempo para nada, após tomar fôlego e ordenar que nos sentássemos, abriu sua outra boca, a do gaguinho contador de historietas, espécie de contraponto saudável para a boca de militante radical incapaz de ouvir argumentos de terceiros:

– Durante muitos anos – começou Dario –, um homem teve como despertador uma lambreta de bb... bagageiro azul que lhe entregava o pão e o leite todos os dias, às 6 horas da manhã. Ele nunca precisava acordar naquela hora. Nem às 6, nem às 7, nn... nem às 8, mas sempre acordava com o ronco do motor, levantava, esppipi... espiava a lambreta pelas frestas da persiana e voltava para a cama. Houve um dia – prosseguiu, atraindo a atenção de Dorieta, para minha surpresa – em que a lambreta não apap... não apareceu para entregar o pão e o leite, mas ele acordou e se ll... levantou, da mesma forma, às 6 horas. Estranhando a ausência do pão e do leite, a ausência do motor, na verdade, rr... resolveu ir à padaria para ver o que havia acontecido. Morrera o entregador, lhe disseram, ainda não haviam encontrado su... su... substituto e provavelmente não fariam mais a entrega naquele sistema, muito antiquado, segundo eles diziam. Ele então rr... resolveu comprar um despertador, embora soubesse que um outro po po... poderia vir a substituir o entregador morto e que ele, na verdade, nunca precisava acordar, nem às 6, nem às 7, nem às 8 horas. Na re... rere... relojoaria, negociou o pp... preço, combinou as parcelas, fechou o negócio e disse que voltaria mais tarde. Voltou mas queria re... re... renegociar o acertado antes, estava caro demais...

– Esse caso é ridículo e desengonçado – interrompeu-o Dorieta. – Nada é caro quando está combinado, Dario. Se está combinado, seja o que for, então já não é caro. Já se aceitou. A pessoa aceitou, ora. Não faz sentido, depois, achar caro o que já se aceitou antes. É ridículo! Combinado não é caro, não conhece o ditado?

– Argumento bobo, esse, Dorieta – disse Caio. – Vamos ouvir a história e pronto.

Que cisma!, pensei. Ridículo é levar a sério toda essa baboseira. Isso está ficando chato. Vai terminar mal. Ainda acabam se pegando a tapa, eu especulava, atento principalmente à reação de Dario – sempre que alguém o cortava nesses momentos, no meio de uma historieta, ele ficava quieto, fechava os olhos, recuava o corpo.

– Vai, continua, Dario – pediu Caio, bêbado, alegre. – As histórias dele são sempre assim, não têm nexo, por isso é que são divertidas – tentou explicar Rovai, já de volta à sua condição de ouvinte e não protagonista, dirigindo-se ora a Dorieta ora a Dario, embora soubesse que insistir junto ao amigo seria infrutífero. – Continua, vai, Dario, deixa de ser idiota, ô fresco!

Dario pigarreou, chamou o garçom e pediu mais cerveja. Dorieta olhou para todos nós, um a um – só Alcione ficou fora da sua mira. Depois de dar uma longa tragada, começou a falar em alta velocidade:

– Sabe o que vocês três parecem? – Olhamo-nos, os três, interrogativamente. – Imbecis. Os três. Parecem um trio de imbecis, é isso, daqueles que cortam pêlos do nariz e das sobrancelhas duas, três vezes por semana, aparam os bigodes a cada dois dias, fazem a barba todo dia, pintam as unhas com esmalte incolor e passam gel nos cabelos. É isso. Sabem o que é isso? Vivem se policiando, vivem se cuidando para se apresentar melhor. E nas idéias é exatamente a mesma coisa.

– Você não passa de uma pp... provocadora, re... rre... reacionária – reagiu Dario, colérico, mostrando-lhe em seguida as unhas roídas da mão esquerda, para concluir: – Olha que beleza de trabalho!

– Só aparência – berrou Dorieta. – Além disso, bebem que nem cachorros loucos. Olha só. Se matam, é isso, se matam. Eu, pelo menos, só fumo...

Alcione levantou-se e foi ao banheiro. Está mesmo sem calcinha, pensei, acompanhando-a no tubinho verde, meus olhos novamente ardidos.

– Calma, calma – eu disse, enquanto Dario pedia cerveja ao garçom. – É intolerável pessoas civilizadas se desentenderem dessa maneira por causa de histórias despretensiosas ou divergências morais, de comportamento, políticas, seja o que for. Não passa pela minha cabeça, essa polêmica é totalmente artificial – concluí.

A cerveja está fazendo mal para todos, pensei em dizer isso também, mas nem mesmo a mim eu convencia. Ao contrário: perplexo, senti Dorieta como um ser verdadeiramente estranho naquela roda.

– Calma, calma, esfriem... – era tudo o que eu dizia.

– Chega! Já me encheram o saco, vocês – gritou Dorieta, erguendo-se para ir ao banheiro.

O que essa mulher pretende?, eu me perguntava, enquanto no corredor ela quase se chocava com o tubinho verde de Alcione, que voltava à pista de dança. Olhamo-nos, os três, Rovai, Dario e eu.

– Puta que o pariu! – foi o que consegui dizer.

Menos de um minuto depois, Dorieta ressurgiu, pegou a bolsa e, sem olhar para nós, saiu do salão a passos largos esbarrando no garçom.

Dario e Caio não tiveram qualquer reação. Quanto a mim, achei melhor tomar uma atitude. Ficar ali parado soou-me ridículo. Fui atrás dela, então. Na calçada, porém, Dorieta rapidamente parou um táxi, entrou nele e partiu, sem olhar para mim.

– Essa mulher é ll... louca, não dou dez anos para ela se matar ou matar você. App ... aposto o que você quiser – disse Dario quando voltei para a mesa e pus meus olhos em Alcione, a dançar sozinha diante dos músicos já retornados de seu descanso.

– Pára de falar bobagem – retrucou Rovai. – Ela não tem é firmeza nas idéias. Estava fazendo charme, só isso. Quero mais é saber o fim da tua historinha idiota da lambreta, se é que tem algum fim.

Está mesmo na lua, pensei, ficou completamente bêbado.

– Não é esse o problema – insistiu Dario. – Ela sabe

mm... muito bem o que faz. É mais velha do que nós. Tá na cara. É toda charmosa, mas é uma pu... puta de uma reacionária. Tem alguma coisa por trás disso. Vocês é que não querem perceber.

– Vamos embora, chega de paranóia – propus, pedindo em seguida a conta ao garçom.

Rovai buscou Alcione na pista de dança, carregando-a, já com dificuldade, pela cintura. Estava ainda menor do que antes ao lado dela. Partimos, os quatro, num táxi, via Paulista, para pegar o meu carro, estacionado ao lado do Conjunto Nacional. Dali Dario prosseguiu no mesmo táxi, sozinho, mal-humorado, dizendo-nos apenas "bom domingo".

Rovai e eu fomos então levar Alcione para casa, em Santa Cecília. Em frente ao edifício dela – velho e sujo, de pastilhas multicoloridas, sem porteiro, causou-me compaixão, a bem dizer –, ele saiu do carro por um instante, acompanhando-a até a porta.

Beijaram-se. Esfregaram-se mais uma vez.

Observando-os, torci para que Rovai descesse mais a mão no corpo dela, da cintura para baixo, sob a bolsinha vermelha. O tubinho verde me excitava no banco do carro. Desce a mão, Rovai, vai te fazer bem, cara. Desce mais a mão, babaca, eu pensava. Por que não desce mais a porra dessa mão, mais para baixo, pelo menos uma vez na vida?

Combinaram alguma coisa enquanto um mendigo passava ao lado, admirando-os. Depois disso, Alcione ajustou os cabelos, puxou o tubinho para baixo, dirigiu-me um tchau discreto e sorriu já abrindo a porta do edifício, alegre, esperançosa.

– Até mais ver, Silvio – disse ela. "Até mais ver" é expressão de fotonovela, pensei na hora, ao enxergar em Alcione o rosto de quem parecia ter ganhado na loteria. Dei-lhe também um tchauzinho e um sorriso. Vive hipnotizada, pensei.

Às duas horas da manhã, estávamos diante do prédio onde Rovai morava, em Higienópolis.

– Onde você arranjou esse troço? – perguntei, enquanto ele abria a porta do Gol.

– Troço, não, ora. O que é isso, Silvio! Deixa de ser preconceituoso! Uma mulher normal, bela morena, ora, não é assim? Corpo genial, uma puta duma mulata maravilhosa, mulata bem brasileira, briosa, escultural, tipo Sargentelli, cintura fina, só isso, ué! Espirituosa, fogosa, corpo quente, o que você quiser, cabeça fresca, o que você quiser, Silvio. Não me diga que não sentiu tesão por ela? Só vocês podem se divertir?

– Endoideceu de vez.

– Tchau, Silvio, vai embora – disse ele. – Descansa. Toma uma ducha gelada. Abre essa cuca, Silvio. Pensa mais é na tua amiga. Biruta é a Dorieta, cara. O problema é ela, não a Alcione. Descansa que vai te fazer bem. Estou com pena de você. A gente se fala.

Subindo a Angélica, a caminho de casa – morava com meus pais, no Alto de Pinheiros –, era algo dolorido o que eu sentia: o velho bolor a se espraiar de novo cabeça adentro. Via-me irritado, cansado da modorra em que minha vida se transformara fazia já alguns anos, desde a restauração da paz entre mim e minha família. Paz frágil, eu sabia, todos ali sabiam, arriscada a desmoronar a qualquer momento, mas morna o bastante, essa paz, candente o bastante para deixar o tédio aflorar em mim com a intensidade de uma demolição, como naquela madrugada.

Acordei no domingo perto do meio-dia. Meus pais acabavam de voltar de uma visita a Plínio na maternidade e me olhavam furtivamente, com desdém, visivelmente chateados. Imaginei que o motivo desse comportamento fosse o meu retorno de madrugada ou o fato de ter acordado tão tarde, mas ele era outro: os médicos haviam decidido, naquela manhã, prorrogar mais uma vez a permanência de meu sobrinho na incubadora, agora sem prazo determinado.

Convidaram-me então para almoçar fora com eles. Ao contrário do que eu supunha, não havia hostilidade nem desdém nos seus olhares. Apesar disso e de sua tristeza, porém, aleguei uma indisposição de estômago, falta de fome, disse que preferia ficar em casa para dar um pulo na Pro Matre e ver o neto deles um pouco mais tarde, dali a algumas horas – a aflição dos pais não vale uma migalha de pão em certas ocasiões, aí está.

Como eu previra, no meio da tarde, depois de passar a vista de longe pela pequenez aterrorizadora de Plínio, os meus olhos de novo avermelhados, encontrei Dorieta, no mesmo andar do primeiro dia. A capa amarrotada, rosto colado ao vidro do berçário, os olhos azul-piscina inchados, de novo mais túrgidos, mais avermelhados do que os meus. Bestamente apaixonado, concluí então. Apenas isso é o que eu estou. Queria adotar Dorieta, queria que ela me adotasse, era essa a verdade ali junto ao berçário.

Aproximei-me e estendi em sua direção a fita das "Variações Goldberg", envolta no lenço azul-marinho amarfanhado mas ainda cheirando a patchuli.

– Você esqueceu essas coisas ontem no meu carro.

– Esqueci não, Silvio, eu *deixei* essas coisas no teu carro. Obrigado. Do lenço eu não vou precisar. Ele fica de presente para você.

4

Viera sozinho, banho tomado. Mal suportava a espera. O portão azul e, mais adiante, a porta branca do sobrado estavam entreabertos. Mesmo assim, cautelosamente, toquei a campainha. Aguardei alguns segundos. Ninguém atendeu. A ansiedade era tanta que chegava a doer, passeando por todos os cantos do corpo. Os joelhos roncavam; ardiam-me as gengivas. Tentara dormir cedo na noite anterior, para escapar dela, mas havia nela uma resistência inesgotável, uma determinação insana. Fora justamente ela, a maldita ansiedade, o principal obstáculo à chegada do sono.

Toquei de novo a campainha. Mais uma vez o silêncio. Nenhum movimento. Nada.

Empurrei o portão. Depois de avançar pela lateral do jardim sem flores, dei algumas pancadas sob o vitrô do postigo protegido por barras de ferro, bem no meio da porta. A casa permanecia em silêncio.

Recuando dois passos, olhei para cima. Vi fechada a veneziana azul. Também estava assim a da janela da sala, embaixo. De volta ao portão, acionei a campainha mais uma vez. Nada. Mais uma vez. Nada. Impossível, pensei. Tínhamos combinado aquele horário, não havia dúvida – além de ruivo e sardento, pensei, sempre sofri a neurose da pontualidade.

A alternativa foi empurrar a porta da casa, dar dois passos e espiar o hall de entrada. O silêncio permanecia.

Ao encarar-me no espelho do porta-chapéus, no qual estava preso um bilhete, foi o rosto de um cadáver o que eu vi.

Simplesmente isso. O meu próprio rosto, lívido, branco. Pode ser uma indireta para ir atrás dela em algum aposento da casa, raciocinei. Não, não, talvez esse bilhete nem seja para mim, não é, Dorieta?

O papelete amarelo no entanto estava mesmo ali, em sua nitidez, afixado com durex na lâmina do espelho do porta-chapéus, letras firmes, escritas a pincel atômico roxo: "Estou me masturbando. Volto já."

Cocei a nuca, retorci o pescoço, à moda de Dario. Mal conseguia desviar os olhos daquele papel colado no espelho. Minha palidez cresceu em redor dele.

– Oi!

Tremi de susto mais uma vez. Transformara-me num garotinho destroçado ao som da voz de Dorieta, que se aproximava descalça e flutuante, devagar, vinda da cozinha com os olhos avermelhados. A letra é dela, o bilhete é dela e é mesmo para mim, nenhuma dúvida agora.

Pensei no que Dario dissera. Dorieta tinha uma arquitetura mental particular, ele dissera, como a planta de uma construção que, embora existente apenas no plano virtual, assustava-nos a todo instante por sua complexidade. "Avalanche de surpresas", alertara Dario; "você vai ver", insistia. Mas não havia saída para mim naquele hall, e isso estava agora mais claro do que nunca diante do espelho do porta-chapéus.

– Que óculos são esses? Vou sentir saudades daqueles olhos de rubi. – De fato, tendo desistido das lentes de contato, eu usava a partir daquela semana óculos novos, com armação de aros redondos de tartaruga.

– Não tive saída. Irritava demais.

Dorieta, após beijar-me na testa rapidamente, sem prestar mais atenção ao meu rosto, virou-se para o espelho, arrancou dali o bilhete amarelo amassando-o e, sem comentário, antes de se enfiar pelo corredor, de volta à cozinha, atirou a bolinha de papel sobre uma poltrona.

Paralisado diante de uma seqüência tão ligeira de movimentos, fiquei a observar, pendurados no mesmo porta-chapéus, a já conhecida capa cáqui, um guarda-chuva preto, um boné de feltro verde. Em seguida, parti atrás dela.

Inclinando o filtro de louça branco e amarelo que devia estar quase vazio, Dorieta encheu um copo de água.

– Posso pegar um pouco? – Mal ingerido o sobressalto da chegada, eu sentia muita sede àquela altura.

– Claro. Tem na geladeira também, se você quiser.

Servi-me de água do filtro mesmo, repetindo a operação de incliná-lo com delicadeza sobre a pia. Notei que Dorieta vestia uma saia florida. Não usava sutiã sob a camiseta branca.

– Quero te convidar para uma caçada – disse ela, sempre a voz serena e melodiosa, enquanto depositava o copo na pia sem lavá-lo. – É no meu quarto. Você vem?

Tenho certeza de que, nesse instante, Dorieta sentiu espalhar-se pelo ar a minha tremedeira. É cinema, pensei, é cinema!

– Tudo bem, claro que eu vou – respondi, inclinando o filtro mais uma vez.

Esgotando já o segundo copo d'água com lentidão, como se quisesse ganhar tempo para equilibrar-me, rememorei nosso primeiro encontro, minha inabilidade e meus temores, meu engano radical a respeito das intenções dela no lobby do Maksoud Plaza.

Dorieta, enquanto isso, espalhava-se, ia e vinha com impaciência no espaço reduzido da cozinha. Com esse frenesi, magnetizava todo o entorno – fosse gente, eu, no caso, fosse coisa, um rodo caído por ali, copos sujos, a mesinha para refeições, um pano de prato, a vassoura.

– Tudo bem – repeti, numa concisão animalesca de linguagem, lavando o copo na pia, demoradamente, para ocupar as mãos. – Mas posso saber o que a gente vai caçar?

– Você vai ver. Vamos subir. – Dorieta sorriu. Senti uma brandura emergindo dos olhos dela, olhos azul-piscina, onde o vermelho já se desfizera.

Subimos a escada de madeira em forma de espiral, ela à frente, eu atrás. Seu corpo agora me atraía. Equilibrado, sem a exuberância de Alcione, mas bem-cuidado. Movia-se espesso degrau a degrau. Ela com certeza sabia que naquele momento eu a perscrutava pelas costas. Não demonstrava, porém, inquietação, tampouco se afetava para forjar nos quadris um movimento artificial mais sedutor.

Na parte superior do sobrado, observei o banheiro e os dois quartos, um à esquerda da escada – o escritório que Dario e eu visitáramos da primeira vez – e um à direita, para onde Dorieta se encaminhou.

Fui atrás. Entramos.

Sobre a cama de casal, coberta por um edredom amarelo-canário – exatamente a cor do Fusca de Dorieta –, havia duas toalhas de mão, uma verde, outra cor-de-rosa.

– Espera um pouco, já volto – disse ela, dirigindo-se ao banheiro.

Segundos depois, retornou, trazendo, uma em cada braço, duas cadeiras verdes de palhinha. Cuidadosamente, colocou-as em paralelo, uma à outra, de costas para a cama. A julgar por esses movimentos de contra-regra, convidava-me a sentar e conversar com a parede. Logo, porém, subiu numa das cadeiras, com a ponta da toalha cor-de-rosa amarrada na mão direita.

– Costumam ficar mais nesse canto.

Deu, então, uma primeira chibatada.

– Peguei! – ela gritou, eufórica, mostrando-me um pernilongo esmagado na mão esquerda. – Se quiser, pode tirar a camisa. Espiral não funciona bem. É muito perto do Pinheiros, você sabe. Todo dia tenho de fazer isso. Senão, à noite fica impossível ir para a cama. O rio é lotado de insetos.

Começamos a caçar pernilongos, então – eu sem camisa e com a toalha verde amarrada no pulso direito –, que se espalhavam entre os pôsteres de paisagens campestres colados na parede do quarto.

Vencidos alguns segundos de hesitação e perplexidade, engajei-me na tarefa com vigor e prazer, devo admitir, o que não se reduzia ao desejo de satisfazer Dorieta. Havia ali, na verdade, uma curiosa coincidência: insetos foram, e são, desde sempre, a coisa mais odiosa do mundo. À exceção talvez das joaninhas, qualquer inseto, qualquer um, é nojento e me arrepia; sugadores de sangue, eles são, embora só as fêmeas, dizem, é que sugam mesmo o sangue humano. Mas quem diferencia a olho nu uma coisa da outra? Crianças, em nossa casa de campo, Gisele e eu costumávamos fazer caçadas como essa. Meu pai às vezes ajudava. Apesar dos arrepios, era divertido. Mais do que isso: era necessário, resposta imediata a um instinto, aí está. Repetir a façanha no quarto de Dorieta agora, tantos anos depois, produzia uma sensação de reconforto e de pureza. A caça é sempre lúdica. O embalo de seus movimentos aproxima os caçadores. Sábia, só pode ser uma sábia, Dorieta. Do contrário, como adivinharia esse meu gosto?

Por mais de meia hora nos mantivemos ocupados nesse ofício, sem trocar palavra. O silêncio só era interrompido, de tempo em tempo, pelo som seco das toalhadas ou por exclamações festivas. "Uau", "peguei", "olha esse", "ah, eu te mato, desgraçado", dizíamos coisas desse tipo, contabilizando as mortes.

– Acho que pegamos todos eles! – disse finalmente Dorieta, e cumprimentou-me com a mão estendida.

Ainda sobre as cadeiras, parecíamos traçar ali um pacto.

– A partir de agora somos companheiros de batalha, certo?

– Claro, claro – respondi.

Enquanto eu vestia minha camisa, ela recolhia as toalhas, levando-as depois para baixo. Desci a escada em seguida, não queria perdê-la de vista. Nossas armas, a verde e a cor-de-rosa, já estavam jogadas no tanque de lavar roupas, no quintalzinho da casa.

– Só um minuto, vou ao banheiro – disse Dorieta, retirando-se de volta para a escada.

Sozinho junto ao tanque de cimento, aguardando o retorno dela, passeando os olhos pelo quintal, notei ao fundo uma edícula com a porta entreaberta – definitivamente, fechar portas não é o forte de Dorieta, pensei. Permaneci, no entanto, no mesmo lugar. Hesitava em dirigir-me até lá.

– Vem, eu te mostro lá dentro. – Ali estava Dorieta novamente, de volta num átimo. Não me dava tempo para qualquer iniciativa.

Mistura de oficina de bricolage com ateliê artístico, assim

me pareceu à primeira vista aquele quarto, embora não tivesse visto nenhuma obra de arte dentro dele.

Dorieta acendeu a lâmpada, que pendia solitária e nua do teto sem forro.

– De vez em quando venho me distrair aqui. É o meu ateliê. Faço bobagens, nada mais do que isso. Abajures de gesso, essas pecinhas de arame, coisas assim. Depois jogo fora ou dou para os vizinhos.

Ateliê, melhor chamar isso de ateliê mesmo!

A um canto do ateliê, então, sem portas, com quase dois metros de altura, um armário abrigava prateleiras perigosamente envergadas ao peso de dezenas de vasilhames de cores variadas, tocos de madeira, placas de metal, alguns sacos plásticos cheios de pregos ou parafusos, latas de tinta. Depois de remexer nas prateleiras, Dorieta tirou dali um rolo de arame.

– Você vai gostar – disse ela, enquanto ajustava uma banquetinha bem no meio do ateliê, sob a lâmpada, fazendo um sinal para que eu me sentasse ali.

Desenrolou o arame, até o finalzinho, deixando-o esticado.

– Agora fique parado, sentadinho aí. – Era maternal o seu jeito de falar. – Se você se mexer não dá certo.

Antes que eu pudesse reagir, começou a envolver meu corpo com o fio metálico, a partir da cabeça, descendo pelo pescoço, ombros, dando voltas. Não hesitava em nenhuma parte. Pegava em mim sem cerimônia, mãos firmes, minuciosa a cada gesto; são branquinhas mesmo, mas não de virgindade, essas mãos, pensei, o que gerou em mim, animal malicioso e antiprofissional por natureza, uma excitação quase fora de controle, indisfarçável. Chegando aos joelhos, Dorieta parou e se afastou, para me olhar à distância, as mãos na cintura.

– Ótimo. O molde está feito.

Estou literalmente amarrado, pensei.

Aquela era uma atividade colegial. Cheguei a considerar ridiculamente infantil da parte dela fazer uma coisa dessas. Mas a verdade é que eu estava vidrado, aí está. Queria que continuasse, que desse mil voltas com o arame pelo meu corpo. As rédeas, mais rédeas!, preciso de rédeas, por pouco não lhe cobrei mais moldes em voz alta.

Dorieta pediu-me que permanecesse em silêncio, o mais ereto possível, e começou a retirar o arame. Fazia-o com muita rapidez e habilidade. Não sei como conseguia tal façanha sem me machucar.

– Outro dia, se você quiser voltar aqui, a gente termina.

– Isso aí vai virar um monstro, pelo menos se sair igual a mim de verdade! – comentei.

Dorieta sorriu diante da minha observação – ela é pura benevolência e deve ter pena de mim, pensei, caso contrário não acharia graça nessa brincadeirinha –, colocou o molde sobre uma mesa – nesse instante vi seus olhos brilharem sob a lâmpada –, e em seguida, já deixando o ateliê, pediu licença, agora sim cerimoniosamente, para tomar banho.

Após alguns instantes de dúvida sobre o que fazer, instantes durante os quais imaginei-me adentrando o banheiro e flagrando a nudez de Dorieta no andar de cima, apaguei a luz, saí dali também e, atravessando o quintalzinho, voltei para dentro da casa.

Sobre o tapete multicolorido da sala eu me sentei, encostando no sofá. Estava contaminado pela calmaria do ambiente, o que me levou a pegar um livro de História do Brasil solto por ali e passar a folheá-lo vagarosamente. Era de papel brilhante e macio, o livro; gostoso de se mexer. Passei a ler uma ou outra passagem, de modo descontraído, sem esforço para obter concentração. As ilustrações, primárias e de colorido precário, não ajudavam em nada. Figuras de índios, de rostos idênticos enfeitados com penas de tamanho desproporcional, sugeriam caricaturas de fantasia; suas peles surgiam, naquelas páginas, mais vermelhas do que jamais alguém poderia tê-las na realidade.

Como, ademais, a sala já escurecia, acabei perdendo o interesse pela leitura e pelos índios e tive a idéia de ir ao andar de cima verificar a mesa do escritório cujos buracos Dorieta fizera desaparecer no primeiro dia em que a visitara, com Dario. De passagem para o escritório, calculei, espiaria pela porta do banheiro, pois, do jeito que era, certamente Dorieta também teria deixado aquela porta entreaberta.

Fechei então o livro de História e olhei em redor. Nada se movia na sala obscurecida – cinco por quatro, calculei –, salvo um maldito pernilongo – detectado pelo ouvido, logicamente, não pelos olhos. Dei dois ou três passos para pegar uma toalha no tanque, do lado de fora, pensando em acabar com o inseto, mas desisti, decidindo mesmo surpreender Dorieta com minha presença no andar de cima.

Estava já de pé, voltando, pronto para enfrentar a escadaria, quando ela ressurgiu vinda justamente dali. Uma aura branda em torno da cabeça de cabelos molhados – um langor quase visível a acompanhava –, Dorieta vinha descalça outra vez.

Avançou um sorriso amplo, agora de calça jeans e uma outra camiseta branca. Sem sutiã, mais uma vez sem sutiã – eu saboreava esse detalhe –, desceu lentamente os degraus, rompendo a penumbra que se adensara na sala.

– Que banho ligeiro! – eu disse, nervoso, e Dorieta, com razão, não viu motivo para responder a tal exclamação.

Na mesinha de centro da sala, feita de vime e pintada de azul-marinho, ela montou um espiral de espantar pernilongos, acendeu a ponta com agilidade, usando um palito de fósforo, e sentou na *bérgère* em frente ao sofá onde eu me mantivera encostado pouco antes. Flutuava entre nós, agora, o filete de fumaça antiinseto do espiral.

– Não tem ensaio do coral hoje, o regente está gripado! – disse ela, acomodando-se de lado, as pernas sobre um dos braços da poltrona.

– Hum... Perfume delicioso – falei, deixando o livro de História sobre o sofá e me acomodando, expansivo, no tapete imitação de persa. – Nem o cheiro do espiral suplanta esse perfume, Dorieta. – Mais uma afirmação bestialógica, devo reconhecer, embora minha inexperiência não admitisse alternativa na ocasião.

– Ganhei do Valério, o regente do coral, justamente. Se chama Poison. Ele fez uma viagem à Argentina tempos atrás e me trouxe de presente. É muito educado, o Valério. Judeu também, aliás, sabia?

Pronto! Valério, iídiche também, o desgraçado. Eis o concorrente, pensei. Judeus, adoro homens judeus, ela tinha dito no primeiro dia na saída da Pro Matre. Veio-me de novo a paranóia enquanto coçava os olhos por causa da fumaça do espiral.

– Não é o que você está pensando – disse Dorieta, sorrindo quase às escondidas. – Ele gosta de mim como colega, coralista, nada mais. O negócio dele é com homens.

Só falta ser ingênua, com todo esse jeito, pensei.

– Não pensei nada, nada – menti.

A noite enegrecera a sala. Tal qual a ponta de um incenso, embora fétida e indigesta, a brasa do espiral reinava agora solitária. Frágil, minúsculo farol, único ponto luminoso do ambiente. Foi quando Dorieta começou a falar.

Mal, sentia-se mal nessa época, dizia, por causa do livro que vinha traduzindo. Nada a ver com dificuldades técnicas de tradução – sobrava-lhe talento, eram freqüentes os convites de editoras, dizia Dorieta –, passava mal devido ao conteúdo do livro, assim ela me disse antes de se erguer de repente da *bérgère*, subir a escada, para voltar, saltando degraus, com o *Der Untergeher* e colocá-lo sobre a mesa de vime.

– Quer beber alguma coisa? Tenho uísque.

– Pode ser.

A um canto da sala havia um armariozinho, também pintado de verde. Dorieta escolheu uma garrafa de Ballantines e foi à cozinha pegar gelo. Serviu-me então o uísque, ainda no escuro, ajustando-se logo de volta à *bérgère*, um copo d'água à mão. Não bebe mesmo, imagine se bebesse, raciocinei, olhando ora para a calça jeans dela ora para o *Untergeher* sobre a mesinha de vime, enquanto o espiral continuava a se consumir.

– Não agüento olhar os olhos de ninguém quando me olham – disse Dorieta. – Mesmo conversando me esquivo, prefiro o escuro, não me sustento dentro do meu próprio olhar, não sei se você entende isso, venha do interlocutor o que for: um brilho inusitado de entusiasmo, sabe?, uma opacidade de esgotamento, a umidade de um estresse, o que for.

Explicou-me que, em situações como aquelas, quando em contato direto e exclusivo com alguma pessoa, em qualquer lugar, sempre temia o encontro de olhos; por diminuto que este fosse, o outro poderia surpreender no seu olhar vadio uma quantidade ilimitada de pensamentos que, mal se formavam, já cuidavam de se evadir, como gases, em revoada, acreditava Dorieta. Pensamentos nem sempre indignos mas invariavelmente verrugosos e inadequados, nada cordiais, no mínimo diversionistas, tais pensamentos, achava ela, distantes de onde quer que ocorresse a conversa. O seu olhar fugidio a denunciava perante os outros, sentia Dorieta, e por isso temia ofender o interlocutor com o distanciamento daí exposto. Seria um aparente desrespeito. Como agredir, como desprezar o próximo, no fim das contas, era o que ela sentia.

– Ouço os nomes, as frases, as idéias, mas me sinto culpada por não levá-los a sério no momento mesmo em que são proferidos – dizia Dorieta. – Preferia apenas ouvir, puramente, sem julgar nada, sem precisar pensar, quem sabe uma voz estranha ao telefone, alguma voz rouca, sonolenta, amolecida, sensual, que significasse alguma coisa pelo seu próprio som, entende?

Fala alguma coisa, imbecil!, eu disse a mim mesmo nessa hora. No entanto, certamente sem compreender o que Dorieta queria com tudo aquilo, continuei quieto e bebi um gole do uísque. Imbecil!, eu me xingava, sem encontrar nada para dizer.

Como para ampliar involuntariamente essa incapacidade, Dorieta parecia ler o pânico nos meus pensamentos.

– Fala alguma coisa interessante para mim – ela pediu. – Pelo amor de Deus! Fala alguma coisa realmente interessante. Preciso ouvir alguma coisa interessante. Pelo amor de Deus!— Seu tom de voz denunciava uma carência que me surpreendia.

Continuei mudo. O copo de Ballantines à mão quase vazio, comecei a suar. Nada para dizer. Simplesmente nada tenho a dizer; é incrível; nada de inteligente me ocorre. Imbecil!

O telefone soou na cozinha. Uma, duas, três vezes. Não havia aparelho na sala. Ela não vai atender? Seria minha salvação. Dorieta finalmente foi até a cozinha, mas não atendeu ao maldito telefone, o qual só parou de tocar quando ela já retornava para a sala, um cigarro aceso na boca. Em pé, à frente da *bérgère*, continuou a falar.

– Não engulo a minha pasmaceira, Silvio, essa estúpida mediocridade – disse. – Mesmo sozinha, veja bem, me falta coragem para andar à vontade. Ao mesmo tempo, as pessoas tendem a se mostrar alegres demais comigo. Não sei por quê. É sempre assim. E pessoas que riem demais me assustam, sabia?

– Não é o que você aparenta ser, Dorieta – eu disse. – Olho para você e não vejo tudo isso.

Ajoelhou-se no meio da sala, toda franqueza junto à mesinha de vime, mais perto de mim, a repetir que lhe faltava coragem. Repetiu-o, com efeito, mais e mais, muitas vezes. Parecia embriagada.

A fumaça do cigarro misturou-se com a do espiral. Aos poucos, vi se formarem nos seus olhos lágrimas espessas – só olhos como esses podem gerar lágrimas tão imensas, pensei. Suada, ela também, e agora quieta, ficou novamente em pé. Passou a língua pela borda do copo, erguendo-o em seguida como se fosse uma tocha, para largá-lo depois sobre o tapete.

Seus braços então despencaram ao longo do corpo e um líquido surgiu, prestes a entornar dos lábios dormentes. Entre soluços, Dorieta pediu-me para apagar o cigarro dela na pia da cozinha e se ajoelhou mais uma vez. Sem saber o que fazer, o cigarro à mão, procurei por um cinzeiro, em vão, e decidi ir à cozinha, inteiramente à deriva. É beleza demais, pensei. A tristeza a deixa ainda mais bela, eu me dizia, e repetia, antes de atirar o cigarro na pia e retornar à sala.

Quando me dei conta, Dorieta já se reerguera e trazia numa das mãos o meu copo de uísque, dentro do qual, em seguida, deixou pingar uma lágrima, antes de recolocá-lo de volta sobre a mesinha de vime.

Caminhando para o meu posto, junto ao espiral que se carbonizava, bebi o novo conteúdo do copo e, ao mesmo tempo em que interpretava a sua atitude como um chamamento, senti se estabelecer na sala uma atmosfera um tanto espiritual demais para o meu gosto – com efeito, aquele uísque, com a lágrima de Dorieta misturada nele, parecia ter ganho um sabor de poção mágica, líquido de mistérios. Baboseiras, enfim.

Ela se dirigiu então decidida para um outro armário, com portinholas vermelhas de madeira, de onde retirou a fita das "Variações Goldberg" – reconheci o estojo de imediato – e o gravador, instalando-o sobre a mesinha de vime.

– Mas o que é que tudo isso, esses sentimentos todos, o que têm eles a ver com o livro que você está traduzindo? – Finalmente eu me soltava, e encontrava algo a dizer. Na verdade, sentindo que Dorieta tinha ainda muito a contar, procurei atuar como ponto de teatro, o uísque já me subira um tanto; um velho ponto a dar deixas, reduzira-se a isso o meu papel.

Acionado o gravador, retornou à *bérgère*.

Seu rosto agora se alojava numa região ainda mais escurecida da sala. Ficou difícil, mas não ousei propor que se acendesse a luz. Ao contrário, senti vontade de afagá-la naquela meia-escuridão, fazer-lhe carinho no rosto, tocar no fiozinho branco de pele, sua pequena cicatriz sobre os lábios, encostar minha língua nas pálpebras enormes e umedecidas. Com suas ondulações repetitivas e no entanto sempre novas, ágeis, ainda que cheias de melancolia, a música do piano parecia empurrar-me para isso também.

– O livro é a história de um pianista – a voz ressurgiu melodiosa –, um virtuose, que abandonou aos poucos a carreira depois de ver e ouvir um outro pianista da mesma geração dele, o Glenn Gould, tocar as "Variações Goldberg" em piano, num conservatório. Eram colegas, estudavam juntos ali uma temporada, eram amigos, mas o Glenn morre antes dele.

– Essas aí? – perguntei.

– Justamente, essas aí, essas "Variações" do Bach, esse mesmo cara, o Glenn Gould, essa gravação que a Eliza conseguiu me arrumar. Você já viu naquele dia, aquela japonesinha, é dele, daquela época. O outro cara se chamava Wertheimer, fictício, aquele pianista muito bom que desistiu. Mas o que esse cara fez depois de ouvir o Glenn Gould tocar não foi só o abandono da carreira, Silvio. – Bebeu um gole de água. – Aos poucos, os anos passando, ele se deixou levar para o suicídio.

Foi essa a verdadeira opção dele, principalmente depois que o Glenn morre de uma doença boba, normal, besta, que nada tinha a ver com a grandiosidade dele. E esse Wertheimer não era um vitorioso, nem sequer se sentia vitorioso. Era um cara que naufragou na incapacidade de realizar o sonho que sempre teve e como que preparou uma auto-extinção, durante mais de vinte anos, enquanto assistia à ascensão do outro.

– Era um cara fraco, talvez não merecesse realizar o sonho – retruquei. – Tem gente que não é feita para sonhar. Você sabe disso, Dorieta. Muito menos para realizar os sonhos.

Deixei-me envolver pela maneira com que ela falava do livro, seus personagens, mas, ao mesmo tempo, queria retirá-la do beco enlameado onde se metera com aquela tradução.

– É a mais bela declaração de amor à arte que eu já vi, Silvio. Uma auto-execução como essa, tão determinada – argumentou Dorieta, os olhos fechados. – A criação na acepção mais pura. Uma radicalidade, se você me entende, que exige, no limite, a anulação total, a extinção do humano até, a transformação do homem em algo superior, uma superação. O Glenn Gould se anulava como ser humano na arte, não sei se você entende isso. Fez um pacto com o Diabo ou coisa desse gênero, como um tal de Leverkhun, Adrian, você deve saber, Thomas Mann, Dr. Fausto.

Eu não sabia nada. Não fazia idéia do significado desses nomes. Mas fiquei quieto. Isso não tinha importância.

– Gould fez um pacto com o Diabo ou o que o representasse – continuou Dorieta. – É isso, embora o livro não fale nada disso claramente. E o Wertheimer, esse livro mostra, o próprio Glenn sabia disso, pois escreveu coisas, o Wertheimer acabou fazendo o mesmo, só que de outra maneira, do modo dele, por amor ao piano, à música. Amor ao ser humano mesmo. Parece meio bobo mas é isso, para falar mais claro. É isso, em última instância.

– E amor por ele próprio também. Mal ou bem, valorizou a sua presença no mundo com essa decisão de suicídio, não foi?

– Isso é o de menos. O pacto dele com o Diabo ou qualquer coisa que o valha não deu certo como o do Gould. Mas o que me desmonta, o que me faz mal, é encarar uma entrega tão fervorosa, uma genialidade mesmo, como a do Glenn Gould, que o livro mostra. E, do outro lado, o naufrágio, essa aniquilação do Wertheimer. Ele se matou quando soube da morte do outro. Já nem eram amigos naqueles anos. Havia uma coisa bem maior. Isso é maravilhoso.

– Por que isso te faz mal?

– Porque me apequena, ora. Sei que sou incapaz de experimentar sentimentos desse tipo. E essa mediocridade me apavora.

O piano se expandiu mais uma vez, acentuando o nosso silêncio. O som organizava o ar, pegava carona na fumaça do espiral que continuava a arder, obedientemente, diante de nós. Parecia um ritual, aquilo tudo. Um quase-sonho. É bela e sofre muito, raciocinei mais uma vez, perguntando-me ao mesmo tempo: esses olhos já não estão pesados demais para um rosto tão delicado?

– Por que, afinal de contas, você não interrompe essa tradução, já que ela te faz tão mal?

Dorieta ficou de olhos fechados por alguns instantes. Depois disse:

– Muitas vezes quero sair de casa, andar por aí, onde for, não importa, é só para fugir de mim mesma.

Mudava de assunto, assim me pareceu. Não queria mais falar sobre o *Untergeher.*

– Não entendo dessa área, Dorieta, mas sei que as coisas têm de ser feitas lentamente – forcei-me a dizer isso, tinha de dizer alguma coisa com um mínimo de firmeza. – Como num tempo acertado ou um tempo que se acerta no andar, um quarteto de blues, por exemplo. Olha só, Dorieta. Ir lentamente, você entende? Deixar fluir a música. Cada um no tempo do outro. A música desse cara, o piano dele, não é assim? É o único jeito. Você gosta de blues?

Também dessa vez ela nada respondeu. Minha estúpida pergunta caiu no vazio.

Ficamos a ouvir o piano, eu ainda sentado ao chão, Dorieta de volta à *bérgère*, mais uma vez de olhos fechados. A tarde chegara ao fim. A sala ficou ainda mais escurecida, e o espiral verde já ia pela metade. Definitivamente, não acendemos a luz.

Da cantina da maternidade São Luiz tem-se acesso visual direto ao berçário, como a um aquário monumental, construído para deleite coletivo. Ainda era novidade naquele tempo, e foi justamente para lá que nos dirigimos uma hora depois, quando a fita do Glenn Gould chegou ao fim.

Dorieta desenvolvera uma técnica tão simples quanto eficiente para entrar nas maternidades. Em havendo questionamento ou barragem, o que era raro, dizia um número de quarto qualquer e passava com rapidez, fingindo-se aflita, sem mostrar documentos. Só os entregava em alguma portaria quando insistissem de forma incontornável. Na maior parte dos casos, porém, perante uma mulher como Dorieta, causava constrangimento aos funcionários a simples idéia de pedir detalhes sobre quem seria visitado – ainda mais no final do expediente, a pouco tempo do encerramento das visitas.

A seu pedido, permaneci sentado na cantina, enquanto ela, de pé, colada ao vidro, observava o movimento do berçário. Quando, minutos depois, tirou um lenço do bolso da capa, pensei em levantar-me e ir até lá. Ver de perto aqueles olhos mais uma vez intumescentes, enrubescidos, isso me faria bem, como na Pro Matre semanas antes, eu supunha. Tive receio, porém, de parecer intruso. Questão de respeito, eu me dizia, e assim me segurava. Pedi um segundo café.

Dali a instantes, ao tirar os óculos para limpar as lentes, fui atraído pela imagem de contornos agora indefinidos de Dorieta criada pela nebulosidade resultante da miopia. Tal visão, reforçando o sabor do imponderável naquela figura, dava uma representação real à obscuridade da sua mania de berçários – a qual Dorieta fazia questão de não ocultar. Que seja sempre assim, que não esconda de mim as suas vontades, que seja espontânea feito animal, que um dia também eu possa sê-lo. Veio-me essa cadeia de pensamentos, impoluta e reverberante, um tanto bíblica. Veio-me como evento raro, como se eu quisesse restabelecer dentro de mim, com o auxílio involuntário de Dorieta, uma ingenuidade há muito enterrada.

Dorieta voltou-se de repente. Recoloquei os óculos no rosto, com rapidez, e captei no seu sorriso quase invisível o convite a que deixássemos a maternidade imediatamente.

Nem meia hora fazia desde que entráramos ali. Mesmo assim, achei por bem não contestá-la – assim era eu naqueles tempos: incapaz de contestações; e com certeza paguei a conta por isso. Uma igreja, é isso, ela vem, reza, chora não sei por quê, e vamos embora, raciocinei oferecendo-lhe um copo d'água, já no elevador. Dorieta relutou, recusou a água, mas acatou a sugestão de irmos a um bar qualquer.

O local, na Vila Madalena, estava cheio de gente. Optamos pela única mesa vaga, na calçada. A temperatura era agradável. Ao nosso lado, quatro mesas juntas reuniam uma dúzia de homens e mulheres, não sei quantas dúzias de garrafas de cerveja vazias e uma rede de cinzeiros abarrotados. Não era bem conversa o que se produzia ali. Tratava-se, mais, de um minicomício entre militantes ou simpatizantes petistas, captei logo. Discursos deles para eles próprios, percebi; todos animados e, em uníssono, vociferando chavões contra os alvos de plantão: "regime militar em agonia", "Maluf alternativa da direita", "Tancredo válvula de escape para o centro".

Concordava com a maioria das coisas ditas ou gritadas ali, aquele rebuliço me empolgou até, mas Dorieta, centro de minhas preocupações naquele momento, mostrou-se incomodada.

– Fazem barulho demais e só falam bobagens – disse ela, ameaçando levantar-se.

A política só me atrapalha, não é possível, pensei. Não posso deixar cair a bola, merda!

Agi então com presteza, diria que por instinto, segurando-a pelo antebraço.

– Esquece. Se essas idéias te chateiam, finge que não escuta. Vamos falar de outros assuntos. O tempo está gostoso, fresco. Quero ficar junto com você, Dorieta. Pouco importam os vizinhos.

Para minha surpresa, Dorieta aquiesceu, sorriu até, e eu, arrebatado por essa pequena vitória, reviravolta a bem dizer nada desprezível naquelas circunstâncias, aproveitei o momento para chamar o garçom e pedir sanduíches, cerveja e água.

Talvez o motivo do desconforto de Dorieta nesta calçada não seja exatamente o tema abordado pela mesa vizinha, a política, os discursos, pensei. Talvez tudo isso lhe sirva apenas de pretexto para deixar de me expor, na verdade, as dúvidas que tem sobre o nosso relacionamento recém-iniciado. Talvez sua irritação se deva, em última instância, às interrogações que passam pela cabeça a respeito da minha pessoa. Assim eu raciocinava na calçada do bar.

– Por que você gosta tanto de ir a maternidades, ver os berçários? – fiz de supetão a pergunta-chave.

Dorieta levou os cabelos para trás das orelhas, pequeninas, delicadas.

– Melhor não falar disso. Já basta de coisas desagradáveis, concorda comigo? – disse ela, referindo-se à mesa ao lado.

Estava a ponto de insistir na pergunta, pensava em reformulá-la, não podia permitir que a oportunidade escapasse, quando o garçom chegou e espalhou o nosso pedido sobre a mesa. Dorieta acendeu então um cigarro e logo bebeu um gole de água. Em seguida, soltou baforadas para o alto, a demonstrar impaciência, fazendo-me notar que ou eu mudava de assunto ou as coisas poderiam se complicar.

– Fale do que quiser, então. Me interessa ouvir a tua voz. Fale do coral, por exemplo. Vocês têm apresentações à vista?

Dorieta bebeu água e lançou ao ar mais uma baforada longa, de quem domina a arte de fumar. Continuavam os brados na mesa ao lado. Teimosos, repugnantes, observei que se intensificavam até. São sem dúvida militantes petistas, deduzi, sentindo-me ao mesmo tempo aliviado, pois tudo indicava que Dorieta já conseguira abstrair a existência deles.

– Não quero falar do coral, fica para outro dia. Mas se você insiste, vou te contar o que estou preparando para o final do ano. Nada a ver com o coral. É um negócio chamado Limpeza do Ano-Novo.

– Como você quiser – incentivei-a.

Retirou da bolsa uma esferográfica e, no guardanapo, escreveu:

"Milho branco, três ovos e pipoca.

Passar no corpo na beira da praia o milho branco,
passar no corpo na rua os ovos,
passar no corpo no mato a pipoca.

Tomar banho de Abre Caminho, Vence Tudo, Água de Elefante.

Defumar com palha de alho, café, farinha e açúcar."

– Receita daquela velhinha do coral, dona Zélia, a de peruca azulada, lembra dela? Trouxe de uma viagem à Bahia. Você conhece?

Fiz um muxoxo. Esvaziei meu copo de cerveja.

– Não pode ser que você acredite nisso de verdade – desafiei-a com ironia na voz, ironia no entanto autêntica, espontânea, pois, afinal, eu não me ligava nessas crenças: orixás, macumba, candomblé, um mundo absolutamente distante para mim. – Trabalhos, simpatias, essas coisas não me dizem nada, Dorieta.

– A dona Zélia garante que tem efeito. É uma senhora inteligente. Não tem nada de boba, pode acreditar. Disse que faz bem para a pele. Preciso usar isso no rosto.

– Mas você tem uma pele tão boa. – A frase saiu com uma voz de canastrão que eu não reconheceria como minha numa gravação. Oportunista, imbecil!, xinguei-me.

– Nunca se sabe, Silvio. Não sou de acreditar em forças fora de nós mesmos, mas o corpo da gente muda! Muito mais rapidamente do que se imagina. – Eu não sabia disso naquela época, eu ainda não sabia disso. E Dorieta tinha razão: nosso corpo muda, e como!

– Guarda – ela disse –, fica com você essa receita. Quem sabe um dia...

Mais água, cerveja, os sanduíches já consumidos, mais

cigarros. Nossas vozes fluíam agora num volume tão alto quanto o da vizinhança engajada.

– Pinheiros é um bairro ótimo, você não acha?

– É. Tem esse ambiente classe média ilustrada, universitária – respondi. – É meio Vila Madalena.

– Mas é melhor para morar, Silvio. Aí a Vila Madalena vira um passeio, não?

– Ah, sim, claro. Você tem razão. Não quer mais cerveja? – eu me sentia leve.

Dorieta sorria.

– Boa idéia. Conheço Pinheiros como a palma da mão -- ela disse, enquanto eu chamava pelo garçom.

Depois de encomendar-lhe cerveja, virei-me para ela:

– Olha, preciso cortar as unhas – comentei. – Você usa tesoura ou alicate, Dorieta?

– Quando não rôo, é alicate.

– Eu também. Quer dizer, roer eu não rôo nunca, mas usar tesoura é um problema, principalmente para cortar as unhas da mão direita.

Alguém da mesa vizinha levantou a voz acima dos demais, subiu na cadeira e começou um discurso brincalhão, ininteligível. Ao contrário do que eu temia, porém, Dorieta nem deu importância ao fato. Depois de se servir de mais cerveja, perguntou-me:

– Você é sócio de algum clube?

– Fui sócio da Hebraica, a vida inteira. Você deve imaginar. – Ela sorriu. – Mas de uns dois anos para cá parei de freqüentar. Meu pai então suspendeu a minha carteirinha.

– Claro, claro. Eu freqüentei o Espéria durante um tempo na adolescência. Minha mãe tinha um primo que emprestava a carteirinha.

Seus olhos azul-piscina ressurgiam imensos sob a luz de mercúrio da calçada. Os dentes cintilavam entre duas covinhas que eu não havia observado antes. Estava bela, Dorieta. Mais do que isso, sabia-se bela, irradiava-se, enquanto um esplendor aspirava, puxava para fora o que havia de estragado dentro de mim. Trôpego, entre pensamentos inconclusos, eu abrigava com euforia essa higienização que ela provocara.

– Você é muito bonita, Dorieta.

Como se Dorieta fosse uma outra mulher e eu passasse a conhecê-la de fato somente ali, também eu descobria em mim mesmo um outro homem, surgido de uma nuvem repentina.

Afaguei as suas mãos grandes e brancas. Alvas, mãos alvas, mãos de virgem, pensei. Gozei o calor delas delicadamente, demoradamente.

– Você está quente, Dorieta.

Ela replicou com uma aproximação inesperada e acariciou-me o rosto, os cotovelos apoiados sobre a mesa. Não desviava os olhos dos meus. Sorria, e os dentes bem-cuidados reforçavam a sua beleza. Agia com formosura. Um soro antioxidante em minhas veias, aí está.

Gosta mesmo de mim, concluí. Que bela doidice! Feliz. Não é possível. O imbecil está feliz! O cabelo de fogo e feno está feliz. A besta quadrada! Estou feliz!

– Acho que eu estou feliz, parece um sonho bobo – disse Dorieta. Uma lágrima transbordou de seu olho direito.

– Eu também, eu também, eu também... – repeti várias vezes, sorrindo, e beijei-lhe as mãos.

Não é possível, de repente o cretino, o infeliz, de repente está felizinho! Não é só alegria, não, ele está felizinho. Só pode ser a cerveja. Está felizinho, eu me dizia, olha só a besta!

Por quantos minutos ficamos enlanguescidos e abobalhados desse modo, sob a luz de mercúrio da rua, não saberia dizer. O passar do tempo prolonga ou encurta momentos como esse na memória. Mas sei que pouco a pouco a mesa ao lado se esvaziava, e que, ao final, só nós continuávamos na calçada.

Passava da meia-noite quando chegamos à casa de Dorieta. Lá vem um beijo na testa, pensei. Adivinhei.

5

Liguei para Rovai às onze horas da manhã. Dia quente, convidei-o para almoçar no Frevinho, na rua Augusta. Comer fora, beber em balcões os mais variados, tascar na boca porcarias em geral – bares, lanchonetes, restaurantes, essas eram as nossas verdadeiras casas.

O garçom, veterano, servia sem pressa naquele meio-dia. Trazia o sono na cara, a barba por fazer, sem preocupação em disfarçar o tédio. E também nós estávamos ali molengas.

– É sobrenatural, essa mulher – eu disse, entrando já no segundo chope.

– É isso que te atrai nela – complementou Rovai. – Você está cansado de ouvir sempre as mesmas coisas, só pode ser isso, quer ouvir coisas inusitadas, não é? E, pelo jeito, ela deve ter aberrações de monte para te falar.

– Mas ela também quer ouvir coisas inusitadas, e eu devo ser útil, de alguma forma.

Contei a Rovai o que se passara na casa de Dorieta no dia anterior.

– Fantástico, Silvio. Deve ter sido genial, delicioso. Tenho inveja de você.

Eu é que tenho inveja de você, Caio, pensei, embora devesse ter a coragem de dizê-lo.

Perguntei-lhe como estava com Alcione, comentando:

– Só pode ser brincadeira tua, Rovai.

– Em duas semanas acaba, ela está se distraindo, eu também. Pronto. Ela sabe que a gente não tem futuro. Você é que é ingênuo, Silvio. As pessoas se divertem também. Quer mais do que isso?

Rovai tinha uma "filosofia" da qual se jactava: fazer o que der na telha. Simplesmente isso. "A vida não é curta? Então curta a vida!", dizia sempre. Aproveite as ondas, dizia ele. A regra é entregar-se às delícias, soltar-se. Essa deve ser a norma. Venham as delícias de onde vierem, como e quando vierem. Liberdade. Gozo. Um pouco de molecagem não faz mal a ninguém, pensava Caio, e repetia o receituário no restaurante, já no terceiro chope.

Talvez contaminado pelo andar moroso do garçom, tentei contestar:

– Não se consegue ser feliz só com delícias, ou só com prazer. É ilusão. Precisa construir alguma coisa, fazer alguma coisa.

– Bobagem, Silvio. Mania de velho! Uma coisa não é condição para a outra. Isso é filosofice antiga, Silvio. Sei que eu não vou viver demais. Tenho essa intuição. Já falamos disso. Não quero ser herói, você entende? Não dou para isso. Sempre pensei demais. Chega. Heróis não pensam, sabia? São heróis, simplesmente. Cansei dessa corrida...

Vieram mais dois chopes, sem que tivéssemos pedido – o garçom era moroso, sim, mas de bobo não tinha nada.

– Você pode se dar mal. Pode sofrer muito com isso – argumentei. – Esse negócio de que prevalece a intuição é coisa de novela de tevê. Não existe. Dá errado.

– Tem que dar linha na pipa, Silvio, deixar ela subir, ir embora, dar linha de novo, aí a pipa vai com o vento, sem parar. Vida é isso. A Alcione também sabe disso. Parece boba, ignorante. Nada a ver. Ela é feliz desse jeito, quer dizer, sai em escola de samba, você acredita? Tem amigas, trabalha, atrai qualquer um na rua, mas não se aproveita disso. Vai à praia quando pode. É mais feliz do que nós dois somados.

– Uma hora o carretel acaba, não acaba?

– Bobagem. Se chegar ao fim você faz uma emenda na linha, faz outra emenda depois e pronto, mais outra, não acaba nunca. E se acabar, também, foda-se.

Bebi mais chope. Tinha um longo domingo pela frente.

– Mas a linha pode romper – retruquei, preocupado com a demora da comida.

– Se me der mal, faz parte da brincadeira. Foda-se. Prazer e dor andam juntos, não é assim? Você já deve ter lido isso em algum lugar. Se eu quero buscar o prazer, então tenho que me preparar para a dor. Simples. É isso mesmo. Não vejo outra saída, pelo menos para mim.

Levantou-se e foi ao banheiro. Nesse intervalo, fui até a porta do restaurante observar a rua, pouco movimentada àquela hora. Ao retornar, Caio já estava à mesa novamente.

– Você se isola demais – continuei. – Fala da dor como se fosse bobagem, brincadeira. Mas quando ela chega é foda. Ainda é quase um garoto, vinte e dois anos, e já fala que não tem saída. É absurdo, Caio. Tem que encontrar alguém, uma relação mais sólida, entende? Estudar mais, aprender, saber das coisas.

– Vinte e dois não, vinte e três!

– Vai tomar banho!

– Não me faz mal ficar sozinho, Silvio. Pode acreditar nisso. Não me faz mal, a solidão.

Rovai me olhava fixamente, sua água mineral estava intocada junto à caneca do chope.

– Talvez seja condição para isso. Não devo nada a ninguém. Se dever, não vou conseguir ser feliz. Pronto. Prazer e virtude são coisas incompatíveis. Eu sei disso.

– Tem pelo menos que estudar seriamente, entender as coisas, os fenômenos.

– Cultura é uma merda, Silvio. Deixa de bobagem. Você ainda não se deu conta? Isso sim é coisa de tevê!

– Cultura é uma merda?

– Que diferença faz saber se tal quadro foi pintado por Manet ou por Monet, Picasso, Cézanne, a puta que o pariu? O importante é ver o quadro e pronto. Sentir o quadro, as cores, o diabo, pronto. Importam as pessoas e as obras, tudo bem, mas separadamente, só isso. Para sentir a obra não é preciso saber quem é o autor, o que o cara fazia quando estava no banheiro, essas coisas.

– Agora é você quem está fazendo filosofia – retruquei. – Não estou falando de cultura de almanaque. Estou falando de aprender as coisas da vida, as características das pessoas, saber como funcionam, nós mesmos, como funcionamos. Nossa cabeça está sempre cheia de bosta mas não é só isso. Tem um outro lado maravilhoso, e isso você não aprende assim de uma hora para outra, simplesmente sem querer. Não é assim.

– Dar linha na pipa, Silvio. É isso, e acabou. O resto é psicologia de almanaque. Você tá falando muita bobagem. O buraco é mais embaixo. Deixa de ser ingênuo, Silvio. Surpresas sempre vão acontecer, mesmo quando você tiver setenta anos. Só isso.

O rosto amarelecido, Rovai agora falava com a cabeça abaixada.

– Dar linha na pipa, dar linha na pipa – ele insistia. Na verdade, tergiversava. Para mim, ele desse modo procurava fugir de uma conversa conseqüente, quando chegou à mesa o seu filé com aspargos na manteiga.

– Dar linha na pipa, Silvio. É isso: dar linha na pipa.

Diante da comida, assumimos um silêncio que, se não demonstrava necessariamente estarmos com fome, expressava sem dúvida que o diálogo chegara a um impasse. O dia talvez esteja ruim para trocar idéias, pensei, remexendo o espaguete à bolonhesa.

E assim ficamos, comendo, calados, passando o tempo, até que reparei numa moça que buscava uma mesa de canto no restaurante. Vestia minissaia de couro preto, usava rabo-de-cavalo; uma fita verde, espécie de echarpe, ocultava-lhe o pescoço. Sentou-se com calma e elegância, tirou da bolsa de plástico preto um livro encadernado em vermelho e pôs-se a lê-lo como se estivesse numa biblioteca. Não fez sinal aos garçons. Quando um deles se aproximou, perguntando o que iria comer, simplesmente pegou o cardápio e deixou-o de lado sobre a mesa para prosseguir na leitura, assim permanecendo vários minutos.

Surgida dessa maneira, no intervalo de nossa conversa, cabelos loiros, longos, pele bronzeada, essa moça de aparência saudável, bela, intangível, sem sabê-lo me ajudaria depois, inúmeras vezes, a reconstituir as nossas palavras, minhas e de Caio, daquele domingo no Frevinho. Assim acontece, aí está. Certas imagens de poucos segundos de duração, quando vigorosas, são locomotivas: arrastam atrás de si vagões de fatos que, não fossem elas, estariam dispersos, sumidos da memória. Poderia ter sido a do garçom molenga, a imagem daquela manhã de domingo, mas foi a da moça na mesa de canto, para felicidade dos meus olhos – ó, a felicidade dos meus olhos! –, uma moça impalpável, segura de si, a mesma moça que, não estivesse eu naquele instante inteiramente domado pela atração por Dorieta, daria talvez excelente companhia para mim nos dias de hoje, e eu não vegetaria aqui, sozinho como estou, lápis sem grafite.

Sem retomarmos a conversa, Caio e eu pedimos sorvete de sobremesa, tomamos café num bar da calçada em frente, passeamos depois quinze minutos na Paulista, lentamente, enfastiados, até a Consolação. A intensidade do sol àquela hora ajudou a que ficássemos calados o tempo inteiro.

Em frente ao cine Belas Artes, ele perguntou:

– Como vai o teu sobrinho? É Plínio, o nome, não é?

– É isso. Vai melhor. Está complicado. Tem mais algumas semanas de incubadora.

– A Gisele está bem? É uma barra, hein?

– Ela é que me preocupa. Fisicamente não tem problema. Mas parece meio amalucada com o negócio. O Moisés é uma besta, você sabe. Não é flor que se cheire, o cara. Se bobear arruma leilões em outras cidades só para ficar longe da maternidade.

– Bom, Silvio, eu vou indo. Espero que dê tudo certo. Quero ver se passo na casa dos meus pais.

– Tudo bem. Vou atravessar para o outro lado pela galeria.

– Cinema à noite?

– De novo? Para quê? Para ver você e a Alcione se malhando no escuro outra vez? Fica pra outro dia. Beijos, Caio.

Ao entrar no quarto, horas mais tarde, dei de cara com a cama de casal e seu edredom amarelo-canário, reparando, ao contrário da primeira vez, que entre o piso de sinteco e o colchão havia apenas um estrado, sem qualquer armação. Era uma cama baixinha, portanto, rente ao chão. À cabeceira, entre a cama e a parede, dois porta-retratos, a bilha de barro, o cinzeiro e o rádio-relógio – tudo isso sobre uma prateleira de madeira escura sustentada por dois blocos de concreto. Pintado de vermelho, no lado oposto, ao pé da cama, um armário de nogueira com três compartimentos e dois gavetões embaixo. Na parede da porta, paralela à cama, sobre o tapetinho de sisal verde repousavam as duas cadeiras que nos haviam servido de apoio no dia anterior para a caça aos pernilongos. Uma cômoda roxa de quatro gavetas, tendo em cima um cinzeiro de pedra-sabão e um terceiro porta-retrato, acompanhava a outra lateral da cama, junto à janela. Eu e, mais uma vez, a velha mania de medir utensílios e aposentos.

Ao contrário do escritório, onde objetos antigos de cobre, madeira ou pedra conviviam com a ampla mesa abarrotada de livros, a máquina de escrever elétrica, o abajur de cúpula empoeirada e o cheiro de cigarro impregnado nas paredes, o dormitório de Dorieta era limpo e despretensioso. Embora colorido, tinha o selo do despojamento. Refúgio de freira, pensei.

Esses detalhes do quarto haviam-me escapado da primeira vez que estivera ali, apenas vinte e quatro horas antes – fenômeno difícil de explicar senão pela confusão que Dorieta conseguia incutir em minha cabeça nos nossos encontros iniciais –, mas agora, sentado numa cadeira, sete horas da noite de domingo, eu me inteirava de tudo o que havia naquele espaço. Tentei concentrar-me, em especial para adivinhar a pessoa cujas fotografias ocupavam os porta-retratos. Meus olhos iam de um para outro sem parar. Senti que poderiam me ajudar na tarefa de satisfazer, um tantinho que fosse, a curiosidade em torno de Dorieta.

Num dos porta-retratos, o de formato oval, isolado sobre a cômoda roxa, uma menina de no máximo sete anos de idade aparecia sentada numa cadeira de balanço cujos braços, arredondados, serviam de apoio às duas mãos pequeninas, a direita segurando uma bolsinha branca de formato hexagonal. As botinhas ortopédicas, com o pé direito apoiado no esquerdo, não chegavam a tocar o chão; tinha cabelos curtos, franjinha, estilo melindrosa, e seu vestido azul-claro, com uma fivela à altura do pescoço, descia até o início dos joelhos roliços. Não fixara os olhos na câmera fotográfica, a menina; parecia atentar para alguém que acabasse de entrar no estúdio no momento do clique, à esquerda do fotógrafo. Enormes, dominando o rosto, os olhos eram tristonhos.

No segundo porta-retrato, sobre a prateleira improvisada à cabeceira da cama, estava a mesma pessoa – nenhuma dúvida sobre isso –, mas agora moça. O rosto, cor-de-rosa, em primeiro plano, com um descampado ao fundo; um céu inteirinho azul ocupando a metade superior da fotografia. Blusa xadrez vermelha e branca de mangas compridas, saia marrom plissada, botinha de couro, a moça posava ao lado de um homem de terno claro e chapéu panamá, de braços dados, ela sorridente, ele taciturno, ambos de óculos escuros.

Desviei os olhos e logo vi a mulher já com mechas brancas no cabelo, a segurar uma delas entre os dedos da mão direita, como se fosse trança. Era o terceiro porta-retrato. Vestindo calça jeans enfiada em botas de cano alto, sentava-se numa poltrona de couro taxeada, um lenço verde amarrado ao pescoço. De seu olhar firme e duro, imperturbável, da definição mais explícita dos seus traços, dos sulcos gerados na pele ao longo do tempo – de tudo isso extraí sinais inequívocos de fibra. Certamente fora obrigada a salgar o rosto em demasia, aquela mulher, em confrontações cuja quantidade superava a merecida. Tudo isso transparecia no retrato, e justamente nisso eu pensava quando Dorieta adentrou o quarto.

– Chama-se Rosa. Minha mãe. Bonita, não é?

Vinda nua do banheiro, Dorieta caminhou para o colchão. Rápida e decidida. Sem me olhar, afastando o edredom, enterrou-se até o pescoço sob o lençol cor-de-vinho, agora de olhos fechados.

– Apaga a luz.

Obediente, apaguei a luz e fiquei parado junto à porta. O que ela está fazendo? Dispensa-me, pura e simplesmente, ou me convida a entrar na cama? Tentei esconder a minha vacilação.

– Você não vem?

Havia na pele de Dorieta uma aspereza, uma espécie de ardência palpável. Nunca estivera tão próximo nem passara os dedos com tamanha atenção pelo rosto dela. À enorme surpresa diante do convite para me deitar, seguiu-se um desejo ainda maior. A centímetros de mim, não era uma boneca de porcelana empetecada, o que eu via, mas sim um rosto vivo de superfície palpitante a exigir que se mergulhasse nele.

Lá fora a rua estava silenciosa. Nenhuma música se ouvia. O calor do dia deixara marcas; a temperatura no quarto de Dorieta era agradável. Sob o lençol macio, eu me protegia, me aquecia, me expandia, sentia-me leve, embora cativo ao lado dela.

Depois de vaguearem então pelo seu rosto ao mesmo tempo rude e plácido, arenoso, mas também uniforme, um rosto verdadeiramente próprio, meus polegares passaram a massagear vagarosos e com apuro as sobrancelhas. Foi quando Dorieta espalmou as mãos, segurou minha cabeça e, proferindo uma bênção particular, conduziu-me aos seios brancos e fartos.

Por vários minutos deslizei de olhos fechados pelo corpo dela, apalpando-o sob o lençol, minha língua em liberdade, como se fosse um pincel a cobrir com verniz efêmero os seus mamilos rijos e intumescidos. Em certo momento, ao abrir os olhos, vi que Dorieta virava e revirava o rosto sobre o travesseiro. Eu era na verdade uma língua enorme entregue à festa, à fartura, a caminho do arrebatamento.

Aos poucos, entre murmúrios e sons sem nexo, meu corpo se transformava, e de novo Dorieta insistia, a empurrar minha cabeça ainda mais abaixo ao longo do colo. Docemente ela insistia, num gesto de afago e orientação. Outra vez. Mais um pouco. Até que, enquanto eu a agarrava com força pela cintura, meus lábios, estimulados agora pela carícia da pelugem macia e palpitante, mergulharam em busca do grande sabor. Saliva e língua soltas. Um frêmito. Toda a minha boca investia sobre o seu sexo, entre gemidos, quando sobreveio no meu rosto um naco de repulsa. De repente, em meio aos nossos suores, um choque me fez abrir os olhos. A estranheza que se seguiu interrompeu meus movimentos: os lábios de Dorieta, ali, tinham uma dimensão singular, eram como asas, excessivamente carnosas, abraçando-me a boca, numa desproporção inesperada para os meus sentidos.

Afastei-me alguns centímetros. Já experimentara grandes e pequenos lábios de muitas mulheres àquela altura dos meus anos, sentira sempre o seu gosto de fruta especial, sua acidez estimulante, sempre o momento jubiloso, animalesco. Mas os lábios de Dorieta eram diferentes. Maiores, bem maiores. Excepcionalmente grandes. Desproporcionais. Duas orelhas úmidas – visualizei-os assim naquele instante, temeroso ao mesmo tempo de que o simples fato de pensar, àquela hora, pudesse acabar com o que vínhamos fazendo.

– É o meu segredo – murmurou Dorieta.

Notei nela um lacrimejar discreto. Era de felicidade, eu sabia bem, aquele lacrimejar, e não parecia justo, diante dele, o acanhamento que me paralisava.

– Não pára, não pára, Silvio. Vai, amor, continua, é o meu segredo, vai, você vai ver, é bom, vai... – apelava-me Dorieta, à meia-voz se contorcendo.

– Não pára, Silvio, não pára...

"Entregar-se às delícias, dar linha na pipa" – passou a frase de Rovai pela minha cabeça, de relance, um impulso apenas, unindo-se ao apelo de Dorieta. Fui então adiante, mais uma vez, mais decidido ainda. Soltei-me junto ao corpo morno e agitado dela. Enfiei-me num poço de mel, fortalecido por aquela especiaria que era então o segredo de Dorieta, seu sabor, delícia acolhedora, de textura maleável. A bela anormalidade, eu sentia, gratificante na minha boca. Os lábios enormes, que com certeza ninguém possuía iguais, abriam-se para mim sem temor. Em total confiança, suaves e membranosos na maciez da carícia que ofereciam. Segredo meu também. Segredo agora meu também. Eu incorporava isso enquanto ardíamos, os dois, sobre o lençol cor-de-vinho. Dorieta dizia "não pára, não pára". Presa a mim, ela chorava e repetia: "não pára, não pára."

Francesco voltava a trote lento em paralelo à estrada de ferro, beirando os trilhos de trem, como fazia toda tarde depois de visitar Rosa no sanatório. Garboso, homem de orgulho, chapéu de feltro do tipo faroeste, contava-me Dorieta, exibia-se elegante sobre o cavalo branco.

Como sempre, o destino era a mercearia, onde o ajudante Justino, mulatinho fiel, aguardava-o para conferirem a féria e darem por encerrada a jornada. Vazia de turistas no outono, Campos do Jordão tinha comércio limitado ao quotidiano da população local.

Depois de contabilizar as perdas e os ganhos do dia, ele deveria encontrar os amigos em Jaguaribe, perto de casa, beber tragos – sem exageros, homem comedido que era –, trocar conversa, petiscar, talvez jogar dados, palitinho, para depois se recolher solitário, adormecendo cedo, acordando na manhã seguinte quando despontasse a aurora.

Dessa vez, porém, ao apear do cavalo, tendo já acenado para Justino que o fitava desde o balcão da mercearia, Francesco não conseguiu manter o equilíbrio. O corpo, esguio e forte, desabou à sombra do animal. A cabeça de Francesco, já sem o chapéu, que na queda voara longe, chocou-se com a quina do calçamento, defronte à mercearia. Uma poça de sangue ganhou forma no chão, disse Dorieta. Não houve tempo para outra coisa que não fosse o desespero do garoto Justino.

Dorieta completaria doze anos de idade um mês depois. Vivia desde dois anos antes com dona Pina, a avó materna, com quem costumava visitar a mãe tuberculosa. Naquela tarde dirigia-se à mercearia justamente àquele instante, estava a apenas cinqüenta metros dali quando o pai desceu do cavalo e perdeu o seu chapéu de feltro.

Correu para ver o que se passara com ele. "Pai, pai", gritara Dorieta com a voz miúda, olhos assustados, tentando ajudar Justino mas tão perdida quanto o garoto, vendo a mancha de sangue de Francesco se espalhar pelo calçamento, gritando também, "socorro, socorro", sem força alguma.

Tentou ela mesma erguer o corpanzil do pai, mas, desequilibrada, tombou por terra, caindo com o rosto de lado sobre o cachorrinho de ferro fincado à porta da mercearia para que se tirasse o barro das solas dos sapatos – daí a cicatriz fininha sobre os lábios, era o sinal deixado na filha pelo acidente do pai. As pessoas de sempre perambulavam por ali, todas se conheciam, muitas admiravam e respeitavam Francesco. Nada, porém, pôde ser feito para evitar a morte.

– A Copa de 70, a festa do tricampeonato, aquilo para nós foi a maior tristeza – disse Dorieta. – O pai morava sozinho, mas gostava de nós, as filhas. Ele era difícil. Não tinha mais nada a ver emocionalmente com a minha mãe, mas a visitava todo dia.

Assim falava Dorieta, na cama, já no terceiro cigarro, depois de contar a queda do pai e sua morte instantânea. Na escuridão do quarto, a fumaça subia rumo ao brilho avermelhado do rádio-relógio, acima de nós.

– Preferia não ter visto nada, que Justino também não tivesse visto nada, porque era tão amado pelo pai quanto as filhas, e gostava dele, também, tanto quanto nós. Eu e minha irmã gostávamos do pai. Mesmo a saída da minha mãe do sanatório, depois de dois anos de internação, seis meses depois da morte dele, não teve o sabor de alegria que deveria ter.

Contou-me Dorieta que Rosa, a mãe, curada plenamente, decidiu enfrentar a viuvez mudando-se para São Paulo, onde havia parentes distantes, levando as filhas e dona Pina. Foi a maneira encontrada, também, dizia Dorieta, para combater a melancolia que tomara conta da família.

Marta, a irmã mais velha, assim que chegaram a São Paulo, decidiu no entanto afastar-se. Não acompanhou a família. Com dezessete anos à época, mandou-se para Santa Catarina, ela e o namorado. Sumiu, dizia Dorieta. Durante anos não houve notícia sua.

Em São Paulo, com o apoio de um primo, Rosa e Pina abriram uma pequena loja de roupas femininas na Teodoro Sampaio. Dorieta ajudava no trabalho. Seu afazer predileto eram os embrulhos, empacotar blusas ou camisas em sacos plásticos transparentes, dobrando cada peça com cuidado entre o polegar e o dedo médio. Enquanto trabalhavam, e em casa algumas noites, Pina lhe ensinava italiano. O ginásio, completou ali perto, no Colégio Fernão Dias.

Com elas também partira de Campos do Jordão o garoto Justino, contou Dorieta, na verdade filho ilegítimo de Francesco e de uma cozinheira que, mesmo discriminada por ser negra, mantivera uma pensão por muitos anos e morrera de repente, quando o menino estava à véspera de completar três anos de idade – infecção generalizada, do dia para a noite ela se fora, contou Dorieta. Perdoando o marido, Rosa decidiu trazer Justino para perto de si, preferindo isso a deixá-lo nas mãos de um orfanato qualquer. De modo que o garoto, sete anos depois, com a morte de Francesco, aninhou-se entre três mulheres, órfão completo, de pai e mãe, vítima indireta de duas mortes fulminantes. Ganhou, no entanto, mais conforto do que jamais tivera antes.

Dorieta soube que era anormal o tamanho dos seus lábios inferiores logo na primeira relação sexual. Aconteceu em Salvador durante uma viagem que fez de férias sozinha quatro anos depois de a família deixar Campos do Jordão. Tinha dezesseis anos, portanto.

Após um dia de praia, deitou-se com o rapaz sobre uma esteira, no chão de cimento de um casebre. A irmã do rapaz, mais nova que o casal, observava tudo com indiferença. Permanecia ao lado como se tomasse conta deles, para alertá-los caso alguém se aproximasse; assistia àquele enlace nervoso sentada ao chão, com naturalidade, o que deixava Dorieta intrigada. Bem menos intrigada, porém, do que ficaria logo depois, ela me contou no escuro do quarto, diante da atitude do rapaz: antes eufórico e suado, sob o domínio da ânsia pelo gozo, ele se afastou de Dorieta, recolheu-se de repente sem explicações, para esticar-se, calado e solto na esteira. Ali se petrificou o rapaz, silencioso, até adormecerem. Na hora Dorieta não compreendeu o porquê daquele recuo. Soube-o apenas semanas mais tarde, por carta da irmã do rapaz, encarregada de lhe pedir desculpas e explicar grotescamente: ele não queria ter uma namorada com aquele sexo anormal!

– Parece mentira – disse Dorieta enquanto buscava o cinzeiro de pedra-sabão sobre a cômoda. – Mas guardei essa carta por um bom tempo, antes de botar fogo em toda a minha papelada.

Já estudante de Letras, anos depois, Dorieta recebeu uma carta de Florianópolis, na qual Marta se dizia acometida de "um mal irrecuperável". Com delegação da mãe, foi então a Santa Catarina visitar a irmã no hospital, vendo-a pela última vez, solitária, apenas dois dias antes da morte. O câncer. Rasteiro, fulminante.

Acompanhou o enterro ali mesmo, ela e uma dúzia de pessoas ligadas ao ex-marido de Marta. Rosa e a avó Pina negaram-se a comparecer à cerimônia.

– Falta agora enterrar a mãe e minha avó, só isso! – exclamou, sentenciosa, sendo essa ironia fruto menos de uma vontade assumida e mais da entonação da voz, pois seus olhos ficaram avermelhados nesse instante.

Eu me estirava no chão, entre as cadeiras de palhinha. O tapete de sisal me arranhava de leve as costas. Era um esgotamento benévolo, a trégua de quem nadou quilômetros e chegou ao ponto desejado. Não morreria na praia, como se diz.

Preparei-me para perguntar onde andava agora o garoto Justino, mas Dorieta se levantou, foi à cômoda, junto à janela, e abriu a primeira gaveta, de onde tirou um estojo de couro.

– Posso aparar as tuas cutículas?

Surpreso, pensei logo em questioná-la. Que contradição!, diria, aquele dia no bar você chamou a mim e aos meus amigos de imbecis, não é? Disse que parecíamos homens de fazer unha e cortar pêlo de nariz, almofadinhas. Agora quer ajeitar minhas cutículas!?

Fiquei quieto, no entanto. Acedi mais uma vez. Tratava-se de um gesto deliberado dela. Nova sinalização positiva. Já estava claro para mim que Dorieta só sabia fazer carinhos indiretos; era sua maneira de provocar intimidade – foi o que confirmei, novamente, naquele instante.

Firme no manuseio do alicate, recuperara o humor. Seus olhos já não estavam vermelhos no quase-escuro da casa. Notei, ao contrário, que se agigantavam, como da primeira vez que a vira, junto ao berçário da Pro Matre.

– Boa prática de manicure! – observei-lhe, pois, estando a do quarto efetivamente apagada, só a luz da lua, junto com uma brisa fresca, entrava pela janela.

Assim nos entretínhamos já por quase meia hora, calmamente, sem palavras, quando, tratando o último dedo que faltava de minhas mãos, Dorieta rompeu o silêncio.

– Eu queria ter tido a criança mesmo não gostando nada do pai. Queria ter tido, mais do que tudo, mas, apesar dos cuidados, o negócio se espatifou no quinto mês.

Puxei o braço sem querer. O alicate quase me feriu, mas ela soube afastá-lo com presteza.

– Não fique preocupado – disse Dorieta, a voz macia, melodiosa. – Foi um caso passageiro. Colega da editora. Freelancer, na verdade. Esse cara até sumiu depois. Nem me conhecia direito. Isso de perder filho acontece. Já faz dois anos.

Nesse momento, tremelicando, tive pela primeira vez a sensação de que, viesse Dorieta a me amar de fato ou não, ali ou em outro lugar qualquer, naquele minuto apenas ou no futuro, eu fora de qualquer modo o seu escolhido. Ela sabia o que queria e me ungira, aí está. E eu também, deve-se dizer: queria libertar-me de mim mesmo, libertar-me por meio dela. Nisso morava a nossa combinação.

6

Alugamos um chalé em Monte Verde para o carnaval de 1985. Rovai estava conosco; formávamos um trio harmônico, sem mentiras. No domingo de manhã, enquanto eu arrumava as nossas camas e ele passeava pela cidade, Dorieta entrou no quarto de supetão, vinda de uma cavalgada com um pangaré qualquer.

– Que tal a gente se casar? – Não fez a pergunta sorrindo, mas sim aos borbotões, quase sem fôlego, como se tivesse pensado no assunto e quisesse agarrá-lo com firmeza, temerosa de que lhe escapasse, ou como se exclamasse "por que resolveu chover justo agora, merda?" – de fato, uma garoazinha começara naqueles instantes. Assim era Dorieta.

Pode-se imaginar o meu assombro diante de um convite tão inesperado, ainda mais que, inseguro quanto aos meus ganhos profissionais, receava no dia-a-dia ver-me obrigado a recorrer a meus pais para despesas que nada teriam a ver com eles. De todo modo, o espanto e a hesitação não duraram mais do que alguns segundos. A proposta de Dorieta caía na hora certa. Era irrecusável. Acendeu-me por dentro, aí está.

Nenhum de nós queria casar de papel passado. Padrinhos e madrinhas, carimbos, juiz, tais coisas nos pareciam concessões inadmissíveis. Além disso, como à total aversão dos meus pais em relação a Dorieta somava-se a absoluta desconfiança da mãe dela em relação a mim, nada nem ninguém também nos forçava a um compromisso legalizado. Casar era, então, simplesmente, morarmos juntos.

Feito o acordo, estendeu-se por meia hora o nosso beijo no chalé. A garoa se adensava. A cama, que eu apenas começara a arrumar, bagunçou-se mais do que já estivera em desalinho antes.

Mantivemos a decisão em segredo durante o dia, para dar mais impacto ao anúncio que faríamos de noite a Rovai. Apesar de não estar frio, arquitetamos uma fogueira ao lado do chalé no final da tarde – Caio achou ridículo acender o fogo àquela temperatura, ainda mais com o risco de chuva sempre presente, mas nosso objetivo era transformar aquilo em acontecimento marcante. Seria o próprio casamento entre aspas, na verdade. "Sob a bênção do fogo", disse Dorieta, poética; "e do amigo de muitos anos", foi o meu complemento infanto-juvenil. E assim aconteceu: a noite do domingo, então, passamos os três toda ela acordados em volta de cinzas; bebeu-se o que deu para beber em torno do chalé, prolongando-se as festividades, a bem dizer, até a Quarta-feira de Cinzas.

Na semana seguinte, alugamos um sobrado de três quartos em Pinheiros – o bairro histórico de Dorieta, nem pensar em outro eu poderia. O Fusca amarelo cabia na garagem; meu Gol ficava do lado de fora. Rovai preparava-se desde algumas semanas antes para viver em Nova York – obtivera uma bolsa de sociologia milagrosamente; tratava-se de puro pretexto para deixar o Brasil, todos sabíamos disso, e deveria fazê-lo em agosto. Como estava brigado com os pais, justamente por causa da iniciativa de partir, propus que viesse morar conosco durante aqueles meses, ocupando um dos quartos da parte de cima da casa. Em sua mudança, não trouxe mais do que uma bicicleta, algumas roupas e um punhado de livros.

Talvez um tanto imbecilmente, ouso afirmar que aqueles foram os meses mais felizes de minha vida. Pode parecer retórica, mas fases assim de fato ocorrem; costumam ser raras, mas ocorrem e, conquanto soe irônico e inútil recordá-las, não se pode esquecê-las facilmente.

Tudo então tinha graça. Por menor que fosse o acontecimento ele tinha graça. Ríamos à toa, aí está. Nossos olhos brilhavam em demasia. Conversávamos até tarde da noite.

Tocávamos música: Dorieta ao violão, Rovai fazendo as vezes de percussionista num objeto qualquer, enquanto eu, a improvisar ruídos numa flauta doce de plástico, fingia ao mesmo tempo reger o trio. Também ouvíamos discos ou fitas horas a fio, sem qualquer repercussão negativa, para nossos corpos, no dia seguinte. Ao contrário: desses pequenos serões saíamos em boa forma, revigorados.

Normalmente pálido, o rosto de Dorieta chegava a corar de entusiasmo nas madrugadas em que Rovai, depois da quinta ou sexta cerveja, recitava seus vexaminosos poemas feito um príncipe engalanado. Chegávamos a dormir os três juntos na sala, derrubados pela exaustão. Era bem-vinda, a ressaca, quando havia. Era saudada por nós, "como a dor do sexo", teorizava Caio.

Dois meses depois do casamento, o escritório de arquitetura onde eu estagiava resolveu finalmente me contratar. Salário básico mas carteira assinada; algum conforto em troca de compromissos; aprisionamento à rotina porém promessas, aí está. O valor dessa ascensão foi ainda maior devido ao fato de que meu pai, descontente com minha retirada abrupta da casa do Alto de Pinheiros para viver com uma *gôi*, ameaçava interromper suas contribuições mensais para o meu orçamento, ou melhor, nosso orçamento – meu, de Dorieta e de Rovai. Em resumo: novo motivo para comemorações e muita música, champanhe vagabunda, sidra Cereser, a bem dizer. Festejos renovados em nossa casa.

No mesmo período, cheia de vigor, Dorieta começou a dar aulas particulares de italiano e de francês, ajudava Rovai a melhorar o seu inglês e ainda pensava em retomar a carreira acadêmica com uma tese de mestrado sobre o seu ofício: a tradução. Recebia constantes encomendas de editoras, inclusive do Rio. Avolumava-se o seu prestígio como tradutora. Nossas receitas nos pareceriam, meses depois, superiores ao mínimo de que precisávamos para viver razoavelmente.

Inúmeras caminhadas fizemos juntos, os três, naqueles meses, a maioria delas em tardes de sábado, após os ensaios de

Dorieta no coral. Horas e horas de andança, muitas vezes fomos a pé até o Ibirapuera.

No final de junho, ganhei de aniversário de Rovai uma bicicleta com marcha. Na semana seguinte, usando meu primeiro salário decente, comprei outra para Dorieta. A partir daí, passeios noturnos passaram a integrar as nossas diversões. Mesmo quase bêbados, sem lanternas ou faróis, saíamos pelas ruas de Pinheiros, rodávamos quilômetros, íamos e voltávamos pela Faria Lima em linha reta, da Eusébio Matoso chegávamos às portas da Cidade Universitária, buzinando, passando pelas calçadas lotadas de putas, e retornávamos com a cabeça atiçada, ciclistas noctívagos em busca do útero confortável que eram as nossas camas.

Na volta de um desses passeios, dormia junto ao nosso muro uma senhora de pele de cigana e corpo miúdo. Mesmo banhada de suor, depois de guardar a bicicleta Dorieta voltou à rua, acordou a mulher com delicadeza e a convidou a dormir dentro de casa. Achei estranho, costumava desconfiar de pessoas com jeito de cigana e me incomodava, também, o fato de Dorieta tomar a iniciativa unilateralmente, sem consultar-me, sem ouvir a opinião de Rovai.

Fiquei quieto, no entanto, mais uma vez. Rovai aquiesceu também, à sua maneira, ajudando a mulher a se levantar depois que esta aceitou o convite vivamente.

Dentro de casa Dorieta preparou caldo e café, lavou uma maçã. Arrumei o sofá da sala para que a mulher dormisse ali, enquanto Caio indicava à velha o caminho para o lavabo. Dorieta sugeriu-lhe depois um banho, mas a mendiga não quis, caindo sobre o sofá como num desmaio logo após a refeição.

Enquanto nos arrumávamos para dormir, pensei em sugerir que um de nós passasse a noite lá embaixo – um quilinho de prudência não faz mal a ninguém, eu diria –, mas preferi não despertar neles dois a constatação de que eu desconfiava da nossa hóspede improvisada. Soaria reacionário de minha parte àquela altura, e certamente os surpreenderia, tanto quanto a mim mesmo surpreendia, a simples idéia de que eu, na verdade, discordava da súbita e aleatória hospitalidade de Dorieta.

Era já meio da madrugada, quando ouvi ruídos estranhos e resolvi descer para ver o que se passava. A sala estava ainda com a luz apagada. Como em todas as noites, porém, centenas de traços fluorescentes se formavam no chão e nas paredes – a persiana de madeirinha filtrava mal a lâmpada do poste da calçada, e eu podia então detectar as sombras dos nossos objetos.

Ainda do meio da escadaria, notei que a mendiga já não estava no sofá. Senti uma gota de suor escorrer pela minha testa. Acelerei a busca. Com mais três ou quatro passos silenciosos, pude avistá-la. Sentada numa cadeira, curvada em direção ao chão de sinteco, a velha remexia nos nossos discos, separando-os cuidadosamente em duas pilhas no chão. Sem se impressionar com a minha aproximação – eu já estava a três ou quatro passos dela –, continuou o seu trabalho.

– O mundo é assim, meu filho – ela quase cantarolava, tinha sotaque sulino, a mendiga. – Homem de um lado, mulher do outro. Nunca os dois se juntam de verdade. Se juntassem, ai, seria o inferno na Terra!

Notei então que uma das pilhas era formada por discos de mulheres e a outra por discos de homens.

– A senhora não quer um copo de leite? – Ganhava tempo, para certificar-me de que ela estivesse apenas cuidando dos discos, sem outras intenções.

– Já bebi o leite que tinha. Muito obrigada. Peguei na geladeira de vocês. Olha aqui: vocês têm nessa casa mais cantores do que cantoras. É um mau sinal, filho. Esses discos, tem que ter igual. Não pode dar certo casa assim. Tem que equilibrar homem e mulher.

– A gente separa por tipo de música, não por sexo do artista.

– Esse é o erro, filho. Mulher de um lado, homem do outro. Em porções iguais. O resto é tudo a mesma coisa. Música de um jeito ou de outro, bem sei eu, é tudo a mesma coisa. Mas fêmea e macho não. Pronto! – Ela repunha agora os discos no rack, sob a nova ordem.

Fui à cozinha beber água. Ao retornar, acendi a luz da

sala, olhei disfarçadamente para todo canto – tudo estava no seu lugar, à exceção dos discos –, e observei a velha já em pé, seu saco imundo às costas.

– Vou indo, filho. Me dá licença. Agradecida pela noite, pelo leite, pela sopa. Eu vou indo. Cuida da tua esposa. Muito gentil, bondosa ela, que é muito hospitaleira.

Disse tudo isso a sorrir, estava de rosto lavado, a velha mendiga. Seus olhos, muito pequenos, brilhavam enquanto se dirigia à porta da rua olhando ao mesmo tempo para mim.

– A senhora pode ficar mais tempo aqui, se quiser. Ainda é cedo. Está frio.

– Vai dormir, filho. Dorme, e cuida da tua esposa. Marido que é homem cuida da mulher. Não esqueça disso. Uma santa aparecida no meio dessa podridão toda. Milagre. Muito boa ela. Samba que homem canta não é igual samba de mulher. Cuida dela, eu senti isso. Humana. É de se ajoelhar quando se vê pessoa assim, santa aparecida no meio da sujeira, ela, que é muito boa, não vai perder isso, filho. Cuida dela. Cuida bem da tua esposa. Cuida dela... – A mulher não parou de falar, até deixar a casa.

Cada vez mais explícitas e crescentes, as divergências entre Rovai e Dorieta eram tratadas no entanto com leveza e bom humor naqueles meses. Dorieta abominava, por exemplo, o fato de meu amigo ridicularizar a erudição, o conhecimento, enfim, coisas que, para ele, concretamente, serviam apenas à impostura.

Todo intelectual é também um impostor, dizia, não existem sábios, ninguém pode saber tudo sobre nada. Essencial, era essencial diferenciar Manet de Monet, retrucava Dorieta, mais importante do que distinguir sabores de creme dental ou pão-de-mel de pão-de-ló, dizia. Não é semântica. O saber era tudo, para Dorieta, era a vida, ela argumentava; insistia em sua paixão pelo *Der Untergeher*, as paixões humanas; homens e mulheres foram feitos para "pensar apaixonadamente", para diferenciar o preto do branco naquilo que não se vê, naquilo que se sente, na arte, nas emoções.

– O mal se alimenta da confusão. Samba não é reggae – dizia ela – violino não é viola, o bom e o ruim não merecem o mesmo lugar no mundo.

Rovai se espichava no sofá da sala.

– Sentir é sentir e pronto, merda para nomes e molduras. Explodir o que há dentro de cada um, isso sim é que é a vida, é o que importa – dizia ele fumando cigarro. – Usar o tempo no que é vida, na rua, onde for, onde houver gente. Você não entende isso, Dorieta.

Eram discussões ingênuas e repetitivas, que se esfarelavam à medida que as horas avançavam noite adentro. Polêmicas inócuas e falsas, como toda discussão sem rumo, a nada conduziam, não serviam para outra coisa que não fosse para matar o tempo. Mas o nosso tempo, naqueles meses, era um tempo para se matar mesmo, aí está; assobiando canções, de qualquer maneira, com ou sem palavras, na sala ou no banheiro, isso era o que nos valia, discutir ou cantar. Matar o tempo, nisso residia o nosso saudável descompromisso. Prazerosamente eu preparava chá, café ou chocolate quente para alimentar as nossas noites intermináveis.

Dario freqüentava a casa duas ou três vezes por semana. Evitava-se falar de política, embora fosse difícil diante da morte de Tancredo Neves, o governo Sarney caído do céu, muitos fatos novos e acelerados. Quando acontecia de o assunto aparecer por alguma razão imperativa ou um descuido qualquer de Caio como animador de conversas, o ar de Dorieta era de aberto distanciamento, chegava à hipocrisia – o que, admito, com um mínimo de condescendência, assinalava uma ação de teor claramente diplomático da parte dela, elogiável até –, parecia brincar com a ingenuidade de Dario, e nesse ponto unia-se ao generalizado e límpido ceticismo de Rovai. A bem da verdade, Dario também se controlava, mais do que nas ocasiões iniciais, pelo menos. Tratava-se de um lar, afinal; adquiríramos, todos, a consciência de que ali havia algo superior a preservar.

Menos de seis meses após a mudança para Pinheiros, ao chegar em casa num meio de tarde chamou-me a atenção uma cartolina branca grudada com durex na porta do lavabo. "No drugs. Proibido aqui", dizia o texto, redigido e assinado por Dorieta com pincel atômico. Aproximando-me, notei sob os dizeres um garrancho à esferográfica – a caligrafia de Caio não passava disso, um desfilar de garranchos –, que afirmava "por mim, tudo bem. C".

Balancei a cabeça. Tudo bem para mim também, Dorieta. Você é quem manda. OK. Pensei em registrar o meu *nihil obstat* junto ao de Caio, mas logo mudei de idéia: arranquei o cartaz dali, amassando-o e jogando-o depois na lixeira da cozinha.

Embora a considerássemos ridícula, essa determinação acabaria por vigorar, sem maiores obstáculos, pois Rovai e eu não fazíamos questão de drogas. Mais do que ao conteúdo da regra, minha reação violenta diante do cartaz deveu-se a uma espécie de premonição que tive naquele momento: a de que aquela seria a primeira de uma série de iniciativas esdrúxulas de Dorieta, imposições às quais eu, obviamente, não tinha intenção de obedecer.

A nova lei visava, na verdade, a Dario. Ele costumava aparecer em nossa casa munido de "instrumentos naturais para alegrar e acalmar os espíritos", como dizia. Nada pesado, a rigor. Apenas baseados, punhadinhos de pó, algo para poucos tapas, argumentava ele. Nada realmente especial. E, tenho certeza, fazia isso, no início, apenas para provocar Dorieta, pois, nessas ocasiões, como num roteiro infalível, ela se retirava acintosamente para o seu *boudoir* – apelido que eu dera ao pequeno escritório do andar de cima onde exigia que ninguém entrasse –, ia trabalhar ou fingia fazê-lo; não escondia o aborrecimento. O cartaz na porta do lavabo fora, portanto, um ultimato. Quando revelei sua existência a Dario, dias mais tarde, ele se divertiu, chegou a rir, chamou-me de submisso e frajola, mas não deixou de respeitar o trato.

Essas diferenças não me irritavam. Estavam longe de ser um tormento, isso é claro. Formavam a estranheza de Dorieta. Reforçavam-na diante de mim, faziam-me compreender que minha mulher era uma pessoa viva por inteiro, dotada de cheiro particular e franqueza rara, idiossincrasias; nada de mosca-morta, como se diz, ou sangue de barata; enfim, eu apreendia isso aos poucos, e esses traços, próprios, exclusivos, ajudavam também a que me dissolvesse nas coisas dela, traziam por essa razão algo novo para mim; era o que eu queria, afinal de contas – quando já não se suporta o próprio corpo, não é melhor acabar com ele o quanto antes, de uma forma ou de outra?; aí está, e isso era o pouco que eu sabia querer verdadeiramente, substituir-me, ao menos isso –, mesmo que tais cismas fizessem de nossa casa uma grande sala de aula improvisada cuja professora se definira às claras, contra as liberalidades dos alunos, desde o início do ano letivo.

Toda vez que eu, esforçando-me para superar a timidez, tomava iniciativas para transarmos na sala, aí está outro exemplo, Dorieta, sem deixar de corresponder, exigia porém que subíssemos logo ao quarto. Rovai ficaria incomodado vendo-nos ali, pensava ela, o que a meu ver era uma insensatez. Ou então argumentava, entre pudica e parcimoniosa, por vezes ambígua, que algum vizinho poderia aparecer do nada para pedir qualquer bobagem. Não era fingimento, não era denguice nem charme, essa recusa dela. Simplesmente não queria que nos vissem fazendo sexo — algo que para mim tampouco vinha com naturalidade, mas que me atraía como aventura e desafio.

Por interesse próprio, à procura de saber o que eu realmente era ou poderia vir a ser dali em diante, começava a entender, mesmo levado pela força dos nervos de Dorieta, começava a entender o significado da palavra tolerância. Esse aprendizado fazia bem, embora hoje rejeite tal qualidade como sendo algo recomendável para todo e qualquer momento da existência de uma pessoa. Em vários casos, para ser mais claro, a tolerância adquirida a partir da convivência com Dorieta naquele período não me levou muito longe, eis a verdade.

Naquela jovialidade em estado de graça – o nosso trio, muitas vezes quarteto, desenvolvendo-se em crescente harmonia apesar das diferenças, a casa formando-se aos poucos com novos objetos de decoração, sempre planos a executar no dia seguinte –, naquela efervescência harmoniosa e alegre, a exceção era o relacionamento com a parentela.

Ó família! Ó pais! Ó irmãos! Ó sogras! Ó primos e priminhas! Ó netos e avós! Não há remédio capaz de curar os males que certas convivências causam em todos, de todos para cada um, de cada um para todos e vice-versa.

Como eu previra, depois de conhecer Dorieta as velhas rusgas voltaram a ocorrer na casa do Alto de Pinheiros. Saltaram da terra fantasmas mal sufocados. O clima voltou a ser cinza e carregado. De um momento para outro, desaparecera a paz frágil vigente até ali entre mim e os meus pais, Gisele, Moisés.

Dorieta era *gói*, ela era "uma *gói*", afinal, e isso constituía infração confessa, assim se considerava, se não dela, pelo menos minha. Com certeza, amarrar-me a ela seria tristemente desafiador, pecado sem perdão.

Mesmo Gisele, irmã três anos mais nova, menina jeitosa, amante de rock, rock leve, bem levezinho, mas rock afinal – dados esses que me faziam ingenuamente imaginá-la aberta a novidades –, mesmo ela se revestia daquela escancarada burrice coletiva. Parecia-me inacreditável. Impulsionada pelo idiota do marido, o grande leiloeiro oficial Moisés, chegava por vezes a liderar o restante da família na cruzada. No vigor da sua juventude, sentia-se a comandar pelotões em praça de guerra, a Giselinha. Irritava-se mais do que todos diante da simples idéia de o irmão mais velho "dividir o teto" com uma não-judia. "É inveja", eu lhe dizia, e ela fingia não dar a menor importância para o meu julgamento. "Você queria ser livre para escolher quem bem entendesse, mas não é forte o bastante para ter essa liberdade, por isso você me inveja, Gisele." Muitas vezes acusei minha irmã dessa fraqueza, ela, que se retirava da conversa com o queixinho empinado, dizendo "larga de ser ridículo, Silvio, larga de ser ridículo".

O maior incômodo, porém, era que, a despeito de inexistir combinação prévia entre eles senão no plano inconsciente, ancestral, todos faziam dessa abominação orquestrada uma fonte de congraçamento e de reforço mútuo, entre si próprios, obviamente. Ignorando o porquê – um fanatismo, eu sentia, e isso feria mais do que qualquer coisa –, pareciam obedecer sem raciocínio a ordens ditadas de outros mundos. Fanatismo e pronto.

Dorieta não era *gói*? Não era, a Dorieta, uma *gói*? Sim! Dorieta era *gói*! Tal constatação bastava para encerrar a conversa mal esta começasse. Casar, amasiar-se, fosse o que fosse, fazê-lo com uma *gói* era ruim, e pronto! Nada mais havia em jogo que pudesse sobrepujar esse fato inquestionavelmente contrário à natureza! Reagiam, desse modo, como se estivessem atacados por uma espécie de cegueira causada pela ignorância, quer dizer, pela incapacidade de formular algo mais consistente que pudesse levar-me a pensar no assunto, sem forçar-me a concluir, como de fato aconteceu, tratar-se pura e simplesmente de uma estúpida discriminação.

A única vez em que levei Dorieta à casa dos meus pais aconteceu por ocasião de um almoço de domingo. O pretexto para o encontro familiar era o sobrinho Plínio, que felizmente sobrevivera, estava já à véspera do primeiro aniversário, bem mais forte do que o esperado – sua simples existência motivava comemorações a cada semana, na verdade.

– Bom, agora a festa está completa! – assim brindou-nos minha mãe cheia de ironia à entrada da casa, sem esconder o mal-estar.

– Quero ver o Plínio – disse Dorieta, esquivando-se de responder aos cumprimentos da sogra, cujo ódio se espalhou então pelo ar, para se afixar depois, vapor nefasto, em estofados e paredes, gravuras, em todas as toalhas e nos tapetes da casa.

– Estamos famintos – exclamei.

– Vem, filho. A Gisele já chegou. Está todo mundo aí.

Empetecada de maquiagem, como numa provocação, Dorieta adentrou a sala de jantar sem cumprimentar ninguém. Desviou ostensiva e injuriosamente de minha mãe, lançando-se ao sofá como se fosse íntima da casa.

– Plínio! Plínio! – gritou, sabendo, porém, que o garoto

não só não a reconheceria como também, pela idade, certamente não atenderia ao chamado.

Puxou para si um cinzeiro de cristal e pediu vinho à empregada. Houve um espanto generalizado. Meu pai se aproximou, tentando ser simpático. Ele sabia vestir o rosto de polidez; buscava atenuar os efeitos dos ataques mudos da mãe.

– Silvio fala de você sempre, Dorieta. Como vão as traduções? – Era uma mentira grotesca, eu jamais comentara nada a respeito de Dorieta. E se ele sabia que era tradutora fora por um deslize, uma única vez em que mencionei o fato de passagem.

– Bem, doutor Alfredo. Bem.

– Seja bem-vinda.

– Todos para a mesa – chamou Gisele, a pedido de minha mãe.

Uma hora depois Dorieta já esvaziara uma garrafa inteira de vinho, tendo rejeitado quase tudo que lhe fora oferecido para comer.

– Vinho sem comida é um torpedo – disse Moisés, com sua voz empostada de leiloeiro oficial. – Tem que comer pelo menos um salgadinho.

– Plínio! Plínio! – Dorieta ignorava o meu cunhado, que, nessa hora, trocava olhares com Gisele.

Mais tarde, de fato, Dorieta cairia pelos cantos, passando mal, mas isso horas depois, já em nossa casa.

No momento em que todos se acomodavam no jardim, do lado de fora, junto à piscina, Dorieta deitou-se numa espreguiçadeira e chamou Gisele. Entrei em pânico. Não sabia o que esperar daquilo. Iniciou-se uma conversa cujo conteúdo não captei à distância. Quando me aproximei, porém, preocupado, vi que Dorieta contava a minha irmã detalhes do nosso cotidiano.

– Todos dormem com todos, Gisele. Eu durmo com o Silvio, mas também com o Caio. Teu irmão gosta disso. Às vezes dormimos os três juntos na mesma cama também.

– Bom, hoje em dia... – comentou minha irmã.

Era uma mentira integral, mas Dorieta fazia provocações, nada mais. Queria escandalizar com coisinhas desse tipo, e o conseguia efetivamente: o rosto de Gisele transmutou-se em palidez, parecia transtornado, não consegui estimar que grau a sua repugnância por tudo aquilo, e por mim, havia atingido naquele instante.

Antes ainda de partirmos, senti que com essas atitudes Dorieta na verdade se defendia dos olhares lançados contra ela, olhares que, em seu silêncio de gesto, na realidade a xingavam, berravam com ela, desde o primeiro passo dado dentro da casa. Reação grotesca, eu achava, mas não me forcei a tomar uma medida para contê-la. No fundo, o horror que Gisele sentiu diante das mentiras de Dorieta na espreguiçadeira me lavou a alma, como se diz. Senti-o como vingança também minha naquela guerra. Era uma senha sarcástica. Com ela Dorieta me avisava: olha, é assim que temos de fazer, é assim que se encaram essas coisas, assim devem ser tratadas as pessoas quando elas nos odeiam. Tentava me alertar indiretamente com aquele comportamento, enquanto eu optava por recolher-me entre bandejas de doces, pratos de salgadinhos e intermináveis refrigerantes.

Numa de minhas idas ao banheiro, ouvi a mãe comentar a situação com o pai.

– Um monstro – disse ela. – Essa moça é um perigo, Alfredo.

– Isso passa, Dorinha. Coisa de jovem. O Silvio gosta dela, fazer o quê?

– Ele está cego. Esse é o problema.

Pensei em interrompê-los, chamá-los de monstros e de cegos também. Mas estava um tanto alto e, mais do que qualquer outra coisa, temi por um conflito ainda mais aberto.

– Mãe, dá uma olhada no Plínio – chamou Gisele. – Acho que ele ainda está com fome.

Involuntariamente, para meu alívio, minha irmã sustara aquele diálogo.

Dias depois, refletindo sobre o ocorrido naquele domingo, passei a sentir que, fosse Gisele, fosse o pai ou a mãe, o judaísmo deles era algo apenas parcialmente autêntico. Sentia-os superficiais na sua religiosidade oca e meia-sola, aí está, mais próxima de uma profissão de fé predeterminada, apenas formal. Distante, portanto, da mastigação de alguma ética mesmo precariamente definida. Participavam de reuniões de entidades como Witzo ou B'nai Brith, ocorridas muitas vezes em nossa própria casa do Alto de Pinheiros, até tarde da noite; freqüentavam uma ou outra sinagoga, principalmente nas festas judaicas; mas havia, sobretudo, muita confusão. Mais do que um apego genuíno à religião ou a tradições consagradas, aquilo tudo me parecia simples cumprimento de obrigações sociais e familiares.

Em um terreno assim, minado, envolto por uma paranóia intimidadora, era teimosia tentar conversar com serenidade. Quanto mais eu procurava entender que caminhos o chamado destino me reservara nas coisas de Deus, como se diz, mais sentia de forma dolorida os nossos corpos em choque permanente. Choque ao mesmo tempo desvairado, é preciso dizer, pois não havia espaço para um confronto real de concepções; espaço movido a diálogo não havia, aí está. Tornava-se portanto difícil distinguir o que realmente importava na relação entre nós e, conseqüentemente, na minha relação com Dorieta do ponto de vista deles.

Naquele domingo, tenho certeza, vinte minutos de convivência serena e desarmada lhes teriam permitido, a meus pais, e a minha irmã também, captar nos olhos de Dorieta a meiguice que a antipatia e o seu silêncio de aparência insolente, ou mesmo aquele espetáculo de bêbada por ela protagonizado, ocultavam naquela época. E mais vinte minutos com a mesma disposição, vinte minutos, não mais do que isso, fariam outros valores, para além da opção ou falta de opção religiosa, ganharem espaço, o espaço que mereciam, na verdade, entre todos nós.

Essa receptividade, porém, era verdadeiramente impensável. Não eram senhores de si o bastante, os meus pobres pais, para elaborar argumentos próprios, mesmo impertinentes, que me permitissem ao menos compreender os motivos de seu comportamento agressivo. Tendo a acreditar, hoje, que não eram seres livres o suficiente para tanto.

Ademais, posto que bobagens atraem imbecilidades e que estas, por sua vez, costumam alimentar aquelas, nas semanas que se seguiram ao almoço daquele domingo, Dorieta fazia questão de se mostrar repugnante. Muitas vezes, para meu espanto, cismava com coisas de uma insignificância colossal. Dizia-me achar inaceitável, por exemplo, que Moisés andasse atrás de Gisele permanentemente, como rabo de saia, como se brincasse de trenzinho a todo instante. Isso realmente acontecera naquele dia trágico, mas não significava nada além do excesso de zelo que todos nós identificávamos no meu cunhado – havia mesquinhez de sobra em Moisés, mas não era nisso que ela residia. Ou então dizia que o fato de minha mãe pintar o cabelo a cada quinzena para esconder os fios brancos significava uma fuga infrutífera da realidade, dado o indisfarçável acúmulo de rugas pelo rosto. Coisas assim Dorieta dizia, inacreditavelmente estúpidas; "a megera", dizia ela, coisas sem qualquer importância, essas sentenças realmente sem qualquer importância em si mesmas, mas feitas para que a distância se mantivesse sempre, entre todos. E, mesmo encontrando-se, na verdade, muito pouco com minha mãe ou com minha irmã, essas sentenças, emitidas como cusparadas, ocupavam-na em suas explanações sobre minha família.

Aquele domingo maldito em que levei Dorieta à casa de meus pais serviu igualmente para revelar a mim mesmo, de modo ainda mais límpido, a densidade da minha própria covardia. Passara horas a girar pela cozinha, sem rumo. Cachorro vira-latas, abria e fechava armários. Entre uma ida e outra ao banheiro, tentava apaziguar o ambiente com frases inaudíveis. Bebia vinho e refrigerantes, empapava-me de suor. A verdade é que, se meus pais não estavam preparados, nem nunca estiveram, acredito, para lidar comigo com a maturidade necessária naquelas condições, eu o estava ainda menos para enfrentá-los com firmeza. Estava eu próprio despreparado, portanto, para lidar com eles assim despreparados. De modo que, hesitante ou prostrado na maior parte do tempo, eu às vezes atirava, tentava articular pensamentos, mas era às cegas que isso acontecia. As dúvidas floresciam dentro do meu estômago, ensombrecendo por tabela o raciocínio. Em momento algum lograva reagir diligentemente. Trocávamos socos no escuro, aí está.

Um idiota, eu não passava disso, a saracotear reverberando minha inapetência, minha fragmentação entre duas forças igualmente idiotas e inúteis que digladiavam às escâncaras. Ao contrário de mim, porém, elas sabiam o que queriam, essas forças. Não se fragmentavam. Enquanto eu, o pouco que acreditava estar convencido de querer, queria-o molemente, aí está.

É preciso admitir, ainda, que, naqueles mesmos meses, pouca questão eu fazia de freqüentar a casa de dona Rosa – para o que Dorieta jamais me convidou, aliás. Nas poucas oportunidades em que falei com minha sogra, além dos cumprimentos protocolares ao telefone, aconteceu em nossa casa, em ocasiões festivas como a Páscoa, por exemplo, quando ela trazia do supermercado alguma mercadoria especial, para agradar a filha, bem-entendido. Ou em situações extremas, como ocorreu seis meses depois de casados, no domingo em que dona Pina, já com setenta e sete anos, foi internada num hospital, morrendo após quatro dias.

Não aproximar uma família da outra, eis portanto o acordo tácito estabelecido desde o início entre mim e Dorieta. Mais um deles. Facilitava as coisas entre nós. Melhor assim.

O caso de Rovai, nesse assunto de família, era menos solene, talvez, certamente mais explícito e com menos culpa a ser engolida. A rejeição eu diria química entre ele e os pais praticamente eliminara desde muitos anos antes qualquer possibilidade de entrosamento. "Tem pessoas que não deviam passar dos cinqüenta anos", dizia ele, "que depois disso vivem apenas para atazanar a vida dos outros, certos pais, certas mães, tias ou tios", dizia sempre Caio, "em vez de cuidarem de suas próprias vidas depois dos cinqüenta anos, quando ainda há muito por fazer ou no mínimo por remediar, não, ficam enchendo o saco dos mais novos, cismam em não deixá-los em paz com suas coisas." Assim eram os pais dele, segundo dizia, e Caio se via, por isso, aliviado de estar de partida para Nova York. Simples. Direto.

À exceção de uma ou outra propaganda de serviço ou loja, raramente chegava em casa alguma correspondência. Foi com apreensão, portanto, que, em maio daquele ano, um sábado pela manhã, estando na calçada a arrumar a fechadura da porta do Gol, recebi um telegrama endereçado a Dorieta.

Depois de assinar o protocolo e dispensar o carteiro, segurei o envelope azul e pardo alguns instantes, pensando em como identificar o seu conteúdo sem danificá-lo. Coloquei-o para cima, a fim de tentar lê-lo à contraluz, mas o dia não estava nada bonito, era fraca a luminosidade, e não consegui decifrar coisa alguma. Comecei então a abri-lo delicadamente, com auxílio das unhas, de modo a poder reconstituir depois o lacre de grampo.

Estava a ponto de concluir esse trabalho, quando ouvi a voz de Dorieta chamando-me de casa, e eu não sabia, naquele instante, se ela testemunhara ou não minha ameaça de intrusão nos seus assuntos particulares. Apressadamente, durante os dez passos que tive de dar até alcançá-la, recompus e lhe entreguei o envelope, olhando já de volta para a rua na tentativa de expressar indiferença em relação ao que aquela correspondência pudesse conter.

– Olha só! – disse Dorieta, um sorriso no rosto, estendendo-me o papel. – Estamos bem!

O telegrama anunciava o prêmio pela tradução de um livro italiano de suspense publicado no ano anterior, um romance de segunda categoria que durante meses ocupara boas posições nas listas de mais vendidos. A soma de dinheiro correspondente era insignificante – com meu vício de cálculos, estimei algo equivalente a seis jantares para três pessoas em um restaurante médio da cidade –, mas ajudava, é claro. Mais do que tudo, porém, certamente o prêmio reforçaria o prestígio de Dorieta no meio editorial.

– Precisamos comemorar – eu disse, depois de beijar-lhe a testa efusivamente. – Que tal convidar algumas pessoas para um almoço especial?

Dorieta guardou o telegrama no bolso da calça.

– Esquece, Silvio. Deixa de bobagem. Depois a gente vê se isso vale alguma coisa ou não.

Como "vale alguma coisa"?, fiquei sem saber se insistia, se retomava ou não minha tentativa de arrumar a porta do Gol.

– Tenho de estudar mais. O ensaio de hoje é importante e eu não avancei nada essa semana. Vê se não me interrompe, está bem? Se o telefone tocar, não estou para ninguém.

Voltei à calçada para retomar o trabalho no Gol. Mais uma vez senti que corríamos em raias diferentes, Dorieta e eu, embora, pensei também, talvez estivesse justamente aí o segredo para que nosso casamento desse certo. Ela gostava do que fazia, adorava o que fazia, Dorieta. Mas essa entrega, nem de longe passava por badalações ou qualquer agitação social. Não tinha amigos. Afora sua mãe – e ainda assim raramente, nas horas em que eu não estava em casa –, ninguém a visitava. Não sentia falta disso, a bem dizer: dizia "quero ficar com você e meus livros, aqui mesmo, a música, as traduções, para que mais?" Repetia essas palavras, sempre, a cada proposta de sairmos ou de convidarmos alguém para comer fora, ir ao cinema.

Naquele sábado, porém, o argumento da necessidade de praticar música, para deixarmos de comemorar o prêmio, não era apenas um pretexto criado a fim de justificar o isolamento. Paralelamente ao trabalho de tradução, Dorieta de fato intensificara a participação no coral. Parecia mais apaixonada do que nunca pela atividade, envolvendo-se inclusive na procura de repertório, pesquisando canções antigas. O regente "casara" com um rapaz do próprio coral, devo dizer, e isso, além de me desafogar em grande parte, demonstrava que a dedicação de Dorieta nada tinha a ver com um possível caso amoroso. Se algum rival havia, era o coral em si, eram os livros, a música, o seu universo cada vez mais fechado.

Sem êxito na tentativa de consertar o carro, voltei para dentro de casa, disposto a apelar para um chaveiro. Ao discar o número do telefone, ouvi solavancos no andar de cima. Botei o fone no gancho. Subi a escada correndo. Pela minha cabeça passaram sensações díspares, de eufóricas a tenebrosas, até que dei com Dorieta a se agitar em pé sobre uma cadeira, entregue à tarefa de caçar pernilongos em nosso quarto.

Parado na porta, fiquei a observá-la. Por fim decidi ir ao

banheiro, peguei uma toalha de rosto e subi numa mesinha que fazia as vezes de criado-mudo para juntar às suas as minhas enérgicas toalhadas.

Embora desta vez o número de pernilongos fosse bem menor, produziu-se a partir desse instante, entre nós, um envolvimento orgânico e arrebatador semelhante, na sua essência de harmonia, àquele ocorrido da primeira vez na casa dela mais de um ano antes: o agitar conjunto de toalhas e o suor, os gritinhos de vitória a cada acerto no alvo. Tal atividade transformara-se, então, num ritual de aproximação, sinal explícito de comunhão e cumplicidade, aí está. Aos poucos, mais uma vez, compartilhávamos o êxtase oriundo de uma caçada em si mesma banal, e eu me convencia de que assim funcionavam as coisas para Dorieta. A seu modo, ela, na verdade, festejava, exultante, o prêmio recebido pela tradução.

– Ô, moço! Pensando na morte da bezerra? Ou está fazendo as contas?

Gordota e muito saidinha por trás de seus óculos fundo de garrafa, a caixa do supermercado fazia graça comigo diante da lentidão dos meus movimentos. Embora duas senhoras atrás de mim na fila estivessem rindo desde alguns minutos antes, e certamente riam de mim, não vi motivo para responder à provocação. Minha cabeça estava em outro lugar. Eu tentava pensar em meu futuro, em meu futuro com Dorieta, a bem dizer. Era nisso que pensava, de fato, desde que entrara no supermercado, e nisso continuava a pensar naquele minuto, enquanto ajudava a ensacar litros e litros de cerveja e refrigerante sem no entanto ter pago qualquer mercadoria.

Naquela noite, três semanas depois da premiação de Dorieta, faríamos a festa de despedida de Caio. Ele estava com viagem marcada no dia seguinte para Nova York, e programáramos receber em casa quarenta e tantas pessoas – o que, se de um lado era fácil por ser sábado à noite, de outro era temeroso: jamais dera alguma festa fora da casa de meus pais, e, mesmo ali, a última havia sido muito tempo antes, no meu aniversário de quinze anos.

Diante da caixa gorda, míope e saidinha do supermercado, eu procurava então imaginar duas coisas ao mesmo tempo: a festa daquela noite – mais precisamente, como Dorieta se comportaria em um grupo mais amplo de amigos – e minha própria vida com ela, os dois a sós a partir do dia seguinte em nossa casa, pela primeira vez, já que desde o início moráramos com Caio. A casa, por alguns instantes, chegou a parecer grande demais para mim e para Dorieta apenas. Logo a seguir, porém, quando terminei de preencher o cheque das compras, concluí que não, nada disso, eu estava enganado. Achar grande demais aquela casa era um disfarce para os meus temores diante da situação inédita que passaríamos a viver, aí está. Não mais do que isso. Dorieta e eu sozinhos, a partir da segunda-feira seguinte, era o que eu temia.

Com ajuda de um garoto uniformizado, ajeitei as sacolas no banco traseiro do Gol, disposto a esquecer as dúvidas, adiá-las, ao menos, e dedicar-me à despedida do meu amigo. Dorieta tinha ensaio no coral. Portanto, além de Caio, apenas eu poderia cuidar dos preparativos para a noite. Eis o que havia de melhor para fazer naquele sábado.

A casa lotada, na cozinha eu inventava um coquetel com laranja, martíni e groselha. Rovai pusera o volume do som no máximo. Uma dúzia de pessoas já se agitava no chão, em almofadas ou no sofá. Dorieta apareceu junto à pia e deu duas voltas em torno de si mesma.

– O que você acha? – desfilou pela cozinha, rodeando-me, dando voltas com a cabeça enquanto abanava os braços.

– Adequado. Acho tudo bem. Mas a querida Dorieta não vai ficar com frio?

Trajava um macacão jeans de carpinteiro americano, sem blusa nem sutiã por baixo, o que deixava os seios parcialmente à mostra pelas laterais. Era espantoso, em Dorieta, esse jeito de se vestir. Nunca a vira naquele macacão. Pareceu-me de início uma excrescência.

– A Dorieta ficou muito bonita – eu disse hipocritamente,

tentando dar a essa afirmação um tom insosso quando, na verdade, estava impressionado, para não dizer contrariado, enciumado, admito, diante daquela roupa exótica, roupa inimaginável para Dorieta, a bem dizer.

Procurando disfarçar o desequilíbrio, continuei a preparar o coquetel. Dorieta agradeceu secamente o elogio e encaminhou-se para a sala, onde estava a maioria dos convidados.

Da porta da cozinha reparei como se espalhava agora em movimentos lerdos, e como, em seguida, convidada por Dario, começou a dançar espalhafatosamente. De onde eu estava, à distância, logo pareceu-me bêbada: movia-se de modo esquisito, uma astronauta a caminhar na Lua, foi esta a impressão que me deram os seus passos fora do ritmo da música.

A estranheza era ainda maior porque, estando eu sem óculos – incômodos fazia semanas, desde que uma de suas hastes quebrara –, embaçava-se diante de mim o colorido das roupas espargidas na escuridão da sala. A falta de contornos criava uma nebulosa, a poucos metros de mim. No ar misturavam-se fumaças de vários tipos, que tampouco ajudavam a melhorar minha visão do ambiente. Ali emaranhada, então, balançando-se por conta própria, Dorieta ganhava traços de um ser alegre porém desmiolado.

Pus-me a fazer as vezes de garçom, cuidando para que os pratos de salgadinhos estivessem sempre cheios. Lavava os copos para que a corja extasiada pudesse reutilizá-los à vontade, ia e vinha da sala para a cozinha – era a minha maneira de ocupar um lugar naquele evento. Na terceira ou quarta dessas rondas, notei em um dos cantos da sala, perto da porta de vidro que dava para o quintalzinho, um grupo de colegas de Caio, dois rapazes e duas moças, dividindo um baseado, passando-o de mão em mão, boca em boca, e foi quando o pavor tomou conta de mim ao imaginar a provável reação de Dorieta diante daquilo. Mesmo me sentindo ridículo, cogitei a idéia de pedir ao grupo que apagasse o baseado, deixasse para depois, fosse para a rua, algo assim, e encaminhei-me para junto deles com esse propósito. Mas Dorieta, observei no meio do percurso, parecia não estar atenta para tal tipo de coisa naquele dia. Ao contrário: permanecia dançando, ininterruptamente, mesmo quando não havia música nenhuma, entre um disco e outro que Rovai ou Dario colocavam na vitrola.

– A mendiga, olha só, a cigana, daquela vez classificou os discos em femininos e masculinos – dizia Dorieta a Dario quando, em certo momento, passei perto deles com copos à mão. – Mal sabia ela que isso não existe, não é? Não existem homens e mulheres, só animais.

– Somos todos animais, é isso mesmo! – Dario sorria para ela. Senti que se entusiasmava particularmente com os seios desembaraçados, soltos sob o macacão de carpinteiro, quando os dois voltaram a dançar.

Não sei se por causa da visão de seus movimentos, uma mistura de dança e abraço intermediada pelo lusco-fusco em que se encontrava a sala, ou se pelo horizonte ilimitado que minha imaginação construía, formou-se em mim um sentimento ambíguo face àquela integração. De um lado fazia-me mal observar Dario devorando com os olhos os seios de Dorieta, avançando sobre eles como um cão – isso acentuava o mal-estar já criado pela ausência dos óculos, ressuscitava partes mais amargas do velho bolor dentro do cérebro. Mas, ao mesmo tempo, de outro lado, regozijava-me com aquele encaixe inusitado, pois, considerando que, desde os primeiros dias, no cinema e no bar do Paraíso, Dario e Dorieta não se haviam entendido, nele eu via pela primeira vez, tanto tempo depois, o registro de um avanço real e positivo dentro do nosso pequenino grupo em formação.

Por alguns instantes, então, vendo-os juntos na festa, cheguei a sentir prazer. As coisas ficarão mais fáceis para mim, concluí, enquanto recolhia mais copos para lavar. Gostava de Dario como se gosta de um velho camarada, afinal, e é difícil sustentar a amizade quando a mulher e o amigo se odeiam. Enquanto dançassem, fosse como fosse, fosse ou não dança aquele jeito de mexer os corpos, de todo modo não conversariam sobre política, e isso era a garantia de que por muitas horas poderiam ficar ali dançando, conversando. Dorieta sorria para Dario, e tudo isso tinha muito a ver com o meu futuro.

Notei simultaneamente que, desde minutos antes, sentada ao sofá com dois colegas de Caio, Débora – a namorada de Dario – lançava olhares de apreensão em direção ao casal dançante. Recatada, vestindo nessa noite calça branca e blusa xadrez fechada até o pescoço, saía com Dario fazia apenas três meses. Parecia natural, portanto, que se contorcesse para acompanhar os movimentos dele com Dorieta.

De tão explícito, porém, seu desconforto tornava-se agora incômodo para mim. Parecia capaz de estragar a festa. Pensei em dirigir-me a ela, distraí-la. Era anfitrião, afinal. Como garçom improvisado circulava por onde quisesse, e, se Dorieta, que também era anfitriã, não se comportava como tal, tinha eu de fazer o meu papel – pensava coisas assim, de protocolo, infantilmente, pois ninguém ali esperava que algum de nós se comportasse de fato como anfitrião. Meu raciocínio dava voltas, mas a verdade era que, ali, só eu tinha condições de procurar Débora para animá-la, explicar-lhe coisas e impedir qualquer reação capaz de destruir o evento que eu preparara o dia inteiro.

Afinal, eu lhe diria, era inocente aquele entrosamento entre Dario e Dorieta. Não passava da gestação de uma amizade. Eu acreditava nisso e poderia tranqüilizá-la a respeito. Além do quê, enciumar-se é símbolo de retrocesso, eu lhe diria também; tenha a santa paciência, menina, estamos no final do século vinte e você vem falar de ciúmes; ridículo; francamente, Débora, decidi me dirigir a ela com essas palavras: deixe de ser ridícula!

Trazia três copos na mão direita e de fato caminhava resolutamente em direção a Débora quando, no entanto, desisti de lhe dizer tudo isso. Parei no meio da sala e entornei meu pensamento para outro lado: não tenho nada a ver com essa menina, ora bolas; minhas simpatias por ela são parcas; mal a conheço, raciocinei parado no meio da sala; fico fazendo na verdade o papel de "mariazinha", de atenuar a insensatez dos outros. Ridículo é isso, Silvio!, concluí, voltando-me para trás, disposto a averiguar como ia a festa no quintalzinho.

Logo, porém, não mais do que três passos depois, a função de consolador alheio, mesmo executada hipocritamente, pareceu-me de novo oportuna naquele instante da festa. Revendo as conclusões imediatamente anteriores, decidi que sim, claro, afagar Débora cairia bem para mim dali por diante. Afinal, passadas duas horas desde o início da festa, com todos já entrando e saindo da cozinha por conta própria, agora até lavando pratos e abrindo armários, a casa nem parecendo minha, muitos subindo aos quartos, ajeitando-se sem cerimônia, em tais circunstâncias, enfim, a figura do anfitrião carecia mesmo de sentido. De uma hora para outra, eu perdera a referência de onde deveria me encaixar. A casa já não era minha. A missão de aliviar Débora, portanto, da qual então me encarregaria, caía-me à perfeição.

Complicou-se a tarefa, no entanto, porque, sendo baixo o número de convivas dentro da sala naquele momento – vinte pessoas, no máximo –, pequenos grupos já se haviam formado como núcleos isolados, estanques, com assuntos em fase adiantada, e eu, naquela época, devo admitir, tinha tudo menos facilidade para adentrar conversas iniciadas sem mim. Embora os colegas de Rovai não demonstrassem simpatia para com Débora – conversando, insensíveis, apenas entre si –, acabavam por formar uma barreira entre mim e ela, barreira que, dadas as minhas limitações, acabou por se tornar intransponível.

Ainda com os três copos na mão, então, simplesmente desisti de abordar o trio do sofá. Anulei minha missão de consolador alheio – foda-se, Débora, foda-se!, não sou mesmo mariazinha – e, enquanto Dario e Dorieta continuavam a dançar, virei-me bruscamente para outro lado. Foda-se, Débora! Foda-se!

Junto ao aparelho de som, Rovai dançava sozinho, olhos fechados, ele e sua sombra, como se quisesse esconder-se dos presentes. Dirigi-me para perto dele sem objetivo definido – talvez pudesse perguntar se estava gostando da despedida –, mas Rovai, com seus trejeitos, braços abertos, pequenos chutes no ar ao ritmo da música, repelia qualquer aproximação. Vencia já o seu enésimo copo de uísque e certamente, em poucas horas, desabaria diante de todos.

Nada comi durante todo esse tempo, embora, cada vez mais à vontade do que eu próprio dentro de minha casa, alguns convidados até já tivessem me oferecido álcool e petiscos. A certa altura, mental e fisicamente exausto, Dorieta ainda conversando com Dario, resolvi sentar numa almofada. Ali, quase deitado, os olhos semicerrados, deixei-me levar pela lembrança das festas que eu e Gisele freqüentávamos na rua da nossa infância.

Naquela época, preparava-me para fazer bar-mitzvah, estava próximo disso pelo menos, o que significava o meu rosto e a minha voz competindo entre si para ver qual deles se deformava primeiro. Fazia de tudo para melhorar a aparência de boneco enferrujado, para me apresentar de modo atraente às meninas da escola ou do clube. A fim de desviar a atenção de minhas sardas, usava, então, uma calça muito alta na cintura, boca-de-sino. "Imitando o Tony Tornado, hein", diziam as garotas. E era verdade, com essa calça sentia-me seguro apesar de ruivo, isto é, apesar das milhas de distância que separavam minha pele e meu cabelo da pele e do cabelo *black power* de Tony Tornado.

O escuro das salas das casas onde ocorriam aquelas festas em nossa rua não só fazia minhas sardas desaparecerem sob a luz estroboscópica, ou sob a luz negra, como também camuflava a umidade que se expunha pelo tecido da calça durante as músicas lentas. Ocasiões adoráveis, inesquecíveis, quando uma ou outra menina mais ousada me puxava para bem perto dela ou ao menos permitia que eu a puxasse para bem perto de mim, e o meu amigo, abaixo da cintura, ingênuo e ao mesmo tempo intrépido que era, simplesmente não conseguia se segurar.

Próximo da meia-noite, no quarto copo de uísque, o estômago vazio, revendo aquelas passagens de dez anos antes, perdido ainda sobre qual papel cumprir na festa além da troca de discos, resolvi tomar coragem para executar a surpresa que preparara durante o dia e da qual por pouco não desistira, por absoluta falta de ânimo. Súbito, então, ergui-me da almofada. No meio da sala, em pé sobre uma cadeira, depois de chamar a atenção de todos por ter desligado o som e acendido a luz, tirei do bolso uma folha de papel e passei a ler, cambaleante, o meu discurso. Era o dono daquela merda de casa, afinal; tinha o direito de fazer o que bem quisesse.

– Queria encontrar algum poema que falasse do tema escolhido – comecei, com uma entonação monocórdica, tímido, os convivas um tanto assustados mas na verdade contentes diante daquela encenação, a bebida ajudando-me a esmagar a inibição. – Queria talvez um conto de autor conhecido, mas, como vocês sabem, minha biblioteca é um tanto precária e bastante parcial. Pensei um pouco, o que não é muito comum no meu caso – alguns dos convidados riram nessa hora, um deles gritou "muito bem!", e me senti mais à vontade sobre a cadeira, embora Dorieta não demonstrasse qualquer satisfação ou curiosidade –, e cheguei a uma conclusão: a amizade é como uma casa. Você pode planejar a casa de várias maneiras, mas, para ter certeza de que ela não cairá depois, e de que tudo nela funcionará devidamente, não se pode escapar das plantas essenciais, do levantamento topográfico, do percurso elétrico, das instalações hidráulicas, da espessura claramente definida do que virá de alvenaria, assim por diante. É o que a gente chama de plano de vôo da obra. Se tudo isso for feito, e afinal, não fosse assim, eu mesmo jamais teria emprego – mais algumas risadinhas; observei que Dorieta se recolhera a um canto e sozinha me olhava sem sorrir –, se tudo isso for feito, então, as chances de um resultado satisfatório já estarão garantidas no mínimo pela metade. Na amizade entre duas pessoas – olhei para Caio, que tentava se segurar num colega –, esses cinqüenta por cento são representados pela formação de cada um e pela clareza com que cada um enxerga no outro a possibilidade de um relacionamento sólido. A outra metade, porém, depende de um investimento permanente de atenção. Senhores, senhoras, o empreiteiro, afinal, tem de checar na prática o que foi planejado antes, corrigir eventualmente alguns detalhes e até obrigar a reformulações, se for o caso, e se ele for honesto, logicamente. Atenção ininterrupta: essa é a condição para que uma amizade prolifere, mesmo que as duas partes estejam momentaneamente à distância, por uma razão ou outra. O verdadeiro teste se dá muitas vezes nesse momento.

Notei que Rovai, mesmo bêbado, prestava atenção às minhas palavras, enquanto alguns dos presentes começavam a se desencantar e até diziam coisas como "tudo bem", "chega, vamos dançar", "apaga a luz". Certamente achavam que eu estava brincando, mas resolvi prosseguir.

– O verdadeiro teste de uma amizade acontece, sim, no momento de distanciamento, mora aí o grande risco. Temos aqui o exemplo de Caio Rovai – apontei para ele, que levava tapinhas nas costas de um gorducho risonho –, meu amigo. O grande teste, o verdadeiro, o nosso grande teste começará a partir de amanhã, quando ele embarcar rumo ao centro do imperialismo americano. – Dei uma risadinha, mas ela ecoou solitária, isolada entre todos os presentes, e senti, então, que talvez fosse o caso de encurtar a falação, estava sendo inconveniente, uma tontura começou a tornar perigosa minha permanência sobre a cadeira, guardei no bolso o discurso e passei a improvisar. – Para comemorar a nova fase desta amizade, vamos sortear aqui, para vocês, a bicicleta do Caio, meio usada, mas muito ativa, o que será feito pelo nosso amigo Dario. Antes disso, porém, quero registrar a todos um outro motivo de contentamento. – Olhei para Dorieta, ela se mantinha no mesmo canto, recolhida. – Temos aqui a mais importante tradutora de literatura para o português, Dorieta Mangano, minha mulher – as pessoas gritavam uus, uus, uus, era uma vaia, um ou outro gritou também, "viva, viva", parecia-me uma vaia divertida – agaloada há poucas semanas com o prêmio do ano e para quem peço, como diria o meu xará Silvio Santos, uma salva de palmas, obrigado. – Vieram alguns aplausos displicentes, brincalhões, enquanto eu descia da cadeira e já iniciava com Dario a organização do sorteio da bicicleta.

Alguém repôs a vitrola em funcionamento. Dois ou três pares se formaram para dançar. Dorieta, depois de apagar as luzes, aproximou-se de mim. Seu rosto tremia. Seu olhar parecia embrutecido. Puxou-me de lado. Apertando-me o braço, disse:

– Nunca mais faça uma coisa dessas, Silvio. Nunca mais!

Sua voz saíra a muito custo entre os dentes apertados uns contra os outros. Senti que naquele momento ela me odiava com plenitude.

– Desculpa, desculpa, Dorieta – sussurrei.

– Não gosto de surpresinhas escrotas desse tipo.

Apertou-me ainda mais o braço, aquilo era um beliscão, na verdade, para retirar-se em seguida rumo à escadaria.

As pessoas em torno de nós perceberam essa reação. Alguém decidiu aumentar ainda mais o volume da música. Rapidamente, Dario me abraçou por trás, com seus braços longos apoiados nos meus ombros.

– Vamos organizar o sorteio, Silvio. Fica frio. Isso passa, você sabe – disse ele, num cochicho, virando-se depois para a janela que dava para o quintal:

– Caio, você é que vai sortear, vem para cá.

E assim foi feito. Com Dorieta ausente tocamos a maldita festa até o fim.

Na madrugada, horas depois, suando frio, eu seria obrigado a levantar da cama três vezes para vomitar, enquanto Caio e Dorieta dormiam profundamente. Embaixo, sobre o tapete, junto ao sofá, Dario se enlaçava com Débora, a qual, ironicamente, ganhara a bicicleta no sorteio e, certamente por ciúme, embora estivesse contente feito criança por causa do prêmio, preferira passar a noite ali conosco pela primeira vez.

Sozinha, distante de nós mais de vinte metros, Dorieta brincava de amarelinha ou coisa parecida no piso xadrez do aeroporto. Rovai teria de pegar a Ponte Aérea até o Rio e de lá partiria para Nova York. Por isso a despedida acontecia ali, em Congonhas, onde, quando eu era garoto, meu pai costumava me levar aos domingos para ver o pouso e a decolagem das aeronaves.

Nunca havia conversado com os pais dele. Sabia apenas serem comerciantes, donos de duas papelarias bem localizadas em shopping centers. Eram "bem de vida", como se diz, mas não afortunados. Pareceram-me simpáticos no aeroporto. A mãe, baixinha e gorducha, cabelos grisalhos, tailleur azul-marinho, trazia os olhos inchados e excessivamente lacrimosos. Sorria sem parar. Piscava esfregando uma mão na outra, nervosa. Levava cutucadas do marido – também ele baixote, gorduchinho e grisalho – sempre que perguntava se tudo ia bem, se estava tudo em ordem. Rovai confirmava. "Claro, tudo em ordem, mãe", dizia ele, acariciando-a no queixo.

Cheguei a pensar, diante daquele comportamento sereno, como era esquisito que Rovai se desse mal com os pais. Não os sentia tão impertinentes como ele nos descrevera em tantas oportunidades. Pareciam idolatrar o filho. Espantavam-me a insegurança, a impotência, a fragilidade que ambos demonstravam diante de sua partida para Nova York.

Estranhei, também, que não houvesse mais ninguém para a despedida, nem sequer algum outro parente de Caio. Pensava nisso, buscava alguma explicação, quando avistei a aproximação de Dario, vindo da rua para o saguão do aeroporto junto com Débora.

Caio logo se dirigiu a eles. Acompanhando-o ingenuamente, com olhares apreensivos – eram as figuras que certamente mais comoção despertariam em um observador externo –, os pais se alegravam e ao mesmo tempo se espantavam diante da efusão de beijos e abraços trocados entre Rovai e o par recém-chegado. Evidenciava-se que nada conheciam das relações do filho.

– A saída são as delícias. Não esqueça disso, Silvio.

Foi o que me disse Caio, sussurrando, minutos mais tarde, durante o nosso último abraço antes de ele adentrar o saguão de espera da Ponte Aérea.

Débora puxava assunto com a mãe dele, enquanto Dario

se afastava para chamar Dorieta, tirando-a do isolamento, instando-a a juntar-se ao grupo. O pai de Caio ajustava um jornal debaixo do braço, dobrava-o várias vezes.

Obediente, Dorieta se aproximou e beijou Caio na testa. Em voz bastante alta, como se quisesse que todos ouvissem, depois de também beijá-la, ele pediu:

– Cuida do meu amigo, Dorieta. Cuida dele, que é muito valioso. Meio bobo, é verdade. O Silvio não sabe o que quer. Mas vai chegar lá. Um dia vai saber pelo menos o que quer! – disse-lhe Caio, de modo melodioso e lento, choroso, um modo de falar que na verdade refletia o medo àquela altura efervescente dentro dele, medo que eu sabia ser, no fundo, um medo permanente, dele e meu.

Saímos daquela área de beijos e abraços sem saber exatamente o que fazer. Convidados então pelos pais de Caio, fomos tomar um café ali mesmo no aeroporto. A mãe pegou-me pelo braço quando estávamos diante de um balcão e assim ficou, apertando-me por alguns minutos. Recusou num gesto de cabeça o café que o marido lhe oferecia, mas não disse nada. Nem ali nem depois, na rua, onde enfiou no rosto os enormes óculos escuros e eu reparei como eram grossas as suas batatas da perna, desproporcionais aos tornozelos fininhos, com varizes pequeninas que pareciam a ponto de explodir no momento em que nos separamos.

Débora e Dario nos convidaram para sair, mas Dorieta recusou. Queria descansar. Queria ir para casa, nada mais. Pouco depois, porém, quando já estávamos a caminho de casa, propôs passearmos na Maternidade São Paulo; e foi impossível recusar a sugestão.

Visto à distância, o enorme prédio da rua Frei Caneca parecia abandonado. Sua fachada, de tão suja e decadente, causava embaraço. Havia no entanto muita gente por ali; a maternidade estava abarrotada naquele começo de tarde. Tentaram impedir nossa entrada por causa disso, mas, com sua obsessão,

Dorieta, como sempre, soube agir com presteza, e a porta de emergência de uma das laterais do edifício foi a escolhida.

Pelos corredores da maternidade caminhamos durante quase uma hora, subindo e descendo lances de escada. No aperto de sua mão contra a minha senti Dorieta expressando o óbvio, a cada passo: o quanto desejava ter um filho comigo.

Mais tarde, ao som das *Variações Goldberg*, foi calmo e ótimo o sexo. A casa agora ficáramos sendo nós, sem Caio por ali – e era belo e grande, ó, como era belo, e principalmente grande!, o desafio.

7

Quantas vezes, garoto, não achara pequeno demais o meu amigo quando ele ficava em descanso, encolhido, ainda mais estando perto de outros meninos. Para me consolar, imaginava às vezes que, como quase todos tinham cada qual o seu prepúcio, e eu não, essa deveria ser a verdadeira razão da diferença.

Os anos passavam, garotas e mulheres com quem eu transava, ou tentava transar, diziam o contrário: "que máximo!", "uau, que grossinho!", "que puta pau!". Mostravam-se surpresas até, e com isso me surpreendiam seguidamente. As meninas, nos bailinhos, realmente pareciam gostar, embora nervosas e hesitantes, quando eu, com bastante vigor e algum pudor, encostava nelas o meu poderio, em franca expansão. Certa noite – e eis um marco em minhas relações com este meu amigo –, em um hotelzinho cujos quartos eram pintados de azul-claro, indagada por mim, sempre preocupado nesse sentido, sobre os meus dotes, uma puta mais velha (trinta e poucos anos de idade era então uma mulher velha para mim), experiente e maternal, chegou a dizer "você é bem fornido, hein, rapazinho!"; "que pau generoso!", repetiu a puta várias vezes, "que pau generoso!", e eu acreditava na lisonja. Coisas desse tipo elas exclamavam, sem que eu nem sequer atinasse, em especial no caso dessa puta, que o elogio podia ser falso, destinado apenas a cativar o cliente juvenil.

Fui concluindo, então, ao longo de alguns anos, que tudo talvez se resumisse a uma questão de elasticidade, pronto! Que, ademais, como dizia meu pai para explicar, sem que eu o pedisse, as razões de seu gesto pseudo-religioso sobre o meu destino físico, eu poderia contabilizar em meu favor vantagens de ordem higiênica naquilo que antes me chateava. Mais ainda: podia constatar, até diante do espelho, o porte de fato respeitável do meu amigo quando na posição oficial; meio torto, certamente, mas, em todo caso, "na linha de frente", "na vanguarda", e era isso o que importava, como diria Dario.

Aprendíamos a conviver um com o outro, eu e o meu inalienável membro, aí está, o meu amigo. E o seu diâmetro, mais do que o comprimento, passara a ser o grande trunfo. Sem isso não se podia viver, pelo menos eu não podia viver sem isso – e viver era a minha alternativa até aqueles anos, quando ainda não me passavam pela mente outras idéias talvez mais enriquecedoras.

De que serviam agora, porém, tais e tantas suposições? A que servia listar as vantagens voláteis ou repensar esses cálculos imaginários e até divertidos? A nada, simplesmente não servia para nada. Parecia um homem ridículo, sentado sobre o bidê, averiguando o meu amigo, apalpando-o, esticando-o ao máximo, como se essas investigações mentais ou esse puxa-estica besta pudessem remediar o exame laboratorial cujo resultado o médico apresentara solenemente duas horas antes, numa sala ampla e luxuosa, como sendo "esterilidade de caráter irreversível".

Nada, realmente. Nada adiantava, aí está.

Durante muitos anos, dominara minha mente a dificuldade, o desafio de suplantar meu pai em vários pontos. Não queria ser engenheiro como ele, mas sabia que cedo ou tarde ingressaria em algum ofício conexo, como de fato aconteceu, exatamente para superá-lo em terreno paralelo. Era o meu raciocínio. E dentro dessa profissão provaria o meu valor, a todos e a ele obviamente. Conquistaria espaço próprio, como se costuma dizer, dispensando, ademais, a força de um pai às costas. Obteria tudo isso sem o apoio de influências escusas que ele pudesse ativar a partir de seus relacionamentos. Tudo viria por minha própria conta e conquista.

Planejara essa evolução em detalhes renovados quase

toda manhã, durante muitos anos. Passaria a não depender mais dele, o que por outro lado me possibilitaria impor as regras nas nossas relações, eu imaginava, apresentar-me a ele, e a todos, como um homem de verdade, na mesma altura. Enfim, nada de excepcional!

Agora, porém, constatada a minha impossibilidade, isso tudo ia por água abaixo, como se diz. De que adiantaria ganhar mais dinheiro, angariar prestígio social, sentir-me teoricamente no mesmo nível ou superior ao meu pai até, se nem sequer podia igualá-lo no que me parecia, naquele instante, o evento mais importante para um homem: ter filhos, ser eu mesmo um pai, afinal. Após o anúncio do filho-da-puta do doutor Roth, entre tantas sensações embaraçosas e embaralhadas surgidas no banheiro do consultório onde me refugiara, tive portanto mais esta: a de que jamais conseguiria ser como o meu pai, muito menos suplantá-lo.

Muitas vezes antes, anos a fio, no gozo solitário, a gosma branca escorrendo quente pelos dedos, exclamava brincando, "ah, os meus filhinhos, bem-vindos sejam os meus filhinhos", e me lavava em seguida com orgulho, na certeza de que um dia aquilo seria realidade. Agora, porém, estava difícil encarar as coisas com bom humor. Eu tinha medo, aí está. Medo do que seria a minha vida dali por diante, da cidade, ruas afora, vista como um amontoado de seres frente aos quais eu me acabrunharia, perante os quais eu preferiria me meter num beco às escondidas. Todos pareciam mais fortes do que eu, aí está, iriam me esmagar.

Mentalmente roto, indefeso naquele banheiro, convencia-me de que meus dias dali por diante seriam isso, não havia dúvida a respeito do desamparo. Ao mesmo tempo, suado e ofegante, pensava também "merda, esse médico deve estar errado". Ponderava, com teimosia: essa tragédia estúpida não pode estar acontecendo comigo, um rapaz feio e sardento mas afinal decente, e ainda por cima dono de um "pau generoso"! Nada fiz de mal a minha vida toda a não ser ter quase sempre raiva dos outros. Mas isso não é pecado. Ser desprovido de beleza ou odiar alguém, nada disso é pecado. Além do mais, quem definiu tudo fui eu mesmo. Não há destino. Deus é uma bobagem, eu acreditava nisso naquele banheiro. Nem pecado existe, no final das contas. O que aconteceu com essa porcaria?, eu perguntava, agora de olho no meu amigo amolecido entre as pernas.

Falência testicular! O filho da puta do doutor Roth, em quem eu confiava na verdade sem saber por quê, falara para mim nesses termos. Talvez por causa da caxumba monstruosa que eu tivera na infância, dizia ele sem certezas; ou eu mesmo misturava agora as coisas no banheiro? A conseqüência da caxumba não seria a tal falência, tentara explicar-me o médico momentos antes, ainda naquele consultório da avenida Angélica. A tal caxumba poderia no máximo inibir a quantidade de espermatozóides, dizia ele, mas jamais seria capaz de gerar a droga da falência testicular. Para mim era tudo a mesma coisa, as explicações surgiam misturadas umas às outras.

Derrotado, definitivamente derrotado. Assim me sentia, após três exames, os tais espermogramas, feitos com intervalos de uma semana, durante um mês. No meu caso, dissera o doutor Roth, de nada adiantaria administrar hormônios com vistas a revigorar os testículos idiotas pendurados entre uma perna e outra. Nem dar ânimo à bolsa escrotal garantiria resultado, dizia ele, isso não adiantaria minimamente, fora categórico e firme, o desgraçado do médico, seria jogar dinheiro no lixo. "Falência testicular"!

As lágrimas caindo do meu rosto no piso de madeira do banheiro tinham também um outro motivo, e eu sabia disso. Na verdade, encarar a realidade do meu fiasco não passava apenas pelas especulações inconseqüentes daquela hora, mas sim por uma outra espécie de repto: contar ou não contar os fatos para Dorieta. Pois naqueles anos, e ainda mais naquele momento, eu transformado em ruína, exposto a todo tipo de erosão, a simples idéia de entrar em conflito com alguém virava um verdadeiro suplício, fosse qual fosse o motivo da desavença.

Chegava a suar por antecipação. Doíam-me os músculos. Tremia-me o rosto. Simplesmente ignorava como fazer isso. Brigar não me apetecia. Apavorava-me cogitar a possibilidade de uma colisão, e, nessas ocasiões, raríssimas, minha agressividade, em muitos momentos, fazia-se artificial, reflexo físico desse poderoso medo de entrar em um conflito genuíno e radical.

Lavei o rosto, olhei-me no espelho. Meus olhos expressavam no seu inchaço a invalidez mental que me aturdia. Da sala de espera do consultório liguei para Dorieta. Marcamos um almoço na cantina Speranza, na Bela Vista. A consulta ao médico fora uma imposição dela, afinal, vinha estranhando a ausência de gravidez após mais de um ano de casados, mas ela não sabia que o diagnóstico seria transmitido a mim pelo filho-da-puta do doutor Roth exatamente naquele dia. Para evitar precipitações, fingi ao telefone uma vontade repentina de almoçarmos juntos – foi a idéia menos besta que me ocorreu para justificar o convite àquela hora.

Decidi ir até a cantina a pé. A longa caminhada entre a Angélica e a Brigadeiro Luiz Antônio permitiria recobrar a forma, raciocinar, dar ao meu luto a chance de se depreciar um pouco ao longo de alguns quilômetros.

Atravessando a Paulista, cheguei a concluir: a responsabilidade por tudo isso é tua, Silvio, e de mais ninguém. A culpa é tua, na verdade, de mais ninguém, raciocinei assim. Devia ter visto isso antes, Silvio. Você conhece casos de pessoas que fizeram testes preventivos. Alguns até se submeteram a tratamentos antes de casar. Esperar os vinte e cinco anos para averiguar a fertilidade é de uma burrice extraordinária; o Moisés, eu pensava, merda, até o inadmissível do Moisés, a besta do teu cunhado, até mesmo ele passou por isso e, apesar de ser ele o bronco, o manco de inteligência, o estúpido, você poderia tê-lo consultado previamente, Silvio. Assim eu me repreendia, e esses pensamentos vinham-me a conta-gotas durante a caminhada; nem bem surgiam eram derrubados, ora pela desolação ora pela raiva. Duravam poucos passos.

Já descia a Brigadeiro Luiz Antônio, quando senti de novo o bolor se expandindo dentro da cabeça, mais grave e incisivo. Se o visse do lado de dentro, na certa o espetáculo seria repugnante. Um molusco verde-cinza, mole e asqueroso, assim o sentia crescendo, a espalhar-se dolorido pelo cérebro.

Queria acreditar em algum deus naquela hora, como queria! Mas já era tarde!, e como era tarde! Simplesmente não conseguia acreditar em deus algum, em santos ou orixás, nada, nem em qualquer outra coisa que pudesse alterar o diagnóstico do doutor Roth.

Provavelmente como forma de autodefesa, ainda descendo a Brigadeiro, comecei a pensar que, mesmo distante dos meus planos àquela hora, a perspectiva de encarar médicos e enfermeiras, hospitais ou laboratórios talvez não fosse tão ruim, afinal. Conhecer pessoas vestidas de branco é, sempre, encarar um novo enigma, conjeturei. Solas de borracha, rosto asseado, mãos limpinhas – por trás disso há invariavelmente algo que pode surpreender. Evoquei, mesmo sem querer, o período de quatro ou cinco meses em que me submeti a uma fisioterapia, aos dezoito anos, duas vezes por semana. Inicialmente repousava na ampla sala de cortinas escuras da clínica, à meia-luz. Após alguns minutos de relaxamento, surgia a mocinha Estela, a fisioterapeuta Estela, melhor dizendo, vestida com o jaleco limpo e bem-passado, branco. Tão casta, cobria-me com o forno de bier, brincava comigo: "você vai sair daqui um pão." E eu retrucava: "mas eu já sou bonito, não sou?"

A poucas quadras da cantina, ainda na Brigadeiro Luiz Antônio, alguma coisa interrompeu essa recordação e me sacudiu. Senti tremores nas pernas, o suor gelado na testa me fez interromper a caminhada. De cócoras, apoiado à parede entre um bar e uma casa de eletrodomésticos, passei a duvidar que fosse mesmo o caso de contar a Dorieta a verdade sobre minha situação. Não estaria sendo precipitado? Você só ouviu um especialista, afinal, eu me questionava, e, mesmo que o diagnóstico corresponda à realidade, mesmo que as tuas poucas esperanças não passem de um delírio gerado pela ignorância, que força te obriga a comunicá-lo a Dorieta? É preciso saber mentir, de vez em quando, Silvio. De que vale contar para ela isso agora? O que você ganharia?, eu me perguntava. Poderia até mesmo faltar ao encontro e inventar depois uma desculpa; qual é o problema de dar uma mancada uma vez na vida, Silvio? Ou será que quer fazer um teste?

Esfreguei as mãos no rosto. Ergui o corpo. Para aplacar o suor, mas também para disfarçar o inchaço causado pelas lágrimas, fiquei parado alguns instantes, deixei que os olhos recebessem um pouco de brisa. Lentamente retomei os passos, continuei a descer a Brigadeiro, o raciocínio encaracolado, emaranhando-se em sucessivas indagações entre um tropeço e outro calçada afora.

Exceto por uma mesa no canto, onde uma mãe alimentava a filha com visível enfado, o salão estava vazio quando entramos. Como sempre, pedimos uma pizza tamanho médio, meia catupiry-meia portuguesa, guaraná e água com gás. Vigorava ainda, no meu corpo, o tremor que se apoderara dele pouco antes, no instante em que, da esquina da Brigadeiro Luiz Antônio, visualizara Dorieta a me esperar de braços cruzados à frente da Speranza. Tal desconforto impedia-me de puxar qualquer assunto que não fosse aquele pelo qual eu a convidara.

Esvaziada minha garrafa de guaraná, a pizza minguava na bandeja de alumínio e os olhos de Dorieta me encaravam como se já soubessem de tudo.

– O médico disse que eu sou estéril. – A coragem explodiu de dentro de mim no terceiro naco de pizza. A frase caiu feito um vômito sobre a mesa.

Voltei a mastigar. Dorieta ficou em silêncio, a observar os pedaços de pizza no seu prato, para depois esmagá-los com o garfo, um a um, e assim permanecer vários minutos, triturando-os, até aquilo tudo virar uma pasta alaranjada, viscosa. Até a pizza parecer de fato um vômito no prato.

Enquanto ela fazia essa maçaroca nojenta, eu tentava puxar o seu rosto para cima com a minha respiração ofegante e com o tremor que não me deixava; queria, naquele momento, que esses movimentos fossem mais do que meramente fisiológicos, que tivessem a capacidade de forçar os olhos de Dorieta a olharem para mim; queria ler naqueles olhos o que se passava dentro dela. Dorieta se escondia, cabeça abaixada, como se examinasse de modo científico a nojeira de massa desfeita na louça branca.

O garçom se aproximou, perguntou se havia algum problema com a pizza. Fiz um sinal com a cabeça para que ele se afastasse, e meu gesto foi tão violento que o homem pediu desculpas pela intromissão. Sem levantar o rosto, Dorieta disse lentamente, de boca quase fechada:

– Teus espermatozóides foram embora com o prepúcio, a tua uvinha-passa, na circuncisão. É isso?

Era uma bobagem extraordinária, e ela sabia disso, mas a frase foi usada para me agredir estupidamente.

– O que você está falando, Dorieta? Que baixaria é essa? Não dá para conversar? Você sabia que eu estava fazendo exames.

Senti vontade de chorar mais uma vez, mas, com raiva desse desejo, segurei-me. Se chorasse, tudo se estragaria ainda mais. Enfiei dois ou três pedaços de pizza na boca, enquanto Dorieta mantinha a mesma posição da cabeça, agora com os braços largados, de tal modo que eu não podia ver as suas mãos sob a mesa. Quase ouvia o ranger dos seus dentes, no entanto, e isso foi me levando a odiar aquela pessoa à minha frente, a repudiar a sua insensibilidade.

– Meu prepúcio grudou nos teus lábios inferiores ainda na maternidade. Deve ser isso. Alguém fez com que a gente se cruzasse num tempo indefinido, em alguma maternidade do mundo ou do inferno, se você quiser. E isso aconteceu mesmo. Por isso os teus lábios ficaram tão grandes, a porra dos teus lábios, deformados para sempre.

Eu soube ser baixo também, essas palavras me azedavam a boca, eram novas carradas de vômito, mas não podiam deixar de sair dela, embora Dorieta permanecesse de cabeça quase enfiada no prato. Parece incrível, mas realmente tive coragem de lhe dizer tudo isso naquele dia, entre lágrimas que de repente começaram a cair, apostei fundo naquele instante. Lancei-me do alto de um morro, arrisquei-me, jogando o corpo no vazio. Era tudo ou nada, aí está.

Mais e mais o silêncio e a teimosia em esconder os olhos acrescentavam ódio dentro de mim. Quis dar um tapa na cara de Dorieta e gritar "olha para mim, filha-da-puta". Sua reação era torturante, quase gritei isso na pizzaria, preparei-me para isso, na verdade, mas fui infeliz de novo, não consegui fazê-lo. Era o que deveria ter feito, mas não consegui.

– Se teu único objetivo na vida é ter um filho, então vai buscar outro cara por aí! – eu disse, encarando a testa de Dorieta e sentindo-me, mais uma vez, um indivíduo escolhido, friamente selecionado tão-somente para possibilitar que Dorieta engravidasse, não para ser o homem que ela amaria para sempre, independentemente de qualquer coisa.

– Homem assim não entra na congregação do Eterno, sabia? É o castigo para derrame de sêmen deficiente, Silvio. Está na Bíblia. Deuteronômio, já ouviu falar?

Depositei os talheres no prato e chamei o garçom para que tirasse a mesa e trouxesse a conta.

– Deixa de ser ridícula! Não somos capazes de resistir a isso? – perguntei.

Tentava me convencer, dizendo a mim mesmo que aquilo tudo passaria, ter filhos não é o mais importante na vida, iria mesmo dizer tudo isso, a ela, que permanecia quieta e de cabeça voltada para o prato, irritantemente absorta agora eu não sabia em quais pensamentos. Temos só um ano de casados, só isso, pensava em lhe dizer, podemos levar uma vida a dois sem problema algum; e a confortaria dessa forma naquela mesa, apresentando argumentos irrefutáveis que justificassem nossa existência sem filhos.

Preparava-me para fazer tudo isso, quando o garçom trouxe a conta. Enquanto eu preenchia o cheque, porém, Dorieta se levantou e caminhou rumo à porta, deixando a pizzaria, sem dizer nada nem olhar para trás. Paguei o que devia e saí correndo também. Encontrei-a parada na calçada, encostada num poste, braços cruzados, como se me aguardasse. Ao contrário do que eu imaginava, Dorieta não fugira.

Vendo-a assim, à espera, distante alguns metros, ralentei o passo e me aproximei de mãos espalmadas, prontas para acariciá-la. Sei que, no fundo, com esse gesto, eu lhe pedia desculpas pelo impasse em que nos metêramos por minha exclusiva responsabilidade. Foi quando ela ergueu os olhos e, sem me dar tempo de encará-los, desferiu um tapa de mão cheia no meu rosto, quase um soco, um golpe dolorido – carregado de angústia, assim o interpretei, e de muita dor, assim o senti.

Afastamo-nos, cada qual para o seu lado, cada qual chorando a seu modo.

Nada comentei, com ninguém, a respeito da situação. E nunca mais procurei o doutor Roth.

8

Estar com novas atribuições no escritório acabou sendo útil naquele momento, pois impossibilitava à cabeça deixar-se tomar totalmente pelo meu luto interior. Passara a ser um dos coordenadores de projetos e, como jamais chefiara alguém, ocupavam-me o dia dúvidas as mais comezinhas sobre como assumir decisões ou como me comportar diante dos colegas subalternos.

Pela primeira vez foram confeccionados cartões de visita tendo o meu nome estampado em alto-relevo e com tinta preta brilhante. Duas caixinhas com cento e cinqüenta cartões cada uma. Meu nome realmente ali, impresso de forma límpida. Tudo muito higiênico. Parecia o nome de um outro homem, de um personagem, letras pretas muito brilhantes, verdadeiramente em alto-relevo, o que me surpreendia a cada hora que voltava à minha mesa.

Um dos problemas que isso acarretava, no entanto, era igualmente inédito: a quem daria os meus cartões de visita? A que serviriam, na verdade? Os clientes do escritório com quem eu deveria conversar eram permanentes, isto é, já conheciam as nossas coordenadas de longa data. Clientes novos que surgissem só eram encaminhados a mim muito depois, concluídas já etapas de conversação em níveis superiores aos quais me era raramente concedido algum acesso. Ficar com os malditos cartões mofando na gaveta, por outro lado, seria vergonhoso, atestado de introspecção contrário a tudo que se diz de positivo em relação ao desempenho profissional.

Jogar alguns no lixo, foi a primeira solução plausível que me ocorreu, e de fato o fiz com algumas dezenas deles, misturando-as à papelada que era mesmo obrigado a descartar no dia-a-dia. Resolvi depois de algumas semanas enviar outros pelo correio para os familiares, para os poucos amigos, e ainda separei uma leva para deixar na maleta de couro que passei a utilizar também desde a promoção, sob o pretexto de que poderia a qualquer momento cruzar com algum cliente em potencial.

Detestava trabalhar no computador, mas, nesse novo cargo de chefia, também isso era incontornável. Por orientação superior, os projetos tinham de ser executados inicialmente ali, com uso de programas sofisticados, planilhas, esboços eletrônicos. E eu deveria dar o exemplo, ainda por cima, puxando os demais – nem eram tantos esses demais, quatro ou cinco projetistas –, forçando-os a se habituarem aos novos instrumentos de trabalho. Era lógico, natural. Amadorismo seria recusar tais inovações tecnológicas e sua utilidade. Além do quê, haviam custado caro.

Ocorre que eu era uma espécie em extinção, um dinossauro, como Dorieta me classificava. Ignorante absoluto quanto às operações mais elementares do computador, levei meses para obter um relacionamento mais ou menos pacífico com a máquina, sempre com o auxílio de um técnico contratado à guisa de monitor para nos socorrer nos momentos de desespero.

Justamente num momento como esse, em que, após um simples toque equivocado numa tecla qualquer, perdi um trabalho que vinha fazendo havia horas e passei a suar como se tomado por uma febre, num momento de pane como esse fui chamado pela secretária de Sandro, o dono do escritório.

O relógio apontava três e meia da tarde, horário repugnante, em que o sono de depois do almoço ataca impiedosamente. Melhor tomar um cafezinho antes de entrar na sala de Sandro, pensei, empapado pelo suor que o nervosismo fazia brotar do corpo todo. Mas a secretária, que de início chamara pelo telefone, aproximou-se de mim, as mãos cruzadas, dizendo que me apressasse, o chefe tinha urgência.

– Esse negócio de limpar a bunda é uma perda de tempo inacreditável – dizia Sandro a Osório, seu sócio minoritário, quando entrei na sala. – São pelo menos quatro minutos por dia que você desperdiça. Imagine! Significam cento e vinte minutos por mês, ou mil e quatrocentos e quarenta ao ano.

Pegou a calculadora.

– Olha só: dá um dia inteiro, vinte e quatro horas por ano limpando a bunda. É inacreditável.

Minha chegada não alterou a conversa. Fiquei parado à porta, observando os chefes. E Osório parecia cada vez mais entusiasmado, divertindo-se com as especulações de Sandro.

– Se você considerar esse número numa empresa que tenha, por exemplo, cem pessoas – acrescentou o patrão –, são quatrocentos minutos por dia de trabalho perdido, o que dá doze mil minutos por mês.

Agora também Osório sacava de sua calculadora, como a conferir as contas.

– Ou então, olha só, cento e quarenta e quatro mil minutos ao ano, quer dizer, duas mil e quatrocentas horas de trabalho. Nada menos do que cem dias de trabalho perdidos a cada ano!

Enquanto Sandro acendia um cigarro, Osório fazia novas contas, para acrescentar com o dedo indicador erguido no ar:

– Isso se você considerar os dias inteiros, de vinte e quatro horas, Sandro. Mas se contar que dia de trabalho tem oito horas, e que as pessoas em geral cagam durante o expediente, o que é normal e previsível, então são trezentos dias de trabalho de oito horas cada um. Olha só: significa um ano de trabalho perdido, jogado fora para as pessoas limparem a bunda. Quer dizer, praticamente se anula um pelo outro.

– A gente trabalha, na verdade, para poder limpar a bunda, é a conclusão – disse Sandro soltando uma gargalhada e olhando finalmente para mim, como quem pede cumplicidade ou pelo menos um aplauso.

Eu permanecia em pé, as mãos nos bolsos da calça. Não consegui dar um sorriso sequer, embora considerasse aquele tempo de espera interessante, pois ainda me recuperava do trauma da perda do arquivo no computador. Pareceu-me absurdo, por outro lado, que a secretária me tivesse chamado poucos minutos antes em pessoa, alegando que o chefe tinha pressa.

– Pelo menos temos a privada, certo? Que diriam as pessoas três, quatro séculos atrás? Você sabe, Osório, a privada só foi inventada no fim do século dezesseis, não é isso? Séculos atrás o prejuízo devia ser ainda maior.

– É verdade. E tudo isso, veja bem, tudo isso se você desconsiderar as diarréias e aquelas cagadas em que a gente dá sem querer aquele tranco e a merda parte no meio – salientou Osório, sacudindo mais uma vez as suas mãos gordas pelo ar da sala, olhando também para mim na expectativa de que eu acrescentasse alguma coisa às bobagens que os dois diziam. – Sabe como? Porque, aí, demora mais ainda para limpar, você sabe, o tempo triplica e o gasto com papel, obviamente, também.

– A gente devia educar as pessoas a relaxarem bastante para evitar esse corte – conclui Sandro, virando-se para mim. – Você não quer sentar, Silvio?

Que eu me dedicasse prioritariamente a um projeto de construção de casas no interior, fora da Grande São Paulo – essa era a motivação da conversa, disse Sandro quando eu já estava sentado na cadeira ao lado de Osório, diante da sua mesa. Importante a iniciativa, dizia ele. Significava que o Sotero, nosso escritório, buscava crescer em novos mercados. Ademais, faríamos isso em associação com um escritório de renome, o "Meyer Arquitetura e Construções", o que nos garantia grande chance de sucesso.

Apoiado por Osório, Sandro passou então a dar detalhes do projeto. Tudo já estava traçado. As condições comerciais haviam sido amarradas naquela semana depois de três meses de negociação, dizia Osório. As expectativas de resultado eram de fato entusiasmantes.

Aos poucos, estendendo-se num discurso comezinho, Sandro tornava-se repetitivo; enfatizava o óbvio; dava-me orientações abstratas, sempre com as exclamações servilmente complementares de seu segundo.

Puta que pariu, eu pensava diante dele, esse cara está me passando instruções ridículas. Ele mesmo sabe disso. Mas não tem jeito: afinal, quem dá ordens aqui é ele, concluí, observando ao mesmo tempo aqueles desenhos que Sandro fazia nas folhas de papel timbrado durante a falação. Mania de arquiteto, sei bem, desenhar enquanto fala. Isso sim era um desperdício de papel. Esse sim é um desperdício real, eu dizia a mim mesmo vendo seus semicírculos e retângulos; apenas isso ele fazia, semicírculos e retângulos, gastando folhas atrás de folhas de papel timbrado do Sotero.

– Tem que fazer bem as negociações. Sem moleza, certo, Silvio? – disse Osório. Depois, virando-se para Sandro, acrescentou: – Afinal, dinheiro não estica, não é verdade, doutor?

– É isso aí. Dinheiro não é chiclete, Silvio. Não esqueça disso.

Quando Osório, instantes depois, propôs que ele também participasse das conversas que eu deveria ter com o pessoal da Meyer, começou uma discussão entre os dois. Sandro, notei então, querendo ter o controle absoluto de tudo, preferia que eu me dirigisse diretamente a ele, e apenas a ele, durante as negociações. Osório ficaria de fora.

As vozes do dois logo começaram a se alterar. Sem que eu compreendesse a verdadeira razão do desentendimento, passaram a berrar um com o outro – alguma coisa maior deve estar por trás disso, eu especulava –, até que Osório, no momento em que Sandro, sem pudor algum, mandou-o simplesmente ficar quieto ou então retirar-se dali, bateu palmas e ergueu da cadeira o corpo pesado. Ficou calado alguns instantes. Sandro pediu à secretária um copo de café.

– Vocês me dão licença. Eu vou ao banheiro – disse finalmente Osório, soltando uma risadinha. Pronto! Fez a gracinha do dia, pensei.

Naquela tarde, agora apenas nós dois na sala, quanto mais Sandro falava em casas populares, mais nomes nobres, tantos nomes e tão nobres, passavam pela minha cabeça. Loos... Niemeyer... Mies... Gaudí... Gropius... Schinkel... Warchavchik... Le Corbusier... Artigas... Costa... Venturi... Nomes sagrados, que em minha época de faculdade, poucos anos antes, ressoavam como produtos da voz de um deus, a brilharem nos livros como reflexos milenares de sabedoria, nomes junto aos quais pululavam frases refinadas, grandes conceitos e expressões de genialidade: "arquitetura é a arte útil", "mais perfeito casamento entre técnica e arte", "a música petrificada", "casa máquina", por aí afora; e ainda imagens marcantes, edifícios grandiosos, fachadas chocantes, colunatas, balaustradas. Palavras desse gênero desfilavam, perfiladas assim na minha cabeça, como provérbios inquestionáveis, agora no entanto inúteis e irreais diante da exposição de um patrão de vista tão curta e idéias tão frustrantemente pragmáticas como Sandro.

Dando por encerrada a conversa quase meia hora depois, conversa como sempre interrompida por telefonemas e piadinhas grotescas, finalmente Sandro planejava a minha vida cobrando que dali a três dias eu lhe apresentasse dez alternativas de projetos para casas populares.

– Tudo bem, Silvio? Então fica assim. E muito obrigado, por enquanto.

Isso era ainda o pior: Sandro era desses chefes que não ligam para o que você pensa ou não pensa, que não dão tempo de você emitir qualquer resposta e que, depois de lhe pedirem alguma coisa ou mandarem-no simplesmente executar alguma tarefa, dizem "muito obrigado, por enquanto", o advérbio cortante e antipático, o estúpido "por enquanto", como ameaça sobre a sua cabeça. Pessoas insuportáveis, essas. Ideais, por outro lado, quando você precisa descarregar algum ódio, isso sim, quando você precisa pôr para fora a impotência, algum medo, alguma covardia – e esse era precisamente o meu caso naqueles dias.

Deixei a sala arrependido de estar trabalhando ali – Sotero, nome insosso para um escritório de arquitetura e construções – e, principalmente, de ter aceito a promoção para coordenador. A rotina de pensar desenhos dentro de esquemas já determinados, sem margem para a criatividade, repetindo obras anteriores, nada mais – tal perspectiva realmente me abalava. Queria mais do que isso para minha vida profissional. Queria desenhar projetos ousados, próprios, de linhas marcadamente originais. Para isso fizera a faculdade, afinal.

Mal podia imaginar, porém, naquelas circunstâncias, naquele dia, que o projeto de casas populares, mesmo com toda inconveniência, fosse significar uma guinada tão radical em minha vida.

Da sala de Sandro fui direto ao banheiro, de onde acabava de sair Osório, apelidado por mim a partir desse dia, internamente, de O Asno.

– Eu não disse?! – brincou. – Trezentos dias por ano de trabalho perdido!

Era assim, Osório O Asno: Sandro dava a corda e ele agarrava. Passava dias a falar do mesmo tema, repetindo as gracinhas. Mesmo quando o sócio já tinha esquecido o assunto, mesmo que ele e o sócio tivessem quase se atracado diante de um subalterno como eu.

Dei o meu sorriso protocolar e, fingindo aceitar como algo elegante o seu corpanzil, ouvi-o acrescentar:

– Figura muito especial, esse Teodoro Meyer. Muito esquisito, Silvio. Trabalhei com o escritório dele uma vez, anos atrás. Escuta o que eu te falo. Figurinha difícil. Quase louco, se você quer saber. Apesar de quê, vocês patrícios acabam sempre se entendendo, não é verdade?

– Tudo bem, tudo bem... – eu disse, indisposto a fazer qualquer interpretação das palavras de Osório. A rigor, nem sequer havia me ligado no fato de Meyer ser um nome judeu. Tal coincidência não passara pela minha cabeça, a qual, diga-se, simplesmente não conseguia levar Osório O Asno a sério.

Dei um tempo no corredor – não queria enfrentar os odores e as descargas intestinais daquele chefe patético – até que por fim entrei no toalete. Havia ali uma banheira antiga, dentro da qual deitei, as costas apoiadas sobre o frio da louça cor-de-rosa – muitas vezes adormecia ali depois do almoço em tardes mais calorentas. Encolhido, fiquei pensando, parecia um colegial, sem fazer uso do vaso sanitário uma única vez.

Um mês depois de ter assumido a execução do projeto das casas populares, procurei outro médico e iniciei uma nova série de exames laboratoriais. Além dos testes rotineiros, tive de me submeter a uma termografia escrotal de fita, como eles chamam, para detectar a existência ou não de varizes na região do saco. Passei também por uma ultrassonografia da mesma área, a famigerada bolsa escrotal. Instrumentos especiais foram utilizados para selecionar e separar os meus supostamente melhores espermatozóides e estudar a capacidade que eles teriam individualmente.

Tudo isso levou várias semanas, e esse segundo médico, doutor Ferreira, deixou-me menos pessimista do que o doutor Roth. Pois, embora não tenha negado a possibilidade da tal falência testicular, avaliava que tudo poderia também ser apenas uma questão de qualidade do meu sêmen, e essa qualidade, dizia ele, poderia ser melhorada caso eu reduzisse as tensões do dia-a-dia, o estresse, enfim. Mudança esta que, conforme explicou, geraria um aumento do nível de testosterona na circulação, assim por diante.

Saí da última visita ao doutor Ferreira dando três beijos na recepcionista simpática do consultório. Emiti gritinhos dentro do elevador. Pipocava depois pela calçada da avenida Angélica – todos os médicos de qualidade parecem trabalhar em alguma época de sua vida nessa avenida ou nas cercanias; os exames iniciais deram resultado negativo. Eu sentia ter alguma chance. Pulava infantilmente. Pensei em fazer uma psicoterapia para diminuir o quanto antes o tal estresse, cuja origem eu não saberia determinar por conta própria.

Encarara sozinho o peso desse périplo, é preciso dizer. Praticamente gastei naquelas semanas tudo o que conseguira a mais com o novo salário de coordenador. Via agora, porém, a possibilidade de uma recompensa. Sendo bem posicionado, meu pai poderia ter-me ajudado desde o início, é claro, mas alguma coisa me dizia que ele e minha mãe sofreriam demais se soubessem da situação. Haviam passado recentemente pelo drama do parto de Gisele; o neto Plínio era ainda uma preocupação constante. Existia, além disso, a desaprovação aberta, para dizer o mínimo, do meu casamento com Dorieta, e provavelmente os dois atribuiriam minha deficiência a alguma maldição oriunda de épocas imemoriais, maldição pronunciada por um personagem qualquer de ópera, por um profeta maior ou menor, e transmitida pelo sangue de Dorieta.

Some-se aí a vergonha que eu sentia de mim mesmo e de mim em relação a meu pai. Pois, por mais que ele viesse a ter um comportamento compreensivo e de apoio, a mera sensação de que eu lhe era quase em definitivo inferior afastava a possibilidade de me abrir a respeito do que estava acontecendo. Não chamaria isso de orgulho, porque simplesmente não tinha nada de que me orgulhar.

Revelar-me para Gisele ou para Moisés, nem pensar. Seria o mesmo que expor ao inimigo os segredos de nossa estratégia de combate, para que ele nos vença sem dificuldade e para que possamos retornar logo a nossas casas – com vida, é certo, mas moralmente derrotados. Simplesmente isso.

Naqueles momentos, em resumo, eu não encontrava na família o amparo das vezes anteriores, fato inédito para quem sempre enxergara em qualquer mar um porto seguro – ao contrário de Dorieta, é preciso admitir, que poderia ter em vista, no máximo, o ancoradouro mal-ajambrado e clandestino sustentado até ali com dificuldade por mãe e avó. Quanto a meus avós, aliás: ecoando uma Varsóvia distante, em seu iídiche que jamais entendi, nem sequer podiam saber do nosso caso, muito menos da minha trava genital. A despeito de seus olhares complacentes e do carinho que só quem já sofreu em demasia sabe transmitir, sem dúvida também responsabilizariam Dorieta pelo meu estado, ou ainda, mais precisa e gravemente, pela descontinuidade dos Goldman, pelo fim do nosso ramo familiar. O que os pogroms e os nazistas não haviam conseguido totalmente, Dorieta acabava de conseguir! Que estejam em paz em seu repouso, os meus avós. Que estejam em paz!

Três semanas haviam se passado desde o meu último retorno ao médico. Ao chegar do almoço para o trabalho, recebi um recado de que o doutor Ferreira telefonara. Como não conseguira um psicoterapeuta pelo preço que podia pagar, ou seja, quase nada, a ansiedade parecia multiplicada por milhões, de modo que me apressei para ligar a fim de marcar hora o quanto antes.

Para minha surpresa, o doutor Ferreira disse que não precisaria ir até ali, notificando-me do essencial pelo telefone. Compreendia minha ansiedade, mas precisava ser rápido e franco: nada feito, eu não tinha jeito. Tinha de me resignar e conviver com o fato consumado.

– De qualquer forma – complementou o doutor Ferreira enquanto eu mantinha os olhos fechados e a cabeça apoiada na mão direita sobre a mesa de trabalho –, de qualquer forma você poderá manter relações sexuais normais, Silvio. Não é impotente – ressaltava ele. – Apenas estéril, apenas estéril!

Desse dia em diante, tornou-se emocionalmente inviável manter as coisas em segredo, e decidi contar a Dorieta a peregrinação que vinha empreendendo, mesmo sob risco de ela me reprovar por ter feito tudo às escondidas. Ao contrário do que eu imaginara, porém, sua receptividade foi pacífica e serena. Chegou a estimular-me.

– Você deveria procurar mais um médico – disse Dorieta. – Não é possível desistir.

Citou o exemplo de Moisés, que ela odiava mas que sabia ter superado o problema, partindo agora para mais filhos com Gisele, uma ninhada até.

Meus olhos se encheram de lágrimas. Chorei na frente dela, sem qualquer esforço para me conter. Duas sensações me atingiam: a de que finalmente uma reconciliação tácita se formava entre nós após o tapa que ela me dera em frente à pizzaria meses antes, e a de que realmente poderia haver uma alternativa de cura ainda não explorada para o meu caso.

Conheci então o doutor Jablonski, indicado pela recepcionista simpática do doutor Ferreira. Ele não me pediu novos exames, contentando-se em trabalhar com base naqueles que eu já fizera. Antes de ir ao seu consultório, na mesma região da avenida Angélica, prometi a mim mesmo que seria o último médico que eu consultaria.

Logo de cara, disse-me que não havia solução. Eu não só era estéril como já estava em um nível sem possibilidade de correção, mesmo com tratamentos especiais. Tudo muito rápido e simples, pensei descendo no elevador do prédio onde clinicava o doutor Jablonski. Tudo muito simples, tudo muito simples, repeti a mim mesmo essa frase, diversas vezes, até chegar em casa.

Na sala, contei o fato a Dorieta, mais uma vez banhado de suor e remorsos.

– Pelo menos foi honesto – elogiei o doutor Jablonski. – Não permitiu que eu ficasse alimentando ilusões como os outros dois. Esses, na verdade, acho que só queriam arrancar meu dinheiro, já sabendo que não tinha saída para mim.

– São todos uns irresponsáveis, você e eles – disse Dorieta. – Como alguém pode decretar como irreversível a situação, assim, sem mais, de modo tão definitivo?

Pedi que interrompêssemos a conversa. Sentia-me cansado. Queria um pouco de silêncio. Ao ver que meu estado era realmente o de um homem liqüefeito, Dorieta se ergueu do sofá e pôs para tocar uma música de piano, enquanto eu deixava a sala. No banheiro fiz alguns exercícios físicos desorganizados e entrei no chuveiro, ali ficando, sob água quente, mais de quarenta minutos. Nessa noite, dormi melhor do que em todas as noites dos meses anteriores.

Tal conforto, sei bem, não provinha do banho demorado que tomara, tampouco do lençol novo que por coincidência estreávamos nesse dia, mas do fato de que senti haver compreensão por parte de Dorieta. Depois de muitos meses, assim concluí, pela primeira vez partilhávamos um engolfamento emocional.

A partir desse dia, apesar da opinião contrária de Dorieta, resolvi desencanar o lado médico. Nenhuma solução vinda daí parecia à vista. Estava a ponto de desistir de tudo, na verdade, sem no entanto condoer-me mais com o assunto, quando, folheando uma revista no escritório semanas mais tarde, dei com uma reportagem sobre alternativas para casais estéreis. O texto, tratando o caso com transparência, fez-me sentir apenas um entre milhares de homens e mulheres que sofriam a mesma dificuldade. Mostrou-me, ainda, que muitas dessas pessoas nem por isso declinavam, como eu declinava, vertiginosamente, rumo ao rés-do-chão moral. Li tudo com atenção, com alívio também. Pensei na ansiedade de Dorieta, nada resolvida, e decidi ir atrás de entidades ou instituições que cuidassem de adoção de crianças.

Quando expus a idéia, à noite, Dorieta no entanto descartou-a de imediato.

– Não quero uma criança para criar, Silvio. Quero um filho!

Falei em inseminação artificial, outra solução apresentada pela tal reportagem e que implicaria encontrar um doador anônimo.

– Quero um filho meu, com pai e mãe. Não um filho da ciência ou de um desconhecido.

Ao mencionar, por fim, a possibilidade de um bebê de proveta, a resposta de Dorieta veio na forma de uma gargalhada seguida de uma afirmação tão ríspida quanto definitiva:

– Seria um aborto de proveta! No nosso caso, não tenho dúvida nenhuma, seria um aborto de proveta. Você está louco, Silvio.

Segurei-me para não gritar.

– Não faço questão alguma de ter filhos, Dorieta. Adotivos, naturais ou de proveta. Tenho pensado nisso nos últimos meses. O importante é que a vida das pessoas seja prazerosa, entende?

– Você não sabe o que é o prazer, Silvio.

– É cada um exercer a sua vontade, principalmente no caso de um casal. A virtude está aí: é extrair do cotidiano alguma coisa que permita à própria pessoa encontrar um caminho.

Dorieta sorriu.

– Gerar filhos, ou não, é uma contingência fora de controle, secundária, Dorieta. Nada tem a ver com o progresso humano – insisti.

Queria convencê-la o quanto antes a respeito desses pensamentos, antes mesmo de que estes pudessem ter a oportunidade de se desmancharem dentro de mim, aí está. Subitamente, porém, enquanto eu ainda declamava minhas conclusões, Dorieta deixou a sala. Mais uma vez saiu de perto sem dar explicações, como se achasse tudo mera brincadeira.

Depois de alguns minutos, notando que ela não retornaria da cozinha, resolvi sair de casa, dar uma volta no quarteirão. Foi quando, já cansado de tentar conferir coerência aos meus pedaços de raciocínio, concluí que, realmente, tudo aquilo que eu lhe dissera momentos antes não passava de lixo mental, tentativa estúpida de justificar a falta de alternativa em que me encontrava e de evitar a aceitação da realidade, isto é, a realidade de que nos achávamos diante de um impasse.

Evitamos tocar no assunto nos dias seguintes. E assim ficamos, sem apresentar soluções ou planos um para o outro, durante várias semanas.

Nesse período mandei uma carta a Caio em Nova York, relatando a situação. Pela primeira vez expus o caso a alguém fora Dorieta. Dez dias mais tarde recebi um telefonema dele no escritório. Parecia tocado. Falava com dificuldade. Procurava transmitir otimismo.

– Essas coisas se revertem às vezes naturalmente – dizia ele. – Conheço gente que superou a esterilidade anos depois – complementou, contando casos de gente próxima a ele em Nova York. Agradeci suas palavras e desliguei o telefone, os olhos doendo, vontade de chorar no meio do escritório.

No mesmo dia, horas mais tarde, contei os fatos também para Dario. Expor a situação criava uma sensação de alívio, por mais vergonhoso que tudo pudesse parecer. Sua reação, oposta à de Caio, foi de uma indiferença que beirou a crueldade, senti isso ao telefone. Dario permaneceu emudecido do outro lado da linha; depois, disse apenas lamentar muito. Falava de modo protocolar. Talvez você devesse buscar outras fórmulas, dizia. Adoção, inseminação artificial, sugeriu. Por pouco não bati o telefone na cara dele, mas foi como se o tivesse feito.

No banheiro do escritório, rememorando as conversas do dia, conjeturei que a frieza de Dario talvez se devesse a suas ocupações, ao fato de naqueles meses trabalhar como coordenador, na campanha eleitoral de um candidato a deputado – afinal, faltavam poucos meses para a eleição. Essa explicação deixou-me reconfortado, de modo a permitir que eu retornasse à mesa de trabalho menos tenso.

Pela primeira vez desde o casamento, a incerteza sobre o nosso futuro, meu e de Dorieta, incerteza sempre latente, começava a se materializar em um distanciamento cada vez maior. Pensei em fazermos uma viagem. Mas não poderia na verdade me ausentar do trabalho naquele momento. Como coordenador, tinha projetos, compromissos dos quais não conseguiria escapar. Faltava-me, a bem dizer, a coragem para atirar janela afora tais imposições e assumir de vez o meu papel na tentativa de reanimar nosso casamento.

Para reforçar o cataclisma conjugal, pois era disso que se tratava, Dorieta recebeu no início da primavera a notícia da editora de que sua tradução do *Der Untergeher* não seria mais publicada. Haviam decidido suspender a edição, não pela qualidade do trabalho, "muito boa, como sempre", diziam, mas por "impositivos de ordem financeira e de mercado". Assim estava escrito na carta que Dorieta recebeu e abriu, na minha frente, numa manhã de sábado.

Ora, durante vários meses ela se dedicara àquele trabalho como se o livro fosse de sua própria autoria. Vivera a obra intensamente, como se diz, num envolvimento que ela mesma classificava de visceral com o texto. Chegara a passar mal por causa dele.

Não foi difícil, para mim, compreender que o cancelamento da edição significava mais uma tragédia a contornar. De imediato, naquele sábado em que a notícia veio, enquanto Dorieta, trêmula, relia a carta da editora, piscando os olhos avermelhados, fui à cozinha buscar-lhe água com açúcar. Sem aguardar o meu retorno, porém, ela subiu para o escritório e ali trancou-se. Pude ouvir que chorava de modo terrificante; cheguei a bater na porta, mas foi infrutífero. Ela me ignorava. Passou o sábado trancada, horas a fio, enclausurada. Nem sequer foi ao ensaio do coral.

Domingo pela manhã, surpreendeu-me ao mostrar o rascunho de uma carta que ela enviaria à editora no dia seguinte, na tentativa de alterar a decisão. Alegar questões de ordem financeira era inaceitável, escrevera na carta; estávamos no meio do Plano Cruzado; todos os setores da economia mostravam-se eufóricos, argumentava Dorieta no esboço; ela não se conformava com a suspensão do projeto e pedia alguma explicação convincente. Ao final, ameaçava romper com a editora, onde "gozava de razoável prestígio", como se diz, caso a decisão fosse mantida.

Enquanto o projeto de casas populares não entrava em fase de execução, apesar de minhas propostas terem agradado a Sandro e, segundo me disse O Asno, também à construtora de Teodoro Meyer, comecei a atuar na campanha eleitoral cuja coordenação Dario integrava. O esforço de todos, no caso, estava voltado para eleger um arquiteto, professor meu na faculdade, deputado estadual. O convite para participar das atividades me havia sido feito pelo próprio Dario, justamente naquele telefonema em que eu lhe revelara a minha esterilidade.

Ele era agora um "militante organizado", quer dizer, passara a participar de um grupo dentro do Partido dos Trabalhadores, uma tendência, ou facção, não sei bem, e agia com vigor na orientação da campanha de meu ex-professor. Sendo também arquiteto, eu tinha tudo, na visão de Dario, para me engajar nas atividades do comitê.

Aceitei o convite por três motivos, sendo dois principais e um secundário. Primeiramente, queria encontrar o máximo de ocupação além do trabalho no escritório; isso era essencial para minha sobrevivência mental. Depois, vi naquilo a possibilidade de me reaproximar de Dario, pois nossa amizade, tão presente nos meus dias até não muito tempo antes, parecia agora, embora de modo obscuro, bastante abalada. Por fim, e eis o motivo secundário, pareciam-me até interessantes as propostas políticas apresentadas no programa do meu ex-professor.

Conquanto não gostasse de ir à periferia, organizar comícios, nem me desse bem no aliciamento direto de apoiadores, tinha certa habilidade para escrever e organizar eventos. Sabia cuidar de uma agenda, enfim. Sendo assim, além de ações noturnas de colagem de cartazes, participava de reuniões daquilo que chamavam de "comitê central de campanha" e fazia o trabalho burocrático de escrever folhetos, jornaizinhos, além de contatos com a imprensa.

Durante dois meses, enquanto Dorieta, descontente com minha integração à campanha, se dedicava mais e mais a suas traduções madrugadas adentro, saí pelas ruas com outros integrantes do comitê eleitoral, moças e rapazes em geral mais novos do que eu, a cobrir postes e muros com a cara do nosso candidato. Uma das militantes nesse trabalho era Débora, que ainda namorava Dario e apresentava o mesmo jeito tímido e enciumado que eu testemunhara na festa de despedida de Caio mais de um ano antes. Embora tenha pensado em fazê-lo nas oportunidades em que ficávamos a sós perto de algum muro ou durante um lanche, não ousei provocar qualquer conversa mais íntima. Evitei-o. A privacidade, o isolamento a que éramos levados em certos momentos poderiam ser perigosos, e eu não confiava na minha capacidade de ser fiel a Dario ou a Dorieta.

Eram cinco horas de uma manhã de sábado, a três semanas da eleição, quando cheguei em casa e, de passagem no corredor de cima para tomar uma ducha, vi minha mulher tamborilando em alta velocidade nas teclas da máquina elétrica, como se tivesse acordado apenas cinco minutos antes. Não me cumprimentou. Percebi que usava o tapa-ouvidos, como passara a fazer naqueles meses para facilitar a concentração. Notei também três copos de conhaque sobre a sua mesa de trabalho, dois esvaziados e o terceiro pela metade. Numa quantidade difícil de precisar, bitucas de cigarro jaziam esmagadas recheando o cinzeiro junto à máquina de escrever.

Seu pescoço parecia enrijecido. O livro que traduzia – alguma coisa como "Diário de Anna", não me recordo bem –

tinha na capa manchas que me pareceram de gordura. Não quis interrompê-la, temi fazê-lo, na verdade, e sob a água do chuveiro, logo a seguir, cheguei à conclusão de que Dorieta devia estar bem – o trabalho era o seu refúgio, afinal. Com aquela bizarra euforia laboral, punha-se ao menos ao abrigo de seus demônios, enquanto aguardava a resposta da editora ao pedido, feito já havia quase um mês, de que se mantivesse a publicação do *Untergeher*.

A tal resposta chegou uma semana depois desse dia, tão lacônica quanto o primeiro aviso: mantinha-se a posição dos editores. O *Untergeher* estava suspenso, a editora esperava poder contar com Dorieta para futuros trabalhos, "atenciosamente...".

Acabáramos de tomar o café da manhã. Meu rosto ainda estava amassado de sono. Com a carta na mão, Dorieta girava pela cozinha, sem parar. Pensava, em voz alta, em oferecer o trabalho pronto a outra editora, mas havia uma questão de direitos, coisas desse tipo, que eu não compreendia bem. Sentindo que naquele momento ela preferia estar a sós, deixei a cozinha, rumo ao andar de cima.

Ali, arrumando peças de roupa no armário, encontrei no bolso de uma jaqueta o papelete em que quase dois anos antes Dorieta anotara a receita de uma senhora baiana para melhorar a pele. Li e reli aquilo inúmeras vezes. Poderia presentear minha mulher com isso, pensei; neste momento seria uma forma de relembrar o nosso começo e por aí reabrir "uma picada", "uma nova trilha". O papelete e aquela receita para a pele já eram então parte de nossa curta história. Poderiam portanto ter alguma utilidade.

Planejava maneiras de retornar ao andar de baixo para abordá-la com cuidado, quando me dei conta de que um cheiro de queimado se espalhava pela casa. Desci a escada correndo, em direção à cozinha, mas não encontrei Dorieta. Tampouco estava no quintal. Gritei seu nome, mas não houve resposta. Havia fumaça no hall de entrada. Saí para a rua, olhei para todos os lados. Já era noite.

Após alguns segundos, contra minhas expectativas escabrosas, vi Dorieta atirar cinzas e papel queimado dentro de um bueiro, cinqüenta metros adiante, junto à padaria. Sua decisão, então, fora simplesmente atear fogo à tradução do *Untergeher* – e assim o fizera.

– O que é isso, Dorieta?

Ela me olhou assustada. Dava a impressão de ter sido pega em flagrante. Ergueu-se. Olhos vermelhos. Parecia voltar de um passeio mental por vários infernos.

– Não nasci para viver neste mundo, Silvio. Ou eu sou pequena demais, e não suporto isso. Ou os outros são podres, desprezíveis, e eu não tenho o que fazer aqui...

– Vamos tomar alguma coisa na padaria, vamos...

Dorieta aquiesceu. Deixou-se conduzir pelo braço até a esquina. Ofereci-lhe água, mas ela preferiu um copo de Dreher.

– Você precisa ter mais paciência. Eles ainda voltam atrás.

– Deixa de ser tolo, Silvio – disse Dorieta, com um sorriso que fez vazar um pouco de conhaque de sua boca. – É nojento, tudo isso. Nojento. São um bando de filhos-da-puta.

Depois de alguns minutos de silêncio entre nós dois, o balconista se aproximou e encheu o copo dela com uma segunda dose.

Ao comentar o assunto com Dario, dias depois, admiti que, embora estivesse descontente com a decisão da editora de cancelar a publicação do tal *O Náufrago*, o fato era que o episódio desviava a atenção de Dorieta para outro foco que não a minha esterilidade ou a necessidade dela de ter filhos. Por incrível que isso pudesse parecer, concluí meu raciocínio para Dario, a ocorrência de tamanho choque para ela gerara em mim um inesperado alívio, ao menos por algum tempo. Não pude captar a verdadeira reação dele diante dessa confissão, pois conversávamos ao telefone e Dario logo mudou de assunto, para falar, mais uma vez, da campanha eleitoral.

Nosso candidato conseguiu se eleger, para minha surpresa. Muitas festas foram então organizadas nos dias seguintes à votação para comemorar a vitória e, principalmente, arrecadar dinheiro para saldar as dívidas contraídas na campanha. Durante mais um mês, portanto, o trabalho continuou intenso no comitê. Em minha rotina com Dorieta, nada mudou.

Já estava definido, naquela época, que Dario seria o chefe de gabinete do professor agora deputado, o que me deixou ao mesmo tempo feliz e intrigado. Considerava que éramos amigos e que aquilo tudo era uma vitória individual dele também. Mas indignou-me ter sido informado da novidade junto com os demais do comitê, quando certamente Dario já sabia desde o início que estaria à frente do gabinete caso o professor fosse eleito e que, portanto, a campanha para a qual me convidara a participar era também para "elegê-lo" a um cargo. Apesar da indignação, porém, nada comentei.

Pouco antes do Natal, recebemos uma carta de Nova York. Rovai contava sua situação em pleno inverno; dizia-se muito bem apesar do frio, estava de namorado novo, "um dominicano de três metros de altura", escreveu, com quem dividia as despesas de um pequeno apartamento no East Village. Ministrava aulas de português para americanos, com isso e a bolsa sobrevivia, "no problems, trabalho feito um louco, não tenho tempo nem de peidar", dizia, brincalhão, em sua carta. O curso de sociologia era um pretexto, nada mais, ele enfatizava, e sabíamos que se tratava mesmo de um pretexto para continuar ali. Desejava-nos por fim uma "boa passagem de ano", "feliz 87", ele escreveu, com os algarismos traçados naquele desenho primitivo de ângulos bem definidos, fazendo-me recordar nosso primeiro encontro na lanchonete do colégio. Observei que nem de modo indireto Rovai abordou a questão da minha esterilidade, amigo e pessoa elegante que era, pois dessas coisas se fala pouco, apenas o necessário e quando necessário. No PS, mencionava que dali a três semanas iria se submeter a um exame do qual dependia a sua permanência ou não nos Estados Unidos. Contava com a torcida de todos, e assim encerrava a carta, cuja leitura me serviu de alento, para dizer o mínimo.

É evidente que torci pelo sucesso de Caio, como ele pedira – conquanto tê-lo ao meu lado, naqueles momentos, teria sido inegavelmente precioso e melhor para mim –, mas isso, admito, não se deveu apenas a um desejo sincero de que ele se desse bem: meu mecanismo de enovelamento mental forçava-me sempre a achar que eram resultado também de meu empenho as coisas que ele realizava tão corajosamente. Ele em Nova York era eu mesmo fazendo o que gostaria de fazer, selecionando, armando o meu próprio plano, a minha própria rede. Eis, a rigor, o meu único sonho, único objetivo interno detectável naqueles anos: fazer algo por decisão e empreendimento próprios, deixar, ao menos para mim mesmo, alguma marca, uma existência que, proliferando talvez depois por conta própria, tivesse no entanto origem determinada, clara, genuína, dentro de mim.

Herói. Caio em Nova York era isso, então. Um herói, muito acima de minha condição de pobre ser humano a zanzar feito rato perdido, tonto, por aqui.

Graças ao cartão de crédito que ocupava agora um canto na minha carteira e uma grande parte das minhas preocupações, depois de Dorieta passar o Natal com a mãe e a avó partimos para um hotel em Monte Verde. Abstivemo-nos de participar da festança do réveillon, preferindo ficar sentados sobre uma elevação de terra num ponto cuja vista fazia-me recordar as viagens que fizera a Campos do Jordão na infância com minha família.

Distantes do hotel, silenciosamente, observávamos a noite e suas nuvens. Por obra de Dorieta, mesmo os fogos de artifício, à meia-noite, pareceram aos nossos olhos fenômenos naturais. Ela insistia em abstrairmos o seu significado imediato, fazia disso uma diversão mais sofisticada; melhor admirar as faíscas reincidentes no céu como se fossem lavas de minúsculos vulcões soltos pelo ar, ela sugeria.

– Olha os vesuviozinhos, centenas deles – brincava Dorieta.

E assim, deitados sobre a relva, abraçamo-nos no início da madrugada, saudavelmente, como nas pinturas de amor mais inocentes. Apesar do frio e da luz intensa da Lua, despimo-nos e rolamos abraçados naquela relva, instintiva, natural, despreocupadamente; o sexo ressurgiu entre nós, então, pela primeira vez depois de vários meses.

Na volta da viagem, aproveitei uma liquidação pós-Natal e comprei uma máquina de escrever elétrica com mais recursos para Dorieta. Esse presente pragmático, material, poderia expressar que, apesar de tudo o que se passara entre nós, ainda gostava dela. Seria um carinho indireto, tal qual os carinhos sempre indiretos dela. Dali em diante deveria ser assim, então: sem filhos mas felizes, eu pensava, embora hesitasse em dizê-lo.

O novo ano parecia começar bem. Meu segundo chefe, o "engraçadíssimo" Osório O Asno, estava para ser desligado do escritório desde antes do Natal, e eu surgia como o mais cotado para assumir o seu lugar, mesmo não me tornando sócio de Sandro. Tal possibilidade logo se diluiria, entretanto: alguma coisa que ignoro, ocorrida no "alto comando", fez O Asno permanecer onde estava – ele e eu.

9

Ao abrir a janela do quarto, espantei-me que àquela hora o Fusca de Dorieta ainda estivesse na garagem. Ela tinha ensaio todo sábado. Ia sempre de carro. Salvo a eventualidade de uma pane no velho motor do Fusca, não encontrei outra explicação para aquilo. Procurei-a em vão pela casa. Aguardei um tanto mais. Talvez tenha faltado ao ensaio do coral por passar mal e esteja fazendo algum passeio para se recuperar, conjeturei.

Logo, porém, outras idéias menos enobrecedoras produziram volteios em minha cabeça enquanto escovava os dentes. Revezavam-se, multiplicavam-se em possibilidades várias, até que uma delas, uma desconfiança séria, abocanhou-me de vez o raciocínio. Decidi então ir até a biblioteca da Vila Mariana.

Antes de sair de casa, acionei o motor do Fusca – Dorieta costumava deixar as chaves do carro na pia da cozinha –, para de fato constatar que não havia nenhum problema com ele.

Parado dentro do Gol, meia hora mais tarde, a cem metros da biblioteca, vi Dorieta sair pela porta de vidro. Estava com um rapaz esguio, mulato, bem mais alto do que ela – e do que eu, portanto. Reconheci depois: era um coralista. Encostaram-se na lateral de um Chevette preto e ali ficaram, de mãos dadas, conversando. Pouco depois, trocaram beijinhos, o rapaz entrou no carro, partiu dando buzinadas de despedida e Dorieta seguiu a pé pela Sena Madureira, em direção ao Ibirapuera.

Mantive-me no mesmo ponto, até perdê-la de vista por causa do declive da avenida. Acionei então o motor do carro e avancei a dez por hora, de modo a tê-la de novo sob a minha guarda. Assim agi, sorrateiramente, durante mais ou menos dez minutos.

Com uma capa de chuva azul, embora nem sequer estivesse chuviscando, Dorieta caminhava sem pressa, em passadas curtas, como se meditasse. Nesse passo lento, desapareceu pelo escuro do túnel metros adiante. Só pude vê-la com alguma clareza já na saída, quando atravessou o asfalto e se dirigiu ao viaduto, do outro lado. De repente, parou, debruçou-se sobre o parapeito do viaduto, o queixo apoiado nas mãos, os cabelos buliçados pelo vento, e pôs-se a fitar o movimento dos carros embaixo, indo e vindo pela 23 de Maio.

Pouco adiante, em contraste com o céu cinzento, o obelisco do Ibirapuera parecia mais limpo do que realmente é, mais próximo do que realmente estava e mais frio do que nunca em sua mensagem histórica, de estética duvidosa. Com a figura azul de Dorieta, o monumento compunha uma paisagem desoladora para uma tarde de sábado, assim eu sentia a imagem constituída em torno de mim, no momento em que Dorieta esticou então os braços, ficando apoiada no parapeito do viaduto apenas com as mãos. Olhava incessantemente para baixo.

Senti um calafrio. Imaginei o que poderia estar passando pela cabeça dela naquele lugar, naquele momento. Dorieta mantinha-se inclinada, quase toda arqueada sobre o parapeito do viaduto. Seria mesmo capaz de uma loucura?

Liguei o carro e avancei um pouco, para enxergar detalhadamente as expressões do seu rosto. Mas isso de nada adiantou: meus óculos, dada a maldita aceleração da miopia, não me capacitavam para tanto.

Finalmente optei por romper a aflição que me fazia suar às bicas dentro do Gol. Abria a porta para caminhar até ela – alguma coisa eu teria para lhe dizer, mesmo que até ali não soubesse exatamente qual seria –, quando Dorieta soltou as mãos do concreto, esfregou o rosto com energia e deu meia-volta, retomando os passos na calçada. Aliviado, mas com a apreensão ainda compondo bolhas na testa, concluí, duas ou três quadras depois, que minha mulher se dirigia nada mais nada menos do que à Assembléia Legislativa. Em cinco minutos, com efeito, ela já estava ali.

Deixei então que subisse a rampa de acesso ao prédio até a metade, o que Dorieta fez já em passo acelerado. Estacionei na rua lateral e desci do Gol. Da calçada, vi-a hesitar quanto ao caminho a seguir sob o lustre do saguão principal. Logo Dorieta desceu uma escadaria à direita, eliminando toda dúvida sobre o seu destino.

Num telefone público, ali na calçada, disquei para Dario. Não tinha ficha telefônica, o gesto serviria apenas para confirmar o óbvio: ele não estaria em casa naquele instante, e sim no gabinete que chefiava, desde três meses antes, na Assembléia. Estaria ali, com Dorieta, a sós, a poucos metros de mim.

Recoloquei o fone no gancho. Pisquei os olhos ininterruptamente. Algo indefinível farfalhou no meu peito. Senti mais uma vez o suor a descer pela testa. Apressei o passo. Após cumprir, sem consciência, dois terços da subida da rampa, dei no entanto meia-volta, desci ainda mais velozmente do que subira, cruzei a avenida e embrenhei-me pelas alamedas do Ibirapuera.

No primeiro colegial eu começava a namorar uma garota pela qual Dario "ardia de paixão", como se dizia à época. Olhos azuis e pele macia, chamava-se Sheila. Fazia balé, destacava-se nos jogos de vôlei, ganhava sempre nas corridas, contra meninos ou contra meninas, brilhava nas aulas de Artes Plásticas, prendia num rabo-de-cavalo os cabelos longos e loiros. Além de ter um corpo firme e bem moldado, sabia conversar. Para completar, era judia – detalhe, no meu caso, de significativa relevância. Um verdadeiro achado, enfim.

Apesar de nossa amizade, Dario chegou a lhe enviar um buquê de rosas, o que era ridículo naqueles anos entre nós – é o cúmulo da imbecilidade, eu lhe dizia, além de ser uma traição ao amigo. Mas ele insistia nas estratégias mais absurdas e vãs para tentar tirá-la de mim.

Naquela ocasião, ficamos sem nos falar, Dario e eu, várias semanas. Em casa, recolhido no banheiro, muitas vezes cheguei a pensar em desistir de tudo em nome de nossa amizade. A insânia que eu via na atitude de Dario era para mim inexplicável. No entanto, mais do que tudo, ainda que conquistasse de vez uma pessoa tão completa como Sheila, sabia que me sentiria inseguro sem uma amizade masculina, a amizade concreta de Dario, aí está. Mesmo alguém como Sheila poderia pesar menos na balança do que uma amizade como a nossa.

Essa pequena guerra durou na verdade poucos meses – ambos desistimos da menina quase simultaneamente; a rigor Sheila foi que desistiu de nós, em troca de um terceiro – e permaneceu esquecida anos e anos.

Enquanto descansava agora sob uma marquise no Ibirapuera, porém, ela, a pequena guerra em torno de Sheila (onde andará você, Sheila? Bela como antes? Gorda e cheia de filhos às costas?), a pequena guerra se recompôs diante dos meus olhos como se tivesse revivido de uma vez, condensada, nessa tarde de sábado. Achava-me um homem bom e inofensivo, cálido, não merecedor de um novo sofrimento, de um novo desaforo como aquele. Não o merecia, definitivamente. Jamais fizera mal a ninguém, eu pensava sob a marquise, o raciocínio tentando se satisfazer com esse lamento morno enquanto a mão enxugava lágrimas no rosto.

O raciocínio logo se reestruturou, no entanto, com violência, diante de outra lembrança, duas lembranças a bem dizer, dois fatos recentes que até então eu não ordenara convenientemente: desde fevereiro daquele ano Dario ingressara no coral de Dorieta, tendo sido aceito pelo grupo em definitivo apesar de não ser um freqüentador exemplar de seus ensaios; ao mesmo tempo, eis o segundo fato, vinha recebendo aulas de francês de Dorieta, na casa dele, desde três ou quatro semanas antes.

A essa recomposição tão eloqüente de fatos em si mesmo banais, sobreveio, ali sob a marquise do Ibirapuera, um ódio nítido e dolorido. Sem querer, vi-me fazendo caretas diante das outras pessoas – desse modo se expressava no meu rosto um aturdimento. A figura de Dario, piorada agora com as gravatas que passara a usar diariamente no gabinete, surgia como a mais abjeta imagem da deslealdade. Assim eu a sentia, vendo a noite cobrir o Ibirapuera.

Pessoas dos tipos mais variados arrumavam já suas sacolas. Pais recolhiam crianças até ali dispersas. Esfreguei os olhos. Decidi deixar o parque.

– Ninguém tem o direito de ser ingênuo depois dos vinte e cinco anos...

– A frase não é bem assim, Silvio. É só depois dos trinta anos, não dos vinte e cinco – retrucou Dario em tom de brincadeira. –Tenho ainda três anos de lambuja para acreditar nas tuas mentiras!

Acabáramos de fazer o pedido ao garçom do Frevinho, e eu buscava formas de iniciar a conversa para a qual o convidara.

– Hoje em dia tudo acontece mais cedo – insisti. – Menstruação, sexo, o que você quiser. Até bar-mitzvah, devia ser mais cedo. Você sabe o que é, não? No máximo com onze anos devia ser o bar-mitzvah, não com treze, que o garoto já está marmanjo.

Tentava controlar a raiva com essas observações enquanto pensava na estratégia para chegar ao ponto. Mas Dario se adiantou:

– Silvio, vou te contar uma ccc... ccc... coisa importante. Não precisa ficar preocupado. Sei onde você quer chegar. A gente se conhece e eu estou vendo nos teus olhos o que vo... você sente.

Dario me olhava diretamente nos olhos. Como eu não tinha certeza, porém, de que ele realmente soubesse aonde eu queria chegar, mantive-me quieto.

– Escuta essa historinha, Silvio.

– Tudo bem.

– Estava durante umas ffff... férias na Capela dos Ossos, em Évora. No Alentejo, você sabe. Portugal. Meus pais me levaram lá, mas sem avisar o que havia dentro. E eram mais de cin... ci... cinco mil caveiras lá dentro da capela, forrando totalmente as paredes, as colunatas. No pórtico da entrada estava escrito: “Nós os ossos que aqui estamos pelos vvvo... vossos esperamos.” Nunca mais esqueci, até porque, eu tinha entrado lá sozinho, meu pai ficara do lado de fora no início, entende? Já conhecia o lugar e quis pr pr... pregar uma pecinha idiota em mim. Mas eu tive coragem, Silvio. Tinha só doze anos, mas fi... fifi... fiquei firme ali dentro olhando as paredes, cobertas de ossos e caveiras. Havia música tocando. Era assustador. Numa das paredes, vi de repente, estavam pendurados dois cadáveres, um de adulto e outro de criança. Ff... fefe... fechei os olhos, mais pelo susto, realmente não esperava aquilo, aqueles ossos, uma espécie de dança de caveiras, e ainda por cima esqueletos de criança. Meu pai depois se aproximou de mim e explicou que os franciscanos faziam isso p... pa... para que se refletisse sobre a morte abertamente, sobre o fato de que estamos aqui só de ppp... passagem, não somos mais do que uma mme... me... merda no universo, eles explicavam. Tive pavor, Silvio. Mas saí dali pensando que, se não somos nada aqui nesse mundo, nada então tem importância para nós, pouco importa o que venhamos a fazer ou não. Essa foi a principal lição que eu tirei daquela visita, enquanto mu...mumu... muitos turistas se embeveciam com as paredes literalmente forradas de caveiras e ossos, de alto a baixo, e aqueles religiosos que se revezavam por ali, em turnos, fazendo a guarda, com uma pontualidade fria, militar.

– Em Roma tem uma capela desse tipo. Na Via Veneto, parece. É coisa de franciscano, capuchinhos, esses troços. Não entendo nada disso, Dario – eu fingia entusiasmo, quando chegou o garçom trazendo nosso pedido. – Mas, e daí, qual é a conclusão?

– Porra, Silvio. Nada tem importância. Essa é a ccc...con con... conclusão, não entendeu? Nada tem importância. Esfria a cabeça. Toca a tua vida. Por que ficar com essa cara de bosta?

Eu não gostava, em Dario, dessa capacidade de abordar os assuntos pela tangente, uma enrolação sofisticada. Insisti:

– Qual é a conclusão, Dario? Qual é a conclusão? Do que você está falando, porra?

– Estou falando de ilusão de ótica. Aq aque... aquelas caveiras, pura ilusão de ótica. Porque, na verdade, elas não são gente merda nenhuma. São ossos. Nada mais. Ossos de uns humanos de merda que mo... morr... morreram e acabou. Mas existe uma ilusão de ótica. Você vê o que não existe na realidade. Você vê ali uma reunião de pessoas, um símbolo, muitos símbolos. E uma criança, como eu era, fica apavorada diante de tudo isso. Pe... ppp... pelo menos tirei uma lição daquele amontoado de ossos: nada tem importância, Silvio.

Comi a salada de aspargos em silêncio. A irritação começou a crescer. Dario parecia mais distante do que nunca.

– Como vão as aulas de francês? – perguntei.

– Tudo bem. Já evoluí à beça. A Dorieta é ótima.

– E o coral?

– Mais ou menos. Não consigo ir aos ensaios. O regente, aquele veado, está meio ressabiado comigo. Mas nã...nã... não vou desistir.

Pedi cerveja ao garçom – até ali me limitara a água com gás, mas senti necessidade de algo denso. O suor, infalível, sempre presente e pontual como os sacerdotes de Évora narrados por Dario, expandia-se sob a camisa. Apertei os talheres entre os dedos.

Ficamos em silêncio, e assim permanecemos, enquanto Dario degustava o espaguete à bolonhesa e eu passava para o segundo copo de cerveja pensando em resolver o que tinha de resolver.

– Deixa de ser bobo, Silvio. Eu sei desde o começo o que você está pensando. Não existe nada entre nós dois. Sã... sãsã, são as aulas e o coral. Pronto! Já basta a nossa experiência da Sheila no colégio, certo? Fica tranqüilo. Nada tem importância, você entende isso? Toca a tua vida, Silvio. Nada tem importância. É isso o que eu estou querendo dizer pra você.

Minha cabeça girou. Nela se embaralharam imagens do restaurante, as vozes dos fregueses, o rosto preocupado de uma senhora. Quase caí de lado. Resistia mal à cerveja. Mais uma vez, a iniciativa e o desenrolar das coisas ficaram sob o controle de Dario.

Minutos depois, ele me conduzia pelo braço a pé, na calçada da Paulista.

– Tomar ar – disse ele. – Você precisa de ar.

Comecei a sentir, invertendo as conclusões de pouco antes, que, mesmo sob aquele desnorteamento, a embriaguez na verdade me fazia bem. Via-me vitorioso. Conseguira abordar o tema com Dario de forma direta, e isso era uma vitória. Abertamente, honestamente, às claras, eu impusera uma definição sobre o assunto. Evidente que ele não terá mais como continuar o caso com Dorieta, pensei cambaleante, se é que existe um caso entre os dois, eu raciocinava, amparado pelos braços de Dario na Paulista.

Logo estava sozinho, perto de casa, a chutar latas de lixo e caixas de papelão deixadas ao longo da calçada. Sentia-me feliz, vitorioso, principalmente depois de ter dito a Dario, quando nos despedimos, que no dia seguinte tentaria retomar algum tratamento. Meu objetivo, deixara claro para ele, era ter um filho com Dorieta.

10

A partilha da felicidade entre duas pessoas deveria significar prazer para um terceiro que verdadeiramente goste dessas duas pessoas. Nada mais óbvio. Mas ocorre algo incontrolável se esse terceiro que verdadeiramente gosta dessas duas pessoas goste também, e acima de tudo, de si mesmo, e se, combinado a isso, uma das tais duas pessoas seja, de um modo ou de outro, virtualmente ou em desejo, pertencente a ele. O prazer fica então soterrado. Brotam em seu lugar, como sofrimento, aquilo que o mais comum dos homens chama de ciúme e aquilo que a mais comum das mulheres chama de inveja.

Se autêntico, seja ciúme, inveja ou a mistura das duas coisas, o que é mais comum, tal sentimento logo se torna virulento e possessivo, não apenas em relação a quem se teme perder e que é aparentemente sua causa, mas a quem padece dele, e que é, no fundo, a razão de sua própria existência. Não tenho dúvida de que uma pessoa genuinamente enciumada teria de ser inimputável criminalmente, aí está, estou convicto disso: comporta-se com a inteligência desconecta de um bêbado ou de um drogado, beira a deficiência mental, sem controle sobre os seus atos.

Esse poder alucinógeno do ciúme foi o que eu mesmo experimentei numa tarde de maio daquele ano. Olhava o aparelho do telefone na mesinha ao lado de minha prancheta de trabalho, parecia aguardar alguma notícia excepcional por meio dele. Cheguei a testá-lo várias vezes, estava tudo normal. Eu é que me sentia diferente naquele momento e procurava em vão descobrir o motivo, até que Dorieta surgiu inadvertidamente no salão do escritório.

Ergui-me como se fosse bater continência para um superior e logo contornei a mesinha em direção a ela. Jamais Dorieta havia me visitado ali, seu interesse em conhecer o local onde eu trabalhava fora, desde sempre, absolutamente nulo. Fomos então ao corredor, junto à bandeja de café.

– Queria que você me acompanhasse numa editora nova – disse ela, sem me encarar. – Uns testes, mera formalidade, eles já conhecem meu trabalho.

A garrafa térmica estava presa à minha mão.

– Tem de ser agora?

Eu acabara de receber ordem para executar um projeto emergencial. À sua moda, porém, com seu silêncio contundente e sem ambigüidades, Dorieta também me ordenava: que me decidisse pelo lado dela e pronto, que deixasse o escritório imediatamente.

Sem ter intimidade com Osório O Asno, mesmo assim aproximei-me de supetão da sua sala – ele estava mais forte no cargo após os boatos de que perderia parte na sociedade com Sandro – e avisei-o de que me ausentaria por algumas horas, retirando-me sem dar tempo para qualquer reação.

Na calçada, junto ao Fusca de Dorieta, aguardava-nos um rapaz mulato, esbelto, cujas feições não me eram totalmente estranhas. Em segundos, confirmei que se tratava da pessoa com quem Dorieta conversava de mãos dadas após o ensaio do coral naquele sábado em que a persegui até a Assembléia Legislativa. Imediatamente Dorieta entrou no carro, enquanto eu ainda cumprimentava o rapaz do lado de fora. Com suavidade, ele disse:

– Tudo bem? Sou Justino. Muito prazer. Viemos aqui anunciar que a Dorieta está grávida.

Notei que o pára-lama dianteiro direito do Fusca acumulava novos arranhões. Talvez seja o caso de convencer Dorieta a contratar um funileiro de uma vez por todas, pensei ali, na calçada, diante do rapaz alto e moreno. Senti o suor descer em abundância pelo rosto, enxuguei-o com a manga da camisa.

Muito bem, então aquilo era o fim. Pelo menos tudo se concluíra. Que fossem felizes, os dois. Que dessem o fora e me deixassem em paz, assim eu tentava alinhavar o raciocínio e manter a frieza apesar do calor que fazia. Deu no que tinha de dar. Pronto. Que os dois acabassem a vida juntos, já que juntos haviam começado quando crianças em Campos do Jordão. Ponto final. Já que compartilharam na infância a mesma e insubstituível cena de morte, que se refaçam agora com ela na memória. Um merece o outro, concluí então, calado na calçada, enquanto o rapaz me segurava pelos ombros e sorria.

– Parabéns! – disse Justino. – Dorieta não estava com coragem de te contar diretamente. Pediu que eu fizesse. Somos amigos de muitos anos. Cresci com ela em Campos do Jordão, não sei se você sabe. Maravilhosa, ela é uma pessoa maravilhosa, Silvio. Você tem sorte, homem. Vai ser uma mãe de ouro. Você tem sorte.

A maneira de falar do rapaz – melodiosa, calma, afeminada – fez-me reerguer a cabeça em direção a ele, que sorria com sinceridade.

– Obrigado, obrigado – eu lhe disse automaticamente, e logo encarei Dorieta, sentada no banco traseiro do Fusca, os olhos avermelhados.

Tive certeza de que ela antecipara e depois captara os meus pensamentos, razão pela qual continuava ali dentro, misturada aos reflexos no vidro do carro, razão pela qual também, concluí, pedira ao amigo que fizesse as vezes de porta-voz.

Aquele feto não podia ser meu, aí está. Ela entendia isso nos meus olhos, no meu suor, e, se não era de Justino, o que ficou claro para mim diante do comportamento dele, se o regente Valério também era gay, aquilo só podia ser obra de Dario. De dentro do carro Dorieta enxergava esses meus pensamentos, tive certeza disso no instante em que Justino me cumprimentava outra vez, pela décima vez, ao lado do Fusca.

Assim se passaram um ou dois minutos, o rosto do rapaz começou aos poucos a expressar a confusão que se instalara nele diante da minha reação, até que Dorieta saiu do carro e pediu-lhe que entrasse ali, que sentasse um pouco no banco do motorista.

Éramos agora ela e eu em pé na calçada ao lado do Fusca.

– Você entendeu o que ele disse, não foi, Silvio? Estou grávida.

Olhava-me agora de frente, os mesmos olhos inchados que eu via com nitidez – nesse tempo ela ainda rejeitava óculos escuros.

Fiquei em silêncio, olhando as pedras brancas e pretas da calçada.

– É seu, Silvio. O filho é seu.

Raspei os dentes. Minha boca estava ainda mais seca. Disse baixinho, quase de lábios cerrados:

– Não pode ser. Você sabe que não pode ser.

Nesse instante, distanciando-se um tanto, Dorieta desferiu um tapa no meu rosto. Em seguida, antes de voltar para dentro do Fusca e bater a porta, repetiu:

– Pode comemorar, idiota.

O carro partiu devagar, com Justino ao volante. Fiquei parado e logo encostei numa árvore. Pensei depois em ficar andando por ali, pois retornar ao trabalho era um risco. Pedi um café no barzinho da esquina. Aos poucos me acalmei. Cogitei a hipótese de telefonar a Dario. Mas seria ridículo; minhas pretensões de individualidade não ficaram tão esfaceladas assim, pensei. Seria ajoelhar-me diante dele.

Dei-me conta, momentos depois, de volta à rua, de que aquele filho poderia ser mesmo meu. Absurdo não havia nisso, pensando bem. Muitos processos de esterilidade eram reversíveis. Quantas vezes já não ouvira relatos expressivos? Médicos vira e mexe se enganam, afinal. Era o caso de Moisés, eu sabia. O feto em Dorieta, portanto, podia ser mesmo meu. Como descartá-lo tão veementemente? Tratava-se, isso sim, de um verdadeiro acontecimento. Era disso que se tratava. Deixar-me dominar pelo desatino do ciúme, naquela hora, era um erro. Justino e Dorieta haviam dito a verdade, assim me parecia agora. Aquela gravidez era então uma responsabilidade minha também. Em vez de choramingar pelo meio-fio, eu tinha de comemorar o feito, aí está. Assim rodopiava o pensamento.

Senti o coração palpitar de modo estranho. Sem querer, dei pulos na calçada. Sorri para mim mesmo nas vitrines.

"Quantas lágrimas bem-vindas, sagradas. Que lágrimas bonitas. Que alegria, tão infinita que só podia ter vindo de você. Há quantos anos eu esperava uma notícia boa como essa, Silvio! Eu não sabia o que era chorar tanto de alegria. Vontade de sair pela rua dando a notícia para todo o mundo. É a notícia mais feliz da minha vida!!! Tanto sofrimento foi chorado nessa alegria. Um orgasmo inédito!!! Acho que estou até enxergando melhor. Os olhos mais limpos. A partir de hoje, eu sou um outro homem. Nós somos outros homens. Mil taças de champanhe!! Ai, me domina, essa alegria, me domina! Eu não sabia o que era uma notícia tão revigorante. Isso eu estou escrevendo agora. Vou mandar para vocês. E o nosso filho vai poder ler essa minha emoção daqui a alguns anos!!! Neste papel. Duas horas da madrugada do dia 15 de maio de 1987 (mais uma vez os algarismos com aquele desenho de ângulos muito bem definidos...). C."

A carta de Caio tornou concreto um fenômeno que, mesmo alguns meses depois de ter ocorrido, parecia-me fictício. Só a partir dessa carta me dei conta de que Dorieta já havia preparado todo o enxoval necessário, tendo reduzido o seu ritmo de trabalho, mostrando-se tranqüila quanto à situação clínica da gravidez e despreocupada em relação ao sexo da criança. Enquanto eu ruminava dúvidas sobre a sanidade do filho que viria – havia o caso recente do sobrinho Plínio e suas complicações de parto –, Dorieta rejuvenescia dez, quinze anos, a cada quilo que engordava.

Quando Izabella nasceu, em janeiro de 1988, não distribuí charutos, nem havia caixas de bombom no quarto da Pro Matre. Ficamos a maior parte do tempo a sós, Dorieta e eu. Poucas vezes em minha vida estive tantas horas seguidas de olhos fechados como naqueles três dias, fosse a pensar fosse a sentir meses de exasperação se diluírem no quarto da maternidade.

Peguei emprestada uma Polaroid no escritório e fiz dezenas de fotos da recém-nascida. Como Plínio quatro anos antes, como qualquer recém-nascido, aí está, Izabella saiu mal nas fotos, rosto amassado, o nariz torto que o médico dissera se normalizaria em poucos dias.

Girava no quarto, ininterruptamente, a fita das *Variações Goldberg*, o maldito Glenn Gould ao piano. Dorieta o exigira. Não apenas para o seu deleite mas também, conforme entendi depois, para afugentar visitas indesejadas, pois nem todo mundo consideraria agradável escutar um piano como aquele.

Dario, que passava três semanas em uma espécie de *tour* político na região sul de Minas, não esteve na maternidade. O telegrama que nos enviou, dois dias depois do nascimento, dizia: "Felicidades aos três amigos." Fiquei comovido. Palavras bestas, talvez, mas não protocolares, assim as senti, frutos de uma singeleza que, para mim, parecia significar algo de melhor para dali adiante – interpretei dessa forma o telegrama. Tentei localizá-lo, parecia-me importante ouvir a voz de Dario. Mas não consegui.

Para minha surpresa, Gisele e Moisés vieram nos visitar. Antes de qualquer coisa, ainda no corredor, minha irmã justificou a presença súbita com um ataque à minha suposta imprudência doméstica.

– Você precisa comprar uma secretária eletrônica – disse Gisele. – Tentei deixar recados, avisar antes de vir, mas não tinha como. Fazia questão de visitar Dorieta. Estou morta de curiosidade para ver o bebê.

Trazia nada menos do que cinco jogos de lençóis para o futuro berço da criança. Para sorte dela, ou minha, para sorte de todos nós, Dorieta estava dormindo, de modo que Gisele e Moisés não puderam vê-la. Não chegaram a lamentar o desencontro, porém. Ao contrário, pareciam aliviados.

– Melhor, melhor – disse Gisele. – O importante é que as duas estejam bem. É bom Dorieta descansar.

Deixaram o presente comigo, insistindo em que eu então dissesse a Dorieta, sem falta, que eles haviam passado por ali; sem falta, insistia mesmo Gisele. E que não deixasse de acrescentar a Dorieta que eles haviam estado ali, também, como representantes de meus pais, que eu enfatizasse isso para Dorieta: eles, Gisele e Moisés, naquela visita breve, representavam meu pai e minha mãe, os quais, diziam eles, impedidos de comparecer à maternidade por motivos não expostos, mandavam-nos abraços e sinceros votos de felicidade.

– Depois você me manda um charuto, Silvio. Não vai esquecer hein! – era Moisés querendo ser simpático.

Antes que saíssem da maternidade, acompanhei-os até o berçário, mas Izabella, rosto virado para o lado de dentro, não pôde ser vista devidamente do janelão. Mais um contratempo que, no entanto, tal como o anterior, não pareceu importuná-los.

– Ela existe! Ela existe! – comentou Gisele, com um sorrisinho. – É o que importa. É, ela realmente existe, está ali, é ela, não é?

– Olha, ela existe mesmo! – exclamou Moisés, com sua voz de trovão domesticado.

– É ela, ela existe! – respondi.

No momento seguinte, enquanto aguardávamos o elevador, Moisés cobrou de novo o charuto que não havia, e, com um gesto previamente articulado, deu-me de presente um exemplar do livrinho de poemas que fizera publicar no mês anterior. Trinta e duas páginas, *O anil do azul* chamava-se a plaquete, duzentos exemplares, edição do autor.

– Primeiro de uma longa série! – disse o cunhado leiloeiro.

Na dedicatória, referia-se ao nascimento de Izabella: “rosa cor-de-anil, especial broto em nosso jardim.”

11

A impressão foi a de adentrar um museu de artes decorativas. Pé-direito de três metros e meio, cornijas rococó, móveis de época os mais diversos e muitos tapetes, cortinas espessas de veludo corridas com esmero ao longo de janelões para que nenhuma fresta permitisse a mínima entrada de luz. Nas paredes, cobertas de papel florido, muitas pinturas a óleo e nichos com imagens de santos ou estatuetas. Uma *chaise longue* rara, mesinhas, abajures.

Sentado a uma pequenina *chauffeuse*, depois de me habituar ao ambiente austero, pus-me a imaginar a sala de trabalho de Teodoro Meyer. Se esta aqui, de simples espera, impressiona deste modo, o local íntimo dele deve causar delírios, pensei – e assim continuei pensando, cultivando especulações por mais de dez minutos a respeito de modelos de escritório, saboreando a decoração e o café que a empregada uniformizada trouxera.

Havia três portas, uma ao lado da outra, na mesma parede oposta à da porta pela qual eu fora conduzido até ali pela recepcionista. Todas estavam fechadas. Não sabia por qual delas eu mesmo passaria dali a instantes, e tive dificuldade para adivinhar, também, o tamanho dos cômodos que viriam por trás delas. Esse novo exercício de adivinhação tomou-me mais cinco ou dez minutos enquanto continuava sozinho a aguardar na sala algum chamado.

Não pude deixar de constatar, também, que nenhuma das portas da empresa, desde a primeira que eu cruzara na entrada até aquelas três à minha frente, nenhuma delas possuía qualquer mezuzá pregada no batente. Meyer é certamente um sobrenome judaico, pensei, Osório O Asno o mencionara com sua ironia rastaqüera, mas Teodoro não deve ter apego à religião, concluí, a não ser que a cultive clandestinamente. Ansioso, levantei-me e dei alguns passos sobre os tapetes persas.

Folheava uma revista de arquitetura, já sentado no sofá que compunha um ângulo de noventa graus com a *chauffeuse*, quando finalmente, pela porta do meio, surgiu a figura de Teodoro. De imediato ressaltava-se o bigode, parecia vir à frente do corpo, bigode enorme diante da pequenez do rosto, do tronco, de tudo enfim – jamais imaginara que Meyer fosse tão miúdo. Tinha cabelos em abundância, grisalhos e crespos, seu terno, cinza-chumbo, sem disfarçar a pequenez e a delicadeza das mãos, tornava-o, porém, elegante.

Dirigiu-se a mim em passos calculados e me cumprimentou com um sorriso discreto, olhos acesos, brilhantes. No mesmo apertar de mão puxava-me, já, para acompanhá-lo rumo à porta pela qual aparecera na sala.

Nada havia nas paredes, totalmente brancas. Diante do carpete, branco também, temendo que algum chiclete ou algo mais comprometedor pudesse estar grudado à sola dos meus sapatos, decidi acompanhar e verificar minhas pegadas, para certificar-me de que não deixavam marcas. Era uma saleta, não uma sala. Vinte metros quadrados somente, não mais do que isso. Havia ali apenas uma janela, protegida por uma cortina de palhinha pintada de branco.

Teodoro, sem qualquer palavra, acomodou-se na cadeira branca de couro por trás de sua mesa inteirinha de vidro, sobre a qual havia três cinzeiros de metal, cada um com um pouco de cinzas dentro. Sentado na cadeira branca que me indicara, observei atrás dele a estante vazia, branca também. Somente uma das prateleiras tinha objetos, e não demorei a entender que se tratava de uma coleção de cachimbos disposta entre duas caixas de madeira folheada em rádica, estando o conjunto misturado a dezenas de estatuetas de pedra ou de madeira. Eis uma pessoa que, além de vaidosa, tem coisas a dizer, eu pensava.

enquanto Teodoro abria e fechava gavetas do armário sob a estante.

O fato de Osório O Asno ter-me alertado mais de um ano antes sobre as esquisitices de Teodoro só comprovava a baixeza de espírito do meu subchefe, um ente no limite do bestial, incapaz de captar a essência daquilo que pode estar oculto sob um comportamento incomum ou na decoração singular de um escritório. Muito pelo contrário: aquele ambiente, concluí, era de uma inteligência fria, calculada. Forçava os interlocutores à concentração máxima no trabalho; nada podia distraí-los nem roubar-lhes a atenção. Eu mesmo, agora, sentia-me obrigado a olhar de modo contínuo para Teodoro, justamente porque nada mais havia para ser olhado naquela sala inteirinha branca.

De tudo sobre o que falamos – detalhes referentes ao projeto das casas populares, as perspectivas de sua ampliação para outros estados –, retive com maior alegria o convite que ele fez, após meia hora de conversação. Queria que o acompanhasse dali a três meses em um congresso de arquitetura na Venezuela, no qual se discutiriam, entre outros assuntos, as alternativas importantes e os estudos mais avançados em matéria de "casas e construções populares em geral".

Estávamos já em meados de 89, demorara bastante para chegar aquele encontro com Teodoro – ele só acontecia, com efeito, mais de um ano depois das primeiras tratativas –, mas agora, mais à vontade na sala branca, sentia-me recompensado. O plano dos dois escritórios parecia finalmente passar do papel para a realidade. Aos vinte e oito anos de idade, então, eu teria a oportunidade inédita de uma viagem a trabalho para o exterior – era muito mais do que ousara esperar daquela visita.

Decerto Teodoro percebeu o quanto eu me sentia radiante naquele momento. Pela primeira vez sorriu de modo declarado, entrelaçando os dedos miúdos das mãos, como se aguardasse algum pronunciamento especial de minha parte. Fiquei calado, no entanto, incapaz de pronunciar algo inteligível. Sua figura, naquele ambiente branco, me paralisava.

Via-me a tal ponto absorvido que nem sequer notara a presença, na sala, de uma moça, em pé ali fazia no mínimo alguns minutos, parada de braços cruzados atrás de mim, como se aguardasse ordens. Só me dei conta disso quando o próprio Teodoro interrompeu a minha catatonia, para proceder à apresentação.

– Silvio Goldman... Márcia Arantes. Márcia Arantes... Silvio Goldman.

Márcia tinha cabelos longos e lisos presos num rabo-de-cavalo. O rosto, redondo, era sustentado por lábios enormes, de onde se espalhava um sorriso franco. Por mais que eu custasse a acreditar, trajava uma camisa de corte masculino e uma saia acima dos joelhos.

– A Márcia é minha principal projetista, Silvio. É um pouco paisagista também – disse Teodoro. – Vai viajar conosco para Caracas.

A mão de Márcia era pequenina mas firme. Observei que suas unhas, embora não estivessem pintadas, eram bem-tratadas, e que não usava nada nos dedos, fossem anéis, fosse uma aliança qualquer. Seus olhos, castanhos e limpos, grudaram-se nos meus candidamente por vários segundos, para depois desviarem em direção a Teodoro.

– Ela gosta de ser chamada de Arantes, pelo sobrenome mesmo, não é isso? – disse ele, olhando para a moça com um sorriso que me pareceu malicioso, enquanto ela acedia sem palavras, à maneira oriental.

Ficamos em silêncio, os três na sala branca, até que Teodoro se encarregasse de encerrar a minha visita, dizendo:

– Não tenha dúvida: um mundo novo está se abrindo à sua frente, Silvio.

Àquela altura eu já não tinha mesmo qualquer dúvida a esse respeito.

Precisei caminhar por mais de uma hora, após deixar o escritório de Teodoro Meyer, na tentativa de digerir as novidades, como se diz. Para afugentar a dor de estômago causada pela total incapacidade de concluir alguma coisa, enfronhei-me numa loja e comprei uma secretária eletrônica. Precisaria daquilo, é bem verdade. Gisele, mal ou bem, acabara por ter razão a esse respeito. O projeto das casas populares deslanchava. Parecia alargar-se o meu círculo de relacionamentos. Estava agora, de fato, no centro da negociação entre os dois escritórios. Não era pouco. Involuntariamente, antes que eu pudesse supor, tinham-me tornado uma pessoa estratégica, ampliavam-se as atribuições e responsabilidades. Deduções como essas eu elaborava, uma levada pela outra, ao caminhar pelas calçadas de Moema com a sacola da loja e a secretária eletrônica dentro.

De volta ao Gol, liguei o rádio em alto volume. Batucando ao volante, concluí, a caminho de casa, que estava alegre. O imbecil está alegrinho, pensei. Pode sorrir, garoto. Sorria. Você está alegrinho. É um direito seu. Pode sorrir, Silvio. Mudava as estações no dial sem me deter em nenhuma delas por mais de trinta segundos, a caixa com a nova aquisição eletrônica no banco do carona.

Foi nesse trajeto que surgiram, aliás, idéias de como aproveitar a secretária. Ao gravar a fita, registraria a voz tendo como trilha sonora uma Bachiana de Villa-Lobos, ou então uma colagem de trechos de música popular: Caetano, Gil, Elis, Chico Buarque e companhia em poucos segundos de fita.

Chegando em casa, escutei o barulho da água do chuveiro. Subi a escada. Izabella dormia e Dorieta tomava banho. Desci para a sala, selecionei algumas faixas de discos. Lia as instruções do aparelho, quando ela surgiu esbaforida.

– Ninguém nunca vai te deixar recados nessa geringonça, Silvio. Vão parar de te telefonar, isso sim. Nunca haverá recados para você, e, se houver, vai ser só do trabalho. Você vai ficar escravo desse trabalho idiota.

Fingi indiferença, mantendo a leitura das instruções.

Dorieta emendou, do pé da escada:

– O trabalho é só para sobreviver, Silvio. Se for para sofrer por ele em casa não vale a pena.

Pensei em lhe perguntar quem havia sofrido mais por causa de trabalho naquela casa. Era evidente que nada se comparava, no meu caso, à surra emocional que Dorieta levara no episódio da tradução do *Untergeher*. Mas preferi manter-me quieto, como se qualquer resposta pudesse abalar as sensações prazerosas que me haviam levado justamente a comprar o aparelho.

Achei estranha aquela irritabilidade diante de uma coisa tão banal. Talvez se lhe contasse as novidades sobre o projeto de casas populares, a viagem a Caracas, as perspectivas de ampliação. Talvez com essas notícias ela mudasse, pensei. Dorieta me repreendia, mas eu tinha certeza de que o fazia porque a idéia de comprar a secretária eletrônica surgira de um comentário antigo de Gisele na época da maternidade. Era inacreditável, mas só poderia ser isso. Ou então, pensei depois, tratava-se de seqüelas da frustração do caso *O Náufrago*; ou ainda, quem sabe, à dificuldade dela com Izabella, já que trabalhava em casa e o que ganhávamos dava apenas para pagar meio período de creche.

Por pouco não comentei essas hipóteses em voz alta. Em vez disso, pensei mais uma vez em lhe dizer que quem sofria com o trabalho não era eu e sim ela mesma; o caso *Untergeher* era a demonstração dessa evidência. Queria mandar Dorieta à merda, para ser mais claro. Nem sequer lhe contaria as novidades. Pronto.

Lembrei-me em seguida, porém, vendo-a caminhar da sala à cozinha e vice-versa, indo e voltando pelo corredorzinho, que, mais provavelmente, sua irritabilidade, seu mau humor provinham do acidente do domingo anterior, quando ela deixou que Izabella escorregasse de suas mãos enquanto lhe dava banho na bacia e a menina engoliu farta quantidade de água e sabão. Tivemos de levá-la ao pronto-socorro. Nossa filha quase parara de respirar por causa daquilo. Estava roxa. Teve de ficar a noite toda em um leito, assistida pela enfermeira. Dorieta permaneceu ali, passou a noite em claro junto à cama, culpando-se por quase ter matado Izabella em conseqüência de um simples escorregão. Parecia-me evidente, agora, ser esse o verdadeiro motivo daquela reação extraordinária diante de uma simples secretária eletrônica.

Após a leitura das instruções de uso do aparelho, uma

idéia conciliatória surgiu em minha cabeça: adotar como fundo musical da gravação um trecho das *Variações Goldberg*. Dorieta aceitou a proposta e logo subiu para o quarto de Izabella: a pequena dava sinais de ter acordado, exigindo com seus berrinhos a presença de alguém. Parabenizei-me pela nobre iniciativa de paz – conciliações sempre foram a minha especialidade, é preciso dizer –, mas nem por isso, nesse dia, contei a Dorieta as minhas novidades profissionais.

De um modo ou de outro, mesmo com a trilha sonora da conciliação, infelizmente o vaticínio de Dorieta deu resultado. Foi como se ela tivesse "secado" a secretária. Eu fornecia o meu número para todos, para quem quisesse, cheguei a passar o cartão de visita para um sorveteiro, depois para um farmacêutico, certa vez deixei um com o barbeiro. Insistia, podiam mandar recados, agora eu tinha uma secretária eletrônica. Mas ninguém nunca me ligava, aí está. Nunca havia nenhuma mensagem gravada na máquina.

Em compensação, começava a ganhar melhor. Sandro e Osório O Asno pareciam apostar em mim – decerto os influenciara algum comentário de Teodoro a meu respeito –, e essa situação inédita permitia alguma sobra de dinheiro, o suficiente para viajarmos com alguma constância.

Certo fim de semana prolongado, dispostos aos maiores riscos, fomos à praia de Pernambuco, no Guarujá, dividindo uma suíte de hotel com Débora e Dario.

Praia é algo difícil de suportar. Melado, areia, sol, bronzeador, nenhum banheiro por perto, suor, sal demais, queijadinha sem gosto, raspadinhas à base de tinta e açúcar, queimaduras. Tem-se, ainda por cima, de enfiar o guarda-sol na areia duas ou três vezes por dia, enfiá-lo decentemente, a bem dizer, de forma a que não ceda e não saia voando pela praia por causa do vento – tarefa que é sempre um sacrifício, uma das mais difíceis que tive de fazer na vida. Nenhum de nós, com exceção de Dario, gostava de ficar muito tempo no mar. Preferíamos a piscina do hotel; embora sempre lotada, oferecia menos imprevistos e, principalmente, menos sujeira para tirar do corpo. Dorieta, em especial, quase não punha os pés na areia. Levara consigo a máquina elétrica. Tinha prazo curto para a tradução de um romance e passava horas grudada a ela.

A relação entre Débora e Dario, observei nesses dias, guardava uma ambigüidade irritante. Ela trabalhava como secretária dele no gabinete da Assembléia, era portanto sua subordinada, o que não devia significar coisa saudável para o casal, eu imaginava. Sentia-me incapaz de trabalhar, não digo na mesma sala, mas sequer na mesma empresa onde Dorieta trabalhasse, por exemplo. Tal impressão se confirmou hora a hora nesse fim de semana, já que, quando Dario saía com Dorieta para passear ou se afastava com ela para ensaiarem músicas do coral, ou ainda para praticar o francês, infalivelmente Débora lançava em minha direção olhares nada misteriosos, olhares retos, suplicantes, diretos. Minha sensação era de que procurava me provocar, para criar certo clima de ciumeiras e levar Dario a reforçar os laços com ela. Isso ocorrera desde o início da viagem, aliás, pois, como o carro de Dario fora roubado na semana anterior, viéramos todos dentro do meu Gol, e Débora, por coincidência sentada atrás do banco do motorista, nem tão disfarçadamente roçou inúmeras vezes a ponta de seus dedos em minha nuca.

É bem verdade que, para meu desconforto, seu corpo beirava a perfeição. Ela parecia ter nascido para ser modelo em desfile de modas – conquanto fosse da minha altura, mais baixa um pouco do que Dorieta – e toda vez que meus olhos o percorriam, para me segurar eu me obrigava a pensar que a amizade vale mais que o sexo. A amizade, aí está. Não a fidelidade. A fidelidade, ora, a fidelidade! Merda.

Dessa vez no Guarujá, quando a noite chegava, Dorieta se afastava de mim. "Teu corpo está quente demais", dizia, "você deve estar com febre ou é o acúmulo de calor do dia." Qualquer desculpa lhe valia, assim entendia eu os seus resmungos, para permitir-se distância em relação ao marido. Poderia estar sendo sincera, é verdade – no calor só se dorme colado ao outro depois de muito sexo –, mas eu não acreditava nessa hipótese. Pelo contrário: quanto mais observava os olhos de Dario quando ele estava próximo de Dorieta, mais ingênua e descabida ela me parecia.

Ocorreu-me então, em certos momentos, fazer algo para atrair Débora. Criar um caso talvez desse resultado também para mim, não apenas para ela. Algum barulho, alguma provocação. Talvez valesse a pena fazê-lo, para ver até onde iria a balbúrdia – a pobre Izabella perdida entre nós quatro. Mas sempre fui covarde, aí está, sempre fiquei a meio caminho na execução de gestos inequívocos que ameaçassem desdobrar-se em rupturas. Como sempre, dessa vez no Guarujá limitei-me aos planos. Como sempre, senti tremedeiras diante da simples intenção.

Débora, além do mais, era uma pessoa normal, por assim dizer. Tinha dezenas de pequenas alegrias à disposição, o tempo inteiro, e, dada a beleza do seu corpo de modelo, com elas sabia se defender. Adorava catar conchinhas na areia. Gostava do cheiro de cloro da piscina. Pulava ao som da música ambiente.

Essa normalidade, contudo, me incomodava. Parecia-me oca. Além disso – e eis o seu maior defeito –, revelava extrema chatice em vários momentos do dia, particularmente quando insistia em falar de política. A queda do Muro de Berlim, análises de conjuntura internacional, a candidatura Lula para a presidência da República, análise da conjuntura nacional – assuntos desse tipo não lhe faltavam na ponta da língua. Fazia-o, acredito, para agradar Dario, que no entanto, desejoso de manter a contento sua convivência com Dorieta – e comigo também, suponho –, remendava a conversa, mudava o tema para qualquer coisa que não implicasse desavenças.

O que mais me chamou a atenção nessa viagem, porém, no caso de Débora, foi a sua hipocrisia. Quando estávamos os quatro juntos, elogiava Dorieta e seu ar intelectual, admitia-se invejosa por não conhecer outras línguas adequadamente, penitenciava-se por ser monotemática. Nas vezes em que ficávamos a sós, ela e eu, no entanto, dizia que Dorieta se comportava como louca, criticava suas idiossincrasias. Estar na praia e fazer tradução é sinal de doença, alertava-me Débora entre uma tacada e outra no frescobol, sugerindo-me prestar atenção a isso. "É tua mulher, mãe de Izabella, afinal", dizia ela com ironia, os pés cheios de areia seca. Fazia-o aliás de modo tão explícito, demonstrava nisso tamanha cara-de-pau, que chegava a ser excitante.

Viver da fantasia talvez fosse melhor, eu raciocinava agora, os pés já criando bolhas prontas para estourar no atrito com a areia. Viver da fantasia de uma realização, como fazem tantos milhões de pessoas. Nada mais. Seria uma solução. Ridículo, no nosso caso, fazer teste de DNA ou outros testes quaisquer; insistir nesse campo arriscado parecia loucura. Não nasci para isso, foi a minha conclusão.

Continuavam a freqüentar o coral aos sábados, Dario e Dorieta – essa combinação sonora realmente até hoje me irrita, grife de dupla sertaneja. Teriam uma apresentação num colégio dali a duas semanas, e isso fornecia pretexto para se afastarem a um canto qualquer da praia de Pernambuco, recomendável era que ensaiassem algo para a apresentação. Duetos, primeiras e segundas vozes, o que fosse.

A mesma cumplicidade entre os dois eu adivinhava, com asco e um tanto de imprecisão, por trás dos nossos óculos escuros quando sentávamos, os quatro mais Izabella, à mesa juntos. Entrava eu mesmo numa espécie de transe, incorporando confusões e gestos ambíguos, vestindo-me com os trajes do jogo duplo e das evasivas, um curioso baile de máscaras sob o guarda-sol. Pois o bom dos óculos escuros – ou o ruim, conforme o ponto de vista (ó os trocadilhos!) –, é que, de fato, permitem todo tipo de jogo ou camuflagem, como ali, debaixo do sol do Guarujá, entre Dario e Dorieta, entre mim e Débora.

A viagem à praia encerrou-se no congestionamento infernal da rodovia dos Imigrantes. Izabella aos berros, assada dos pés à cabeça, o bolor a expandir-se dentro do meu cérebro. Dario, Débora e Dorieta – ó a verrugosa tirania dos "dês" em minha porca vida – a dormir, inacreditavelmente, a dormir como anjos malfeitores torrificados pelo sol dentro do Gol.

Mais do que os tímidos, mais do que os inseguros ou os enfadados, arquitetos têm mania de desenhar enquanto conversam ou participam de alguma reunião. Se o arquiteto é ele mesmo também tímido, inseguro ou enfadado, inutiliza em minutos folhas e folhas de papel, rabiscando-as impiedosamente. Assim procedia Márcia Arantes durante as reuniões com fornecedores ou projetistas. Ora com lápis ora com caneta, desenhava sem parar. Poucas vezes tirava os olhos do papel para encarar o interlocutor.

Mais surpreendente, para mim, foi observar que fazia a mesma coisa toda vez que Teodoro falava. Parecia saber de cor o que ele iria dizer. Não tomava notas. Rabiscava e rabiscava. Márcia apenas rabiscava. Infinita, caprichosa, desaforadamente. Tudo isso em reuniões com terceiros, vale dizer, pois, quando nos juntávamos os três à parte, ela, Teodoro e eu, ou em situações fora do ofício, Márcia, ao contrário, era meiga, seu olhar adocicava o ambiente, não havia insegurança, timidez ou enfado em seu comportamento. Mais: adotava posições nítidas, jamais alheia às conversas.

Certa vez, à saída de uma de nossas reuniões, enfiou discretamente na sacola que eu carregava um envelope, com a recomendação de que só o abrisse mais tarde. Assim o fiz e não me arrependi: era um desenho que ela fizera de mim, onde eu aparecia sozinho na sala de espera da "Teodoro Meyer". Seu vício de rabiscar, concluí então, além de gastar papel à toa, podia produzir belos frutos também!

Teodoro, de seu lado, parecia se sentir à vontade em qualquer ocasião. Desdobrava-se em três, quatro pessoas, tinha sempre a palavra certa para o momento certo. Mas não se exibia, à maneira dos políticos, de modo algum. Fazia lembrar um sábio – e tal imagem prevaleceu em mim, a respeito dele, desde o início. Estimulava os outros com naturalidade. Sentia-se bem na própria pele, era evidente, e tal condição contagiava, ajudava-me a enfrentar a apatia que me dominava.

Durante aqueles meses, muitas vezes pensei em apresentá-lo a Dorieta, mas, temeroso, nunca o fiz. Eram dois mundos. Melhor seria, para mim, transitar entre um e outro, se necessário. Mesclá-los significaria rasgar de início, em sua gestação, imensas possibilidades. Receava que se tocassem, aí está. Não queria, ademais, dar a Teodoro a chance de descobrir os sentimentos vergonhosos que começavam a se consolidar dentro de mim em relação a Dorieta.

A temperança. Impressionava-me, sobretudo, a temperança de Teodoro. Ao mesmo tempo em que esbanjava ousadia, ele demonstrava ter suas paixões sob controle – e era mais ou menos disso que eu precisava. Estar junto dele me acalmava. A temperança – eis um refinamento de alma realmente raro, que eu jamais havia sentido em alguém.

A tal ponto me encantavam suas qualidades, devo dizer, a tal ponto contribuíam para me estimular, e dominavam mesmo os meus dias, que nem cheguei a ficar chateado, semanas depois da viagem ao Guarujá, com a notícia, dada pelo próprio Teodoro, ao telefone, de que por razões orçamentárias eu não mais iria ao encontro de arquitetura na Venezuela, pelo menos daquela vez. Deveria ter ficado chateado, aí está. Sei hoje que deveria ter ficado muito chateado, indignado até. Mas não fiquei.

12

Izabella nadava na raia com exatidão, sem desviar para os lados. Nessa disciplina natural, de braçadas lúcidas e plácidas, desaceleradas, seu maiô azul-marinho e a touca de borracha branca ornavam as faixas negras do fundo da piscina. Sentado numa espreguiçadeira, eu admirava surpreso aquela ordem, a total ausência de ansiedade. Nadava e nadava, pequenina e frágil nos seus quatro anos de idade, nadava, como se a água fosse infinita, e assim continuaria, indefinidamente, caso inexistissem limites na piscina. "Pode parar, pequena, pode parar, minha pequena", eu fazia rolarem como numa cantoria essas palavras, mas apenas dentro de mim; Izabella saberia, ela mesma, quando pôr fim àquele prazer. Nos intervalos entre uma travessia e outra, sorrindo com leveza boiava na água, braços abertos, a superfície azul tornada leito, colchão plano e macio. Deixava-se ficar ali, tranqüila, firme, vários minutos.

Alugávamos pela primeira vez uma casa de campo, num condomínio de Bragança Paulista. Embora não se possa dizer que o tal condomínio fosse de luxo, tratava-se do primeiro salto rumo a melhores condições para vitaminar meu casamento. Tudo se arranjara para uma semana de folga, e o clima, sem chuva e com sol ameno, contribuía para que o investimento pudesse resultar positivamente.

Dorieta, no entanto, já no segundo dia decidiu passar a maior parte do tempo no interior da casa, trabalhando com obsessão na máquina de escrever. A pretexto de cumprir um prazo para entrega de duas traduções – eu não tinha dúvidas de que aquilo podia ser adiado –, transformou um dos quartos em escritório.

Enquanto isso, Izabella e eu passeávamos, andávamos a cavalo, brincávamos no playground, o que estimulava nossa aproximação. A todo instante, eu tentava imaginar de que modo, em sua inocência, ela me via: o homem grande que sabia de tudo, o ser humano forte, enciclopédico. Certamente me via assim, a pequena, mas minha vontade era negar essa imagem, remover as expectativas que ela implicava e que, fatalmente, cedo ou tarde se descumpririam. Ao mesmo tempo em que queria lhe mostrar que eu não era nada daquilo, sabia, no entanto, que, para sentir-se segura e crescer com consistência, Izabella precisava ter justamente essa imagem de mim, precisava sentir que eu era de fato aquela fortaleza indestrutível e protetora.

Era minha filha, eu ganhara essa certeza com o passar do tempo. Isso nos aproximava, levava-me a gostar dela cada vez mais. Izabella já se fazia então rutilante perto de mim. Jamais me passaria pela cabeça, nessa ocasião, que dali a alguns anos ela poderia achar excessivos os meus olhares e os meus cuidados, que talvez viesse a preferir à minha afeição explícita o distanciamento e os gestos indiretos de Dorieta. Eu tinha essa noção, a de parecer a mãe judia pintada pelo folclore, empurrando Izabella quando ela não queria ser empurrada, amparando-a quando não queria ser amparada, elogiando-a quando tudo o que ela menos queria eram elogios. Minha esperança mais luminosa, porém, era de que não ficasse disso rancor algum em suas lembranças, ao menos isso. Que no futuro ela pudesse se sentir diante de mim como agora ali na piscina, onde seu corpo, mesmo com o rosto sujeito diretamente aos castigos do sol da montanha, mesmo sabendo-se observado por mim sem intervalos, jazia sossegado, em total conforto sobre o colchão de água.

– Por que tio Moisés e tia Gisele vivem brigando, pai?

Não me dera conta disso até aquele dia, quando, saindo da piscina, Izabella fez a pergunta ingenuamente, a toalha verde em volta do pescoço.

– Estavam gritando muito. Acho que queriam se bater na piscina depois que o Plínio foi almoçar com a Maria – insistiu Izabella.

– É normal se desentender às vezes, filha. Mas eles se gostam, viu?

Minha irmã formava com Moisés um casal cada dia mais distante daquilo que eu idealizara para mim ou para ela mesma, Gisele, quando éramos menores. Do alto de seu posto de leiloeiro oficial, meu cunhado exibia um bigode repugnante de açougueiro em plena matança. Fisicamente intocável, evitando abraços, beijos ou tapas nas costas, no trato com as pessoas Moisés adotava uma formalidade teatral, que oscilava entre a simples antipatia e o cinismo mais descarado. Vetava qualquer intimidade. Sentia-se de fato superior, acredito, por ganhar muito dinheiro em grandes e pequenas falcatruas e por ser, embora jovem, um dos principais leiloeiros de São Paulo – profissão que, diga-se com clareza, sempre despertou em mim, talvez por causa de tudo isso, um irreversível desprezo.

Ao longo dos anos, quanto mais se solidificava o seu casamento, mais eu perdia o contato direto com aquela Gisele irmã caçula que eu conhecera a vida toda. A partir de certo momento, com efeito, tudo deveria ser intermediado pela existência do corpo gorducho de Moisés e sua voz empostada de leiloeiro oficial.

Não que nossas relações no passado pudessem significar sinônimo de harmonia. Pelo contrário. Pois, tendo sido ela desde sempre a predileta no Alto de Pinheiros, não precisei conhecer outros lares para saber que a igualdade entre filhos não passa de quimera, que os pais, humanamente, a despeito de sua retórica de paz e gentileza, nutrem nítidas preferências, e que, conquanto busquem eventualmente alguma paridade no oferecimento de bens e afetos, fazem-no de maneira forçada, indisfarçável na sua arbitrariedade. Ademais, aprendi, também dentro de nossa casa, que, se em cada criança fica registrada a primazia ou a rejeição, o tapa ou a carícia, isso ocorre mais marcadamente, sem dúvida, no filho preterido – no caso, eu.

A festa do meu bar-mitzvah, por exemplo. Foi armada mais para Gisele do que para mim. Quem atingia a maioridade religiosa era eu, claro, embora fosse imaturo em tudo naqueles treze anos de idade. A festejada, porém, era Giselinha, com seu vestidinho de conto de fadas, o cabelinho com tiara dourada. Já conhecia Moisés, alías, "Moishinho", como o chamávamos, embora o garoto disputasse judô à época na categoria meio-pesado e só fosse destaque na escola pela truculência, por frases do tipo "meu cérebro está no muque" ou pelo tronco exibido nos recreios mesmo em dias de garoa – tudo se define cedo nas pessoas, muito mais cedo do que se imagina! –, mas jamais me passava pela cabeça, e creio que das de meus pais também, a possibilidade de Gisele casar com aquele monstro em declarada erupção. Até que isso viesse a ocorrer, porém, e apesar da preferência de meus pais, da qual ela talvez nem tivesse consciência e pela qual não podia ser responsabilizada, por vários anos pude trocar confidências com minha irmã. Poucas mas importantes confidências que depois, como eu lamentava agora à beira da piscina, simplesmente evaporaram.

A solidez do casamento de Gisele e Moisés era no entanto enganosa, como ficou claro nessa manhã em que eu apreciava Izabella a nadar com nobreza e sobriedade. O casal chegara cedo ao condomínio, "de surpresinha". Queriam passar o dia conosco, sem que os tivéssemos convidado. Nem bem nos vimos, Moisés logo me classificou de ridículo no momento em que, ainda na fase de cumprimentos e para puxar um assunto qualquer, mencionei a idéia de comprar um terreno e construir uma casa naquele condomínio.

– Bragança Paulista não tá com nada. Você tem que pensar é em Atibaia, Silvio. Ali sim vale a pena.

Na varanda onde conversávamos, andava para lá e para cá, raramente ficava sentado, o meu cunhado. Sua pose era a de quem, como o homônimo bíblico, sentia-se com as tábuas da Lei entre os braços, surgido do alto de um outeiro depois de conversar com Deus. Vestia uma camisa florida e bermudas dentro das quais caberiam dois de mim, mas sentia-se belo e esbelto, enviado por forças infalíveis de um planeta qualquer para indicar aos semelhantes o caminho correto.

– Não posso me fiar muito em você para negócios, Moisés – eu o provocava.

– De onde você tira isso? Não tenho progredido? Basta olhar para a tua irmã!

A voz de ator era na certa ouvida pelas casas vizinhas à nossa, onde as pessoas provavelmente ainda dormiam ou procuravam tomar com calma o café da manhã.

– Quando o governo congelou as contas de todo mundo você morreu com não sei quantos cheques na mão, lembra? Tinha acabado de sair de um leilão de não sei o quê. Não faz tanto tempo assim, certo? – Também eu levantava a voz, acima do normal. Minha paciência com Moisés era ínfima, reduzia-se rapidamente a zero.

– Foi inevitável, Silvio. Não dava para adivinhar.

– Ninguém mandou votar no Collor, ora.

Gisele fingia não ouvir a conversa. Buscava se distrair com Plínio e Izabella, enquanto Dorieta se refugiava na cozinha.

Mais tarde, quando fez seu comentário sobre a briga entre os tios à saída da piscina, notei que Izabella, testemunhando nisso uma sensibilidade precoce, captara corretamente o desconforto do casal. Pois, se os olhos de Moisés apunhalavam em permanência o corpo de Gisele, de seu lado, minha irmã, sem deixar por menos, parecia castrá-lo, tamanha era a rejeição que o seu olhar exprimia em relação a ele. Até mesmo os elogios que fazia ao marido diante das crianças – "olha como o seu tio é forte", dizia a Izabella, a qual, esperta, olhava Moisés e não o via do mesmo modo – soavam cínicos e hipócritas, portanto perniciosos, achava eu, para a educação delas.

A companhia nefasta da irmã e do cunhado, porém, não foi suficiente, nesse dia, para abafar os momentos de satisfação que senti com Izabella e com o sofrido Plínio, que nada tinha da maledicência dos pais.

Cavalgamos juntos os três – Álvaro, um ano mais moço

que Plínio, passava o final de semana com um amigo da escola –, avançando com os pangarés da região a trote por trilhas saudáveis da montanha. Quando à tarde jogamos bola na quadra de cimento, observei que Plínio levava jeito para o futebol, bem mais do que eu, e que Izabella, surpreendentemente, gostava de ser goleira. No início da noite, enquanto Moisés e Gisele dormiam, ele num quarto, ela no sofá da sala, e Dorieta trabalhava na máquina de escrever, procurávamos pelos vaga-lumes tremeluzentes junto às ervas-cidreiras que davam aos quilos nas ruas de terra do condomínio.

Pela primeira vez eu acompanhava tão de perto a maneira de Izabella se relacionar com outras crianças. Revelava-se dócil, sem ser submissa. Nenhuma vergonha de conversar. Ao contrário do primo, sempre retraído apesar de quase quatro anos mais velho, metia-se nas brincadeirinhas dos outros sem parecer intrusa. Não sei de onde tirou esse temperamento, essa serenidade, talvez eu deva aprender mais com ela, mais do que ela teria a aprender comigo, eu pensava, vendo-a entre outras crianças, meio bobo meio feliz.

Até o momento de minha irmã partir, quase à meia-noite, ficamos, Izabella, Plínio e eu, a desenhar com lápis de cera em folhas de papel sulfite, recebendo em nossos rostos, na varanda, a aragem suave da noite. Nesse terreno, eu obviamente me saía melhor que os pequenos. Desenhava casas que os dois viam com admiração. Bolava cidades esquisitas para diverti-los. Mas espantava-me, de todo modo, a desinibição de Izabella, sua capacidade de variar cores, os traços firmes e expansivos, ocupando a página inteira.

Entre os rabiscos que ela produzia, chamou a atenção de todos um retângulo delineado em azul, ao centro do qual fizera encaixar-se um círculo vermelho. Indagada por Moisés a respeito daquilo, Izabella irritou-se:

– É um palhaço, você não vê?

13

Cabeleira branca de fios longos, basto bigode, o velho aproximou-se, uma das mãos estendida para mim e a outra já acariciando as cabeças de Izabella e de Plínio. Apreciávamos a sisudez de dois elefantes sujos de lama, apenas uma cerca baixa entre eles e nós, e nem notáramos a sua chegada.

– Sou Orlando Orfei. Muito prazer – disse o homem, sorridente, já apertando minha mão direita.

– Muito prazer – respondi, surpreso, virando-me logo para as crianças. – Olha, esse senhor é o dono do circo!

Jamais imaginara um dia encontrar Orlando Orfei, jamais imaginara, na verdade, que esse nome fosse realmente algo que trazia consigo uma pessoa de carne e osso. Fiquei mais emocionado diante dele do que Izabella e Plínio, os quais tinham comparecido a um espetáculo circense pela primeira vez.

Plínio virou-se de volta para os elefantes, enquanto Izabella, com o rosto crispado, perguntou a Orfei:

– O que aconteceu com os dedos da sua mão?

Só então notei que três dedos da mão direita do velho eram na realidade pequenos tocos de carne. Senti um calafrio. Sorri para ele como a pedir desculpas pela impertinência da menina. Mas Orfei manteve o sorriso.

– Leoa, foi uma leoa – contou-nos então, e neste momento Plínio voltou-se para ele cheio de curiosidade. – Eu estava praticando, porque sou domador também, e me distraí. Os leões, principalmente as leoas, não perdoam as distrações.

Uma delas veio para cima de mim e pumba! Lá se foram esses dedinhos.

Izabella olhava-o horrorizada. Recusou-se a tocar na mão mutilada do velho quando este lhe ofereceu um cumprimento para que ela visse como eram na verdade limpos e certinhos os seus dedos cortados ao meio.

– Como você faz para desenhar? – perguntou-lhe, ainda recolhida.

– Eu desenho no ar, assim, está vendo? – E Orlando Orfei traçou no ar alguns movimentos ágeis com sua mão mutilada, provocando risos em Plínio e em Izabella. – Afinal, vocês gostaram do espetáculo?

Sinalizamos que sim com nossas cabeças – eu custava a acreditar que aquele senhor simpático fosse mesmo Orlando Orfei, comportava-me abobalhadamente, como se estivesse diante de um herói, um mito da minha própria infância –, após o quê, o velho despediu-se com novos afagos e dirigiu-se à bilheteria, trinta metros adiante. Suas botas enormes marcando a terra seca, o cinto de couro largo como faixa de quimono, um caminhar quase manquitola.

Olhamo-nos uns para os outros, as crianças e eu, e tacitamente decidimos continuar o passeio, a espiar os bastidores do circo. Circulamos então pelos caminhões e trailers, compramos dois sacos de pipoca e voltamos finalmente para o carro.

– Não tenho mais pena dos leões, pai, nem das leoas – disse Izabella no banco traseiro do Gol, a boca cheia de pipoca.

– Nem eu – complementou Plínio, com uma firmeza incomum na voz de um menino de sete anos, ainda mais sendo Plínio esse menino. – Vou contar para o Álvaro. Ele tem medo de leão.

Pelo menos em alguma coisa não fracassei, pensava eu ao volante. Izabella tem sensibilidade aguçada; expressa livremente os sentimentos. Isso me pareceu uma vitória dentro do Gol.

– O homem também faz parte da natureza – disse eu. – Vocês sabiam?

A ida ao circo acontecera numa noite de domingo e permaneceu como doce realização durante a semana. Na sexta-feira seguinte, envolvido que estava pela atmosfera de fantasia que a figura de Orfei gerara em mim, deixei o escritório cedo, com a intenção de viajar ainda naquela noite com Plínio e Izabella para Bragança e aproveitar melhor, com eles, o sábado e o domingo no condomínio.

A caminho de casa, resolvi passar na padaria. Comprei um litro de leite, dois pacotes de bolacha – uma de recheado de chocolate, para Plínio e Izabella, e uma água e sal, para Dorieta –, aproveitando para tomar um café de máquina. Xícara na mão, parado em pé, observei o lusco-fusco daquela hora, que propiciava aos olhos uma coloração uniforme. Por toda parte havia suavidade. No céu, na rua, uma opacidade generalizada, cuja constância, juntamente com o café forte, criava em mim uma tranqüilidade morna, adorável, apesar do tráfego de automóveis já intenso.

Deixei devagar a padaria – o recinto me parecera, então, curiosamente familiar e aconchegante. Pela calçada caminhei sorrindo comigo mesmo. O clima estava ameno. As bolachas, sossegadas no saco de papel marrom.

Ao tirar a chave do bolso para abrir a porta de casa, ouvi berros de criança. Uma tremedeira atravessou-me o corpo. Por instantes fiquei paralisado. Os gritos continuavam, horrendos, e supus que viessem do vizinho. Logo constatei, no entanto, que ecoavam com intensidade dentro da minha própria casa. Corri, vencendo em um segundo os quatro metros que separavam o sobrado da calçada. Abri a porta.

Mal adentrei a sala, dei de cara com o que jamais imaginara: uma chinela de couro ia e vinha pelo ar, Dorieta batia em Izabella. Segurava a menina pendurada por um braço, suspensa como saco de pano, gritando palavras incompreensíveis.

Mesmo na minha presença – lancei os pacotes de bolacha em cima de Dorieta, era a única arma de que dispunha naquele instante –, minha mulher continuou a surrar Izabella. Diante de mim e do meu estarrecimento. O suor caía-lhe pela testa. Comecei a suar também. Vi a dor expandir-se no rosto de Izabella; entre os seus gritos desconexos, suspensa no ar que estava, detectei pedidos de socorro impronunciados.

Dorieta continuava a sova sem dizer nada, e golpearia Izabella ainda mais, por tempo indefinido, não tivesse eu, por fim, interrompido a sua ação com um grito desarticulado e sem sentido, um urro animalesco, cujas origens até hoje não sei precisar e que fez com que minha mulher simplesmente desaparecesse escadaria acima.

Justamente naquelas semanas eu comprara alguns livros sobre a relação entre pais e filhos, educação infantil. Entusiasmado com o relacionamento que começava a criar com Izabella, buscava orientações. Um deles, em especial, numa coincidência extraordinária, dizia com clareza: um tapa provém sempre da fraqueza de quem bate, não da sua força, dizia o livro, alguma coisa se despedaça, se desfaz dentro de uma criança, esse projeto de ser humano, argumentava a autora do livro em questão, e tanto isso ocorre, que o adulto emanado posteriormente dessa criança surrada será na realidade apenas uma sombra, assim se expressava o livro, uma sombra da pessoa que poderia ter sido.

A fotocópia da página desse livro estava guardada na gaveta de minha mesa no escritório. E foi dela que me lembrei, foi isso que pensei em repetir para Dorieta depois que Izabella escapou dos braços da mãe e sumiu rumo à cozinha, pequena criatura manca e esfacelada, indefesa.

Depois de lhe dar um copo d'água, acomodei Izabella no sofá da sala, liguei a televisão para distraí-la e subi para conversar com Dorieta. Enquanto eu me aproximava, sentada na cama ela remexia um pacote de modess.

– Essas redinhas são terríveis, olha que merda – disse Dorieta, rasgando um absorvente. – Esse modess nacional é uma merda!

Só então me dei conta de que as *Variações Goldberg* estavam tocando o tempo todo lá embaixo, desde antes da minha chegada. Haviam servido de trilha sonora, portanto, para a surra em Izabella. Desci as escadas, fui ao aparelho e desliguei-o com violência. Nesse instante Dorieta apareceu embaixo também e retirou-se para a cozinha, à mão o modess rasgado.

Dei voltas pela sala, hesitava entre sair de casa e sentar-me junto a Izabella no sofá para confortá-la. Queria xingar Dorieta, dizer-lhe algo decisivo, mas não consegui. Ao mesmo tempo, pensei em Plínio e em Álvaro: não sei como conseguirei olhar para Plínio, explicar isso a ele, esses hematomas no rosto da prima, eu pensava, e veio-me à mente o rosto combalido de meu sobrinho; o que vou dizer a ele? A vida é assim mesmo, Álvaro!? Você ainda não viu nada, pequeno varão, diria isso simplesmente aos sobrinhos?

Por iniciativa própria, silenciosamente, Izabella ergueu-se do sofá, desligou a televisão e subiu para o quarto. De imediato fui à cozinha, onde Dorieta preparava um chá, peguei um copo e uma bilha com água e subi também. Encontrei-a estirada sobre a cama, o rosto enfiado no travesseiro. Ofereci água, mas Izabella recusou. Escondia o rosto. Queria dormir.

Deixei a luz do quarto acesa. Era mais fácil para ela dormir no claro aquele dia. Por alguns momentos, sentado ao chão com as costas apoiadas na lateral de sua cama, fiquei olhando minhas mãos, distraidamente, redescobrindo nelas pequenas cicatrizes formadas na infância e que eu já tinha esquecido. Desculpe, minha Izabella, desculpe pelo que aconteceu, eu dizia para mim mesmo. A responsabilidade é minha, pequena. Ajoelhei-me, como se fosse eu a criança, e como se fosse eu, ainda por cima, uma criança que rezasse antes de dormir. Passei a afagar os seus cabelos castanhos e longos, assim permanecendo. Senti sua respiração aos poucos serenar-se, encerrando a série de soluços e exclamações incompreensíveis que emitira por mais de uma hora, junto a mim. Izabella adormecia.

Horas mais tarde, tendo ficado na sala em busca de explicação para tudo aquilo, fui para minha cama e observei Dorieta a dormir na diagonal, ocupando todo o espaço, languidamente, como se nada tivesse acontecido. Empurrei-a com delicadeza. Ela cedeu, resmungando. Senti que nenhum de nós tinha nada a dizer. Deitei-me com a roupa do corpo.

Por volta das quatro horas da manhã, acordei em sobressalto, sentindo-me totalmente só. O coração batia muito forte.

Sofria falta de ar, ânsia de vômito. Respirei aceleradamente, uma dor forte bem no meio do peito me mantinha deitado sob as cobertas. Aos poucos controlei a agitação do corpo, levantei-me tateando as paredes do quarto e fui ao banheiro ver se conseguia vomitar. Enfiei o dedo na garganta. Nada. Respirava agora de modo acelerado, como se alguma disfunção me tivesse roubado o ar durante o sono e se mantivesse ainda mais ativa na vigília. Um frio correu pelo meu corpo, eu tremia e transpirava abundantemente. Sentei-me no bidê, ao lado da privada, e permaneci ali, a mão direita segurando a testa, imobilizado, de olho na água parada do vaso sanitário.

Sem conseguir vomitar, deixei o banheiro minutos depois. Ainda tremia e suava muito, mas a respiração voltara ao normal. Passei no quarto ao lado para ver Izabella. Dormia tranqüilamente, a boca aberta, de barriga para cima, como quem nada teme.

De volta às cobertas, revirava-me. Fixava o olhar em um ponto qualquer do teto, levava-o depois para outro ponto. Meus olhos iam e vinham na escuridão. Senti pelo corpo novas tremedeiras, breves e menos intensas. A respiração de Dorieta era suave, angelical, quase inaudível. Mesmo assim, não consegui fechar os olhos. Num paradoxo assustador, a serenidade do parceiro, ingrediente propício ao sono de qualquer mortal, impedia-me de adormecer. Ali deitado, mudando a pose a cada dois minutos, senti vontade de ter pássaros e cães em casa para me fazerem companhia na sala em momentos como aquele. Imaginei-os até, espalhados por quintal, cozinha, sala e quartos. Mas foi só pensamento rápido.

14

O episódio da surra em Izabella marcou uma virada, impregnou-se como dor contínua, barreira de carne viva entre mim e Dorieta. A partir dali, era cada dia mais penoso acordar. Mal abria os olhos, pela manhã, doía-me a sensação de antever horas de conflito após outras tantas horas maldormidas. Perdi a capacidade de distinguir o falso do verdadeiro nos raros sorrisos de Dorieta; cinismo e alegria se misturavam entre seus lábios, e isso me deixava, muitas vezes, em pânico. Suas eventuais euforias, seguidas logo de depressões assustadoras, deslocavam minha atenção para lados sempre opostos.

A cabeça efervescente, entre pontadas, uma ferocidade, um pesar constante, o bolor a retomar ebulições no cérebro, não vislumbrava qualquer perspectiva de abrandamento para a rotina de consternação que tudo aquilo significava em minha vida. Mesmo a presença de Izabella, com suas demonstrações de afeto e sua vontade de brincar comigo a toda hora, mesmo essa presença, antes razão de brilho nos olhos, fazia-se dolorida. Doía-me, com efeito, o simples fato de tê-la junto a mim, pois, em última instância, sentia-me responsável pelo que lhe acontecera dentro de nossa própria casa.

Sempre que olhava para Dorieta, naquele período, ressaltava-se diante dos meus olhos a pequena cicatriz próxima aos lábios. De traço na realidade quase invisível, e anos antes até mesmo toque de charme, essa marca se agigantava numa espécie de alucinação recorrente, na qual também se projetava a cena da morte do seu pai ao apear do cavalo em Campos do

Jordão. Associava Dorieta, assim, a uma imagem de morte, aí está. À simples visão daquela minúscula cicatriz, produziam-se sensações de assombro, terror, isolamento.

Passou a sobressair-se, no modo de falar comigo, uma ambigüidade próxima da insânia. Todo gesto, incluído o mais raro carinho, fazia-se acompanhar de algum detalhe que imediatamente o transformava no seu contrário. Certa manhã, por exemplo, tendo de sair de casa mais cedo, Dorieta resolveu se despedir de mim – o que raramente ocorria, aliás. Apesar de saber que eu estava dormindo, disse em voz alta "tchau, meu amor", assustando-me com esses dizeres que na voz de outra pessoa trariam apenas maciez; arrancando-me do sono de supetão; enervando-me de propósito. Tais palavras, em si mesmas doces ou até insignificantes – nada mais do que "tchau, amor", afinal – ganhavam uma carga insuportável de ódio e cinismo.

Percebi, poucas semanas depois daquela surra, que Dorieta se masturbava mais do que seria normal. Várias vezes ao dia, dava-se de presente um pequeno gozo. Uma mulher fazendo isso aos trinta e poucos anos parecia-me no mínimo doentio. Pude constatá-lo em finais de semana, sem qualquer dificuldade, já que ela não o escondia de mim. Mais ainda: senti que, provavelmente, não escondia nem mesmo de Izabella o novo vício.

Passara também a consumir mais conhaque, mesmo no calor, e sempre mais cigarros, um atrás do outro. Movia-se por surtos de entusiasmo, vez por outra, mas esses eram cada vez menos freqüentes. Por fim, desistira de retomar a vida acadêmica – "à merda com a bosta desse mestrado", repetia Dorieta a si mesma, caminhando pela casa.

Eu aprendera desde sempre – para ser mais exato, essa foi a única lição incorporada por mim dentre as tantas que meu pai insistiu em ministrar – que um homem, para constituir-se de fato em homem, precisa ter metas, precisa dar-se ao menos um objetivo final, seja ele qual for. Conquanto estivesse atordoado com os acontecimentos, mentalmente à míngua, desarvorado diante do vendaval que Dorieta representava, senti naqueles momentos que a incompletude da minha vida era assunto exclusivamente meu e que enfrentá-la era responsabilidade minha. Entendi também que isso passava, naquela hora, por duas tarefas nada simples. Livrar Izabella dos males que a ameaçavam na companhia da mãe, esta a primeira. Reverter a deterioração que tomava conta de Dorieta e, conseqüentemente, do nosso casamento, aí estava a segunda.

Operar essas duas contas sozinho, porém, pareceu-me um desafio maior do que podiam suportar as minhas próprias forças, e reconhecê-lo, achava eu, era um bom sinal. Teria de buscar apoio em alguém, portanto, em alguma coisa, quem sabe uma entidade beneficente. Algum remédio, talvez. Conseguira definir as metas, enfim, o que não era pouco. O modo de atingi-las, eram, no entanto, como se diz, outros quinhentos.

Na ausência de Caio, a quem eu normalmente recorreria, pensei diversas vezes em recuperar minha amizade com Dario. Cada vez menos acessível, envolvido com o trabalho no gabinete da Assembléia Legislativa, Dario no entanto se afastava. Evitava-me, na verdade. Além disso, devo admitir, o fato de Izabella não ter nascido com o rosto coberto de sardas nem com cabelos duros e ruivos, embora fosse bom para ela – estaria livre dessas minhas deformidades –, tal fato ainda por vezes me intrigava. Olhos verdes, sim, tinha olhos verdes, como os meus. Mas Dario, ora, Dario também não tinha olhos verdes?

Não que predominassem no meu dia-a-dia – a gravidade da situação realmente as tornava pequenas –, mas resistiam e regurgitavam, essas perguntas. Teimavam em fazer-se presentes nas horas menos adequadas. Produziam borborigmos no meu corpo, sinais de alarme, levando-me a manter distância em relação a Dario.

Já notara também que, somado à gagueira histórica, desenvolvera-se nele um espalhafatoso tique nervoso, que o levava a retorcer o pescoço para todo lado, estivesse ele quieto ou falando. Era não só constrangedor, como também sinalizava, para mim, que muito tempo se passara. Poderia ficar como algo desimportante, uma contingência fisiológica qualquer, curável cirurgicamente, mas a verdade era que os espasmos de

Dario me deixavam entristecido, para dizer o mínimo. Assistir àquela espécie de decadência física me deprimia, creio eu, porque a ela se associava a decadência moral que eu passara a detectar, concomitantemente, no meu amigo. Raciocinava também, por outro lado, que tudo isso junto, embora deplorável, não podia ser fruto de um acaso. Um castigo, pensava, um castigo. Dario deve estar recebendo um castigo maior aplicado não sei por quais forças, muito superiores à minha.

Desde a discussão sobre Dorieta, a história da capela dos ossos de Évora, nossa amizade só se mantinha, a duras penas, justamente porque evitávamos penetrar com clareza em nossas intimidades – eis o paradoxo sobre o qual teve de se apoiar a transformação do nosso relacionamento para que este não se extinguisse total, pura e simplesmente.

Foi poucos dias depois da surra aplicada por Dorieta em Izabella que notei essa deformidade. Eu lia o jornal na sala, quando minha mulher chegou da rua, carregada do supermercado. Enquanto arrumávamos as mercadorias na cozinha, Dario surgiu, apareceu do nada, eu não escutara campainha alguma, nem passos escutara, não entendia de onde ele poderia ter saído. Irrompera, como se já estivesse dentro de casa antes mesmo de mim, como se executasse uma devassa na minha intimidade com Dorieta.

Parecia excitado, o que nele era incomum – seu posto de chefe de gabinete, ao contrário, dera-lhe desde muito tempo antes uma pose de gavião –, e era agora estranha aquela descompostura. Em vez de dizer alguma coisa, pegou água no filtro, bebeu com rapidez e retirou-se – eu estupefato, a contar calado seus passos apressados rumo à calçada. Foge de quê?, eu me perguntava.

Definitivamente – foi minha conclusão –, Dario em nada me ajudaria, naquelas circunstâncias, a descobrir para onde se encaminhava minha mulher em sua conduta labiríntica, pesada, de pontaria incerta, mas sem nenhuma economia em matéria de agressividade.

Ir ao encontro de Justino, outra hipótese que cogitei, pareceu-me inútil. Embora de modo platônico, o rapaz era cegamente apaixonado por Dorieta. Apaixonado histórico. Dela dependia para tudo. Padecia de uma inocência pequena, o pobre Justino. Andaria sempre em círculos com seu horizonte raso. Talvez por essa razão vivesse com um sorriso nos lábios, aliás, sempre feliz, mostrando-se feliz a todo momento, o Justino. Certamente me julgaria maluco, se não provocador. Jamais admitiria a insanidade de sua quase irmã.

Optando então por falar com dona Rosa, cheguei a lhe telefonar. Mas a frieza calculada de minha sogra, do outro lado da linha, ergueu de súbito mais uma barreira, impôs-se feito fosso de presença milenar diante de mim. Repudiava-me às escâncaras, dona Rosa. Eu vinha de um outro planeta, um planeta pútrido e malvisto. Rija, inabalável, distante, dona Rosa me desprezava, aí está. A doença de Dorieta, para ela, não era outra coisa senão eu.

Nesse meio tempo, enquanto eu me isolava, sem pistas, sem idéia a respeito de quem poderia apontar uma solução, sugerir um ponto de mínima luz, nesse meio tempo Dorieta derivava, firme e velozmente, para um comportamento cada dia mais rico em mistério e opacidade – alma pantanosa, como se diz. A pretexto do calor, evitava o meu corpo junto ao dela na cama, num gesto repetitivo que fazia recordar, exacerbada, a repugnância em relação a mim expressa já na viagem ao Guarujá.

Em poucos meses, começara a dormir sozinha e freqüentemente no sofá da sala, onde, em vez de carregar consigo um espiral para espantar pernilongos, passara a usar o aparelho elétrico, o desgraçado do Protector, nascido por aqueles anos. Atitude ostensiva que, embora significasse na prática mais eficácia contra os insetos – ou exatamente por causa disso –, transformou-se em símbolo, um símbolo nefasto e cruel, anúncio de que o encerramento de um período se aproximava: nunca mais caçaríamos pernilongos juntos, com toalhas de mão à guisa de arma. Aí estava o recado, a mensagem. É uma coisa besta, eu pensava, tão besta, tão idiota quanto, porém, incrivelmente dolorida.

Era para mim cristalino: seria impossível enfrentar a situação sozinho.

Certa tarde, no escritório, quando quase por instinto perguntei por um colega ausente naquele dia, um de meus subordinados, Mário Augusto, disse:

– Você não sabe? Está em Nova York, visitando o Caio Rovai.

Reagi com espanto:

– Eles se conhecem? Uau! Que coincidência! Sou amigo do Caio há mais de dez anos.

Mário Augusto ergueu-se de sua prancheta e se aproximou de mim como se viesse relatar um segredo.

– Parece que ele já está em fase terminal.

– Quem? O Caio?

– Claro, você não sabia?

Enrijeceu-se-me o pescoço. Uma dor assaltou-me de imediato nas costas inclinadas.

– Não, eu não sabia... – respondi, a voz baixa, pensando em me esconder em qualquer canto para incorporar a novidade.

Exatamente naquele momento, porém, uma dezena de sujeitos escanhoados começava a passear em volta das nossas pranchetas, requisitando atenção – eram potenciais clientes trazidos por Osório O Asno para conhecer o departamento. Mário Augusto retornou, então, à sua mesa, com um olhar de quem se desculpa – sem saber fizera uma grande revelação, na certa achava que eu estava a par da situação de Caio.

Assumido como principal anfitrião do grupo de executivos, a gesticular com uma elasticidade surpreendente e treinada grandiloqüência, Osório O Asno lembrava uma figura mitológica, dotada de seis braços. Agitava o seu bigodinho ralo em meio à sucessão de esclarecimentos que fornecia aos visitantes a respeito do método de trabalho e da "avançada tecnologia", como dizia ele, do nosso escritório. Surpreendentemente ágil entre os ternos escuros, emitia risinhos para todo lado e suplicava, os óculos de aros pretos suspensos no ar pelas hastes frágeis, suplicava com os olhos a que fizéssemos o mesmo.

– Este é o Silvio Goldman – disse Osório apontando-me

para o grupo. – É o responsável pelo projeto de casas populares. Expert no assunto, não é Silvio?

Forcei um sorriso e logo voltei os olhos para a prancheta. Estiquei as costas. Queria em vão aliviar o susto. Minhas mãos tremiam. Tive dificuldade para fazer uma pose decente de trabalho. Dizer alguma coisa para os potenciais clientes tornara-se impossível naquele momento. Pensei em escapulir para o banheiro e apagar a luz, buscar refúgio no fundo da sua banheira fria, ou então sair daquela jaula nem que fosse por alguns instantes, dar uma volta, beber um café, fumar um cigarro, chupar um drops, o que quer que fosse, longe dali. Mas o movimento estava mesmo especial, o grupo de clientes, barulhento e bisbilhoteiro, perambulava em torno de nós. Todos olhavam para mim como se olham objetos de feira científica, e eu, num esforço profissional, respondi a algumas questões com automatismo, nem sequer olhava para aqueles rostos.

Rasguei então um pedaço de papel, rabisquei nele a palavra "Rovai" e, após guardá-lo no bolso da camisa como quem estoca um sofrimento na tentativa de adiá-lo, continuei a simular uma concentração improvável, voltado para o ridículo rascunho de uma planta baixa.

Cheguei em casa tarde da noite, faminto mas também tão exaurido que me faltavam forças para comer qualquer coisa. Dorieta e Izabella dormiam juntas na cama de casal.

Tirei o pedaço de papel do bolso, encarei e acariciei aquele nome rabiscado às pressas com uma caligrafia ilegível que guardava em si a intensidade das impressões sentidas no escritório. Pensei em ligar para Dario, mas era de fato muito tarde da noite – ao menos foi esse o pretexto que arranjei para repelir o aparelho telefônico.

Bebi um copo de água e, depois de dar voltas pela casa, deixei o papelucho amarfanhado sobre um pequeno aparador, a um canto da sala. Deitei-me no sofá. Exausto, adormeci.

Despertado horas depois por um mal-estar que logo entendi tratar-se na realidade de uma tristeza aguda, mais forte do que qualquer memória de dor que eu pudesse ter, levantei-me vagarosamente, apertei a cabeça entre as mãos sucessivas vezes e fui, tateando paredes, cambaleante, alojar-me no banheiro.

Fazia tempo não chorava daquele jeito caudaloso, sem controle diante de um espelho. Soluços doloridos, assustadores. Vi meu rosto inchado, avermelhado, medonho, muito sal e muita água expulsos dele, uma crispação em estado bruto. As lentes dos óculos ficaram respingadas, logo depois embaçadas e sujas: a gordura do dia anterior retinha nelas o líquido que escapulia dos meus olhos. Não nos víamos havia anos, Rovai e eu. Mas saber que ele estava em estado terminal, e sabê-lo assim, por acaso, por terceiros, isso fez crescer em mim uma amargura inédita.

Rovai tornara-se referência. Mostrava que era possível fazer o que se quer fazer, construir algo que se quer construir, coisa grande ou pequena, mas algo real com que se sonhou um dia. Se ele faz isso, quanto não pode ser feito?, tantas vezes eu me perguntara, pensando em Caio naqueles anos. Tenho um amigo que fez uma coisa interessante, corajosa, ousada. Veja só, tenho um amigo a quem procurar se for algum dia para Nova York, eu pensava repetidamente.

Deixei o banheiro e, o rosto ainda desfigurado, caminhei até a cozinha para fazer café, repassando momentos vividos com Rovai: a confissão inicial na lanchonete do colégio, uma ou outra partida de futebol, a poesia medíocre mas espontânea, ele na nossa casa antes de Nova York, a escandalosa e bela mulata Alcione, Rovai expandindo-se no bar ao som dos anos 70, a festa de despedida, meu discurso tosco. Por que você não me contou nada? Tinha de saber assim, desse jeito, por terceiros, Rovai?, eu me perguntava bestamente, na cozinha, enquanto preparava o café.

Pensei em mandar uma carta, logo depois em visitá-lo em Nova York. Você com certeza estranharia uma visita minha, conjeturei também, perguntando a mim mesmo, ao mesmo tempo, se já não deveria estar na rua rumo ao aeroporto. Covardia, não irei até aí, sei bem, e será por pura covardia, Rovai. Covardia que é fruto dessa névoa mental, o bolor de sempre a me ludibriar o cérebro, uma cerração agora ainda maior, provinda de acúmulos antigos. Justamente agora, pensei, justamente agora, quando tanto preciso de você, Rovai.

Se você for enterrado aqui, é lógico que vou ao enterro. Mas não sei se você será enterrado aqui. Não sei se devo procurar a tua família para perguntar alguma coisa. Talvez eu devesse verificar isso com o meu colega que te visitou. Não sei de nada, Caio. Desculpe, desculpe esse idiota, Caio, que loucura, não consigo evitar, mas você ainda, quer dizer, você, pelo que sei, não morreu, certo?, você está vivo aí em algum hospital de Nova York, ou na sua casa aí, não é isso? E eu me dirijo a você como se você já estivesse morto! Você não verá o ano 2000, Caio querido? Será possível? Pergunta que é uma bobagem, pensava eu na cozinha, o vapor do café aquecendo-me o queixo, pieguice de um cagão, coisa de mídia, você sabe. Grande merda o ano 2000! Para meio mundo não-cristão nem de ano 2000 se trata! Foda-se a porra do ano 2000!

Deixei a xícara na cozinha. Apanhei uns trocados e fui à padaria. Eram seis horas da manhã.

Deveria mandar um telegrama. Não sei, você talvez nem esteja mais podendo ler. Como saber isso? Ouvir. Será que você está ouvindo? As delícias, as delícias, você dizia, não é? Não abandone as delícias, Silvio. Mais uma vez serei levado pela pequenez, pela covardia, Caio, porque sou dessas pessoas que não acontecem, dessas que apenas passam, entende? Que vêem a banda passar, essa é a verdade, eu me dizia já sentado na banqueta da padaria, um pão com manteiga na mão esquerda. Os outros fazendo seus números, suas artes, suas invenções, outros como você, Caio, que acontecem e fazem, que vivem, plantam, colhem.

Esfreguei as mãos no rosto energicamente. Tirei os óculos, deixei-os sobre o balcão. Comprimi o rosto, mais uma vez. Remexia os cabelos desordenadamente. Doía-me o pescoço.

Imaginei Caio em algum leito hospitalar, o corpo à míngua – dirigia-me a ele em vão, por uma telepatia imaginária –, os ossos em crescente saliência. Ou será que você está em casa, em alguma casa, Caio? Pensei nos pais dele, em suas risadinhas nervosas. Um telegrama, uma carta, isso talvez só venha a lhe fazer mal. Palavras talvez já não sirvam para nada agora. Tudo se resolverá em questão de meses, não é verdade?

– O senhor não quer um Melhoral? Uma água? Uma 51? – o atendente da padaria tentava me ajudar.

Encarei-o no entanto furioso, como se o coitado tivesse responsabilidade pelo meu estado. Recusei o que oferecia – qualquer coisa que me oferecessem obteria uma recusa naquele momento.

Como estaria agora o teu estado de espírito? Haveria espaço para uma carta de alguém a essa distância, remoendo palhas do passado, Caio? As coisas continuarão as mesmas, sempre e sempre, você bem sabe, mais do que eu, pois somos amargos, tornamo-nos mais e mais amargos, você bem sabe, eis uma obviedade. Talvez isso se reverta com o tempo, a tal sabedoria, Caio, tenho dúvidas sobre essa tal sabedoria, se ela não estará tapando coisas, transformando-nos em avestruzes, eis outra obviedade, Caio.

Você teria algo a me dizer sobre isso, Caio, pensava eu, queria ouvir tua voz pelos alto-falantes dessa padaria; ou não, não, na sua delicadeza, na sua gentileza que sempre saltou aos olhos, talvez você já não tenha simplesmente nada a dizer, para mim nem para ninguém. Para um amigo daí, quem sabe? As doses de sonho malconsumidas naqueles anos me pareciam tão intocáveis! Para nós dois era assim, não?

O gerente da padaria, conhecido de anos, colocou sobre o balcão, à minha frente, um copo d'água com açúcar. Agradeci. Aceitei a oferta desta vez. Ele trouxera no momento certo a água adocicada, revelando sensibilidade. Comovia-se, o gerente lusitano, embora sem usar da palavra. Tinha sucesso onde o seu empregado fracassara minutos antes.

Depois de beber dois goles, fui ao mictório da padaria – pequeno mas bem-tratado. Abri a torneira. A água gelada quase queimava as pálpebras inchadas. Comecei a sentir raiva de mim mesmo. Já perdera tantas peças do meu tabuleiro imaginário, e agora perdia mais uma, e das principais, se não a principal. Não vou telefonar. Nada de escrever. Se Rovai não me contou nada, tem lá os seus motivos, raciocinava eu diante do espelhinho do mictório. Certamente mais sábio do que eu, mais vivo do que eu, o Caio: mesmo neste estado sabe o que é certo e o que é errado. Queria me poupar, poupar nossa amizade de um momento como este, aí está. Que para a nossa recordação comum fiquem apenas os melhores momentos, pronto. Poupar também Dorieta e Izabella, evidente que o raciocínio de Rovai é esse, concluí ainda no mictório, esgotado pelo meu próprio desarranjo.

Finalmente deixei a padaria. Em casa, já o dia amanhecido, telefonei a Dario. Tampouco ele sabia de alguma novidade. Mais do que eu, estava afastado de Caio literal e mentalmente. Depois de ouvir o meu relato, reagiu mais uma vez com frieza. Embora tentasse expressar alguma dor, parecia muito ocupado com o parecer que prepararia naquela manhã sobre um projeto de lei qualquer.

Quando dois meses depois Mário Augusto trouxe a notícia da morte de Rovai – a Aids realmente o atingira em cheio, agente de eficácia exemplar e silenciosa, fulminante –, minha reação foi menos intensa do que quando soubera da doença: um sorriso tímido de resignação, acompanhado apenas de uma lágrima caída do olho direito. Nada mais. Debruçado sobre minha prancheta no escritório, imaginei outra vez os pais gorduchos de Caio, sentindo por eles um pesar cuja profundidade me surpreendeu e causou novo mal-estar, um mal-estar ainda mais forte, naquele momento, do que o gerado pela própria notícia da morte de Rovai.

Não compareci ao enterro do meu amigo, em 12 de setembro de 1991, outra data maldita que não se deixa esquecer. Dorieta sim, Dorieta foi ao cemitério, levando Izabella, acompanhada de Dario.

De minha parte, senti que, em definitivo, não tinha onde ou em quem me apoiar. E não me tornara cego, aí está.

15

Na semana anterior ao Natal, Sandro e Osório O Asno resolveram fazer uma festinha de fim de ano para o pessoal do escritório. Por sugestão de Mário Augusto acabamos todos, então, em um karaokê na Liberdade, ocupando as mesas mais próximas do minúsculo palco montado para as palhaçadas musicais. Como fora permitido trazer para o evento cônjuges e amigos, havia no total mais ou menos quarenta pessoas ligadas ao Sotero.

Dorieta promovera nesse dia três surpresas para mim. No início da tarde, enquanto eu me barbeava, aproximou-se e disse que compareceria ao karaokê. Era algo de fato inesperado, já que, se sua relação com meu trabalho era de absoluta distância, maior ainda era seu desprezo pelas pessoas que passavam os dias comigo no escritório.

Outra surpresa, que explicava a anterior, veio poucos minutos depois, eu já deitado na cama para descansar um pouco. Dorieta contou-me, então, que convidara Dario para a festinha, sem me pedir autorização.

A terceira surpresa, na verdade a primeira na ordem cronológica dos acontecimentos, ocorrera logo pela manhã, no momento em que Dorieta me presenteou, a pretexto do Natal, com uma caixinha preta, dentro da qual descobri nada mais nada menos do que um aparelho de cortar pêlos do nariz.

– Importado! – disse Dorieta, com malícia. – Diretinho da Alemanha!

J. Henckels, assim se chamava o instrumento, interpretado por mim, sem dúvida, como mais um sinal explícito da indecorosa agressividade de Dorieta. Esse objeto nada tinha a ver conosco, com a nossa história, senão pela negativa; era como se Dorieta, de repente, me desse de presente, por exemplo, um pente de osso, artefato igualmente absurdo para nós.

– Absurdo, Dorieta. Que absurdo! Você acha que eu já decaí assim? Por que essa provocação?

– Que provocação? – Era de um cinismo inflamável, de uma hipocrisia corrosiva essa indagação.

– Não foi você que quis me ofender daquela primeira vez no bar, lá no Paraíso, não lembra?, dizendo que eu, Caio e Dario éramos ridículos, que parecíamos desses caras que cortam pêlo do nariz, não sei mais o quê? Ridícula é você, e esse presente também, Dorieta! Aonde você pretende chegar?

Joguei o aparelho com a caixinha na lata de lixo da cozinha e saí de casa, rumo, mais uma vez, à padaria da esquina, onde fiquei até anoitecer.

As tais surpresas de Dorieta me afetaram a tal ponto naquele sábado, que, à noite, enquanto a maioria se abastecia de saquê para buscar a desinibição e poder assomar ao palco do karaokê num verdadeiro frenesi, incluída, aí, minha própria mulher, eu me deixava dominar pela desconfiança e pela tensão, pela incapacidade, enfim, de festejar qualquer coisa que fosse. Afundava-me na escuridão do bar.

Nem bem Dario chegou, não muito mais tarde do que nós, sentando-se à nossa mesa, logo Dorieta lhe estendeu a mesma caixinha preta, com o mesmo aparelho de cortar pêlos do nariz, o maldito J. Henckels, e convidou-o a dançar. O chefe de gabinete da Assembléia Legislativa riu às escâncaras diante do presente. Agradeceu-o cheio de covas no rosto. Quando os dois saíram de mãos dadas em direção à pista, observando-os de minha cadeira pedi aos céus que o tique nervoso de Dario piorasse ainda mais, que sua gagueira se multiplicasse para sempre, e esvaziei a garrafinha aquecida de saquê.

Em vez de dançarem como os outros casais, notei que os dois faziam junto ao palco uma brincadeira semiclandestina, a qual consistia em um imitar ostensivamente cada gesto do outro. A partir de certo momento, apenas Dario imitava Dorieta: se ela punha as mãos na cintura, ele fazia igual e olhava para ela; se ela arrumava os cabelos, ele fingia arrumar os dele também. Depois a cena se invertia, Dorieta a imitá-lo. Assim por diante. Logo percebi que não se tratava de uma coreografia ingênua. Faziam na verdade um joguinho primário de mútua excitação.

Não satisfeito com o flerte aberto, o casal subiu para cantar, os dois abraçados no palquinho. Alguma coisa dos Beatles, identifiquei. Dorieta se segurava em Dario pelo pescoço, ele empunhava o microfone sem inibição e suas pescoçadas podiam ser vistas, aos olhos dos desconhecidos, como perfeitamente naturais, frutos de impulsos musicais e não de um tique nervoso. Eram estranhos para mim naquele instante. Evaporara-se toda intimidade. Parecia que a morte de Rovai, ocorrida apenas três meses antes, contribuíra para aproximá-los ainda mais.

Internamente, desejei que Débora aparecesse de repente naquele lugar. Imaginei-a ali, flagrando aquela espécie de sexo camuflado, a desfilar seu corpo de modelo sobre o palco para atrair o namorado. Cheguei a ver a mesma Débora chamando-me pelo microfone com promessas públicas de um beijo vingativo. Excitei-me, até, com essas imagens – tive de ajustar o meu amigo, o filho-da-puta do meu amigo que àquela altura eu não sabia mais se era estéril ou não, diga-se, tive de ajustá-lo dentro da calça.

Em meio a esse delírio – a namorada histórica de Dario nem sequer fora informada da festinha do Sotero –, acomodado no meu posto de observação, deixei-me atrair por uns óculos que perambulavam lepidamente ao lado de uma peruca grisalha na escuridão do karaokê. Demorei mas finalmente identifiquei então Sandro e Osório O Asno, que circulavam embriagados pelas mesinhas, praticando as suas Relações Públicas, cumprindo profissionalmente, apesar do álcool, seu papel de chefia incontestável da animação da festa.

O Asno aproximou-se de mim, demonstrando ter-se dado conta do meu destrambelhamento.

– Tudo bem, Silvio?

– O estômago me subiu para a cabeça – respondi. – Só isso.

– Que 92 seja um ano bom para você – disse por fim Osório, dando-me um tapinha nas costas, já se retirando para abraçar o sócio e sua cabeça grisalha, mais uma vez, na frente de todos.

Pensei então em levantar-me, agarrar-me aos dois chefes, abraçá-los na frente de todos e sair desfilando as minhas sardas pelas mesinhas do karaokê junto aos óculos de Osório O Asno e à cabeleira grisalha de Sandro. Seria uma forma de expulsar a mágoa e o rancor, aplicar-lhes uma sova, mostrar a mim mesmo que eu podia dominar esses sentimentos pútridos e soturnos, atenuar o impacto do bolor crescente, mais uma vez, dentro do cérebro. Dar linha na pipa, nada mais do que isso.

Não só juntaria o meu aos corpos dos chefes, aliás. Também invadiria a pista de dança e mostraria minhas habilidades aos demais colegas. Misturaria Tony Tornado com John Travolta, arrastaria a secretária de Sandro pela cintura, faria uma palhaçada qualquer e todos gargalhariam com o meu espetáculo. Mas não ficaria por aí. Via-me já subindo depois ao palco, sem inibições, para cantar algum hit dos Beatles com Dario e Dorieta, desafiando os convivas a subirem ali também, dançando algo parecido com a polka, fazendo capoeira, usando o fio do microfone para fingir-me um enforcado. Isso sim significaria uma reviravolta naquela situação.

Ainda sentado, confortava-me de olhos fechados com esses ensaios de reação, saboreava o saquê, quando uma mão tocou-me de leve no ombro esquerdo.

– Vamos dançar?

Márcia chegara sorrateira. Adentrara o karaokê sozinha, com um vestido preto de alças mínimas, quase invisíveis, e eu era praticamente o seu único ente conhecido por ali. O velho projeto das casas populares andava a passos curtos, e isso, se descontentava os sócios nele envolvidos, permitia uma aproximação crescente entre mim e Márcia.

Ergui-me assustado – terei beliscado os braços para ver se aquilo era real? Ajeitei os cabelos e cocei os olhos, pedi perdão pelo mau jeito. Apertei-a com força desproporcional pela cintura. Márcia coube inteira no meu pastoso abraço.

Dorieta agora estava sozinha no palco, às escuras. Um feixe de luz azulada, tênue, conferia ao seu rosto um ar de dignidade e mistério. Pegou o microfone, meio bêbada, e declarou:

– Os homens primeiro andam. Depois começam a pensar. As mulheres não. Primeiro pensam, depois é que começam a andar. Por isso nos cuidamos mais. Nosso corpo tem fragilidades maiores, mas nossa cautela compensa isso. Na verdade, não só compensa como também supera isso e torna as mulheres mais capazes de resistir a doenças, embora não a tentações.

O salão ficou em silêncio. Aquele discurso era absolutamente incompatível com o local. O disc-jóquei do karaokê, que assistia a tudo de sua cabina, aumentou o volume da música. Todos perceberam que Dorieta estava fora de controle. Márcia, no entanto, acompanhava com interesse o discurso de minha mulher.

– É minha mulher... – eu disse, meio orgulhoso meio acabrunhado, ao final do nosso abraço.

Dorieta aumentou o volume da voz. Resolvera desafiar o disc-jóquei:

– Não cuidar da própria saúde é egoísmo puro! – gritou, microfone à mão. Os convivas, surpreendentemente, pareciam gostar. Muitos aplaudiam. Agitavam-se grupinhos em torno do palco.

– Cuidar da própria saúde é ser acima de tudo fraterno – prosseguiu Dorieta. – Se você morre, quem fica somos nós, os outros, isso é certo. Morrer é o de menos. O problema é viver depois que o outro morre. Qualquer dor é inferno, sim, mas para quem assiste, não necessariamente para quem sofre. Assim é sempre: não se cuidar é uma atitude odienta, de quem não ama nada nem ninguém.

Sandro e Osório O Asno se aproximaram de mim e de Márcia – cumprimentaram-na pois ainda não a haviam visto por ali –, de olho no palco. Enquanto Dario puxava mais aplausos, eu brincava com um saleiro na mão.

Inesperadamente, Márcia adiantou-se, subiu pela escadinha lateral e juntou-se a Dorieta. Senti um calafrio, pedi mais um saquê e logo enfiei-o garganta abaixo. As imagens pareciam-me irreais. Disse então Márcia, sem se apresentar, e sem microfone, dirigindo-se com firmeza a Dorieta:

– Você diz isso por egoísmo seu, na verdade. Se quem sofre a dor não é quem sofre mais, colega, significa que quem não sofre a dor teme sofrer mais ainda, sempre mais, e age, ao impedir a dor do outro, em defesa de si mesmo. Portanto somos todos egoístas, não passamos disso.

Casais bateram palmas. Sandro e Osório O Asno trocaram olhares e depois viraram para mim. Senti que me responsabilizavam por aquilo.

Dorieta não se assustou. Ao contrário, entusiasmou-se. Comprou a briga. Passou a encarnar personagens. Buscava uma performance que unificasse o conteúdo de suas palavras a vozes diversas que criava. A iluminação azul transformava as duas mulheres em atrizes naquele minipalco. O disc-jóquei abaixou o volume da música.

Alguém botou na mão de Márcia um microfone.

– Para quem não sofre, para quem já se entregou à morte ou à dor – rebateu Dorieta, enquanto Márcia silenciava, cabeça abaixada, e eu enchia de sal a palma de minha mão –, para essa pessoa, o mais nobre seria pedir ao outro que não sofresse. Assim poupam-se dois e não apenas a si mesmo.

– Então estamos todos mortos – concluiu Márcia, disposta a encenar o diálogo até o fim com Dorieta.

Dei-me conta, nesse momento, de que naqueles meses, desde a morte de Rovai, Dorieta fizera questão de comparecer aos velórios e enterros de todos os amigos e amigas de sua mãe. Foram três ou quatro que se acumularam naquele período, o suficiente para criar um hábito mórbido. Ia como que ao enterro de partes da sua infância, dizia ela ao explicar o novo costume. Genuinamente entristecida, comparecia aos enterros e velórios como se os mortos fossem amigos seus, não da mãe.

Seguiram-se instantes de música, sem voz. Algumas pessoas pediam bis, divertiam-se com o embate das duas mulheres sobre morte e sofrimento naquele ambiente festivo. Outras já se dispersavam. Mas não houve resposta à conclusão catastrófica de Márcia. Dorieta finalmente parecia ter desistido da encenação. Largou o microfone. Seu corpo se encurvara.

Márcia desceu do palco. Alguém que não pude identificar subiu para retirar Dorieta dali também. Nesse momento, senti uma tontura fulminante. Girei para todos os lados. As luzes tomaram conta dos meus olhos. Até hoje não sei quem me socorreu nem quem me levou para casa.

16

Izabella era ânsia pura, exposta. A angústia gerava frisos nada lineares em seu vestido amarelo de festa de São João, o único razoável para a ocasião e que ela amassava aqui e ali com as mãozinhas nervosas. Sem perceber, encarnava uma caipirinha doce e meiga quando chegamos à biblioteca.

Minhas mãos suavam estupidamente. Sem dúvida estava ainda mais ansioso do que ela. Afinal, arriscava-me ao levá-la assim, pela primeira vez, para assistir a um ensaio do coral sem ter avisado Dorieta. Tal ousadia poderia custar-me caro. Era tudo, menos fácil.

Adentramos a sala no instante em que os coralistas já se alinhavam sobre o pequeno estrado, cada qual com sua pasta preta e suas brincadeirinhas, sorrisos de adultos de bem com a vida, músculos afrouxados. Preocupado em não causar confusão, puxei Izabella com força para que se sentasse logo, bem ao fundo. Que fôssemos discretos, disse a ela. Que permanecesse calada, o tempo todo, para não perturbar os trabalhos.

– E o Dario, pai? Não veio?

– Não, hoje não. O Dario trabalha muito. Mas fique quieta, filha. Não podemos falar. É lugar para ensaios, Izabella, por favor.

– Por que a mamãe não cumprimenta a gente, pai?

– Está se concentrando, Izabella. Fique quietinha, vamos sentar aqui.

Apesar de ter notado nossa presença na sala, Dorieta agia

como se não estivéssemos ali. Tive a sensação de que não hesitaria em nos dirigir demonstrações explícitas de que simplesmente não éramos bem-vindos naquele ensaio.

Sentamo-nos, finalmente. Por alguns instantes meu raciocínio se inverteu, definiu-se pelo otimismo: as coisas podem mudar, pensei, Dorieta deve estar nervosa, também para ela é novidade cantar na frente de Izabella; o clima talvez melhore com o andamento do ensaio, a magia da música, concluí, mantendo presa ao meu corpo a mão de Izabella.

À exceção da senhora de cabelos brancos, que deu-nos uma piscadela e logo pôs-se a entoar uma melodia – era ela, entendi, a encarregada de puxar pela afinação do conjunto –, nenhum dos cantores nos cumprimentou. Diante disso, e como não havia na sala vivalma além de nós e o coral, dominou-me a idéia de que eu e Izabella não passávamos de intrusos ali, embora ninguém dissesse nada nem sequer sinalizasse que devêssemos nos retirar da sala.

Quando ganhou ritmo uma cançoneta folclórica nordestina, era *Mulher rendeira* ou coisa do gênero, Izabella sorriu. Olhou para mim desanuviada, como se assistisse a um grande espetáculo. Um alívio me fez então sorrir também. O suor sob controle, acariciei os cabelos da menina e observei suas pernas a balançarem na cadeira.

O ensaio corria bem. Ela chegou a bater palmas abafadas, divertindo-se, apenas para me provocar. Mais ou menos no meio da quarta música, porém, notei que algo a incomodava. Seus olhos tinham agora dificuldade para se fixar em qualquer ponto que fosse. As mãos, antes soltas e alegres, apertavam a minha. Deixara de balançar as pernas.

– Por que a mamãe não está cantando nada, pai?

De fato, ao contrário do que sempre ocorria, Dorieta apenas murmurava notas. Parecia a única pessoa tensa entre os coralistas.

– Ela faz só o acompanhamento, de boca fechada mesmo. É assim, nessas músicas.

– Quero ir embora, pai.

A menina me puxava pela manga da camisa.

– Calma, filha, calma. Logo acaba. Se a gente sair no meio a tua mãe vai ficar chateada. Falta pouco.

Abracei-a outra vez, como se quisesse prendê-la na carteira, mas logo Izabella se desvencilhou e repetiu, enérgica, decididamente:

– Vamos embora daqui, pai.

Os olhares de Dorieta e seu silêncio eram insuportáveis. Sem alarde, sem sinal de despedida, deixamos a biblioteca antes de o ensaio terminar.

Horas mais tarde, ajudava Izabella a arrumar o material escolar na mochila nova – cujo peso fazia-me temer pela saúde de todos os alunos do mundo –, quando Dorieta entrou em casa, batendo a porta. Sem nos dirigir a palavra, caminhou para a cozinha, atirando, no entanto, de passagem, em nossa direção, um envelope pardo. Mais uma tradução recusada, pensei. Merda! Mais uma crise. Mais papel para atear fogo. Merda! Nem sequer toquei no envelope, procurando, antes, refletir, buscando uma forma de contornar, mais uma vez, velhos problemas.

Logo observei, no entanto, que naquele envelope, imóvel sobre o tapete da sala, havia o timbre de um laboratório de análises clínicas. Imediatamente passei a Izabella a tarefa de organizar na estante alguns livrinhos infantis, peguei-o e comecei a abri-lo.

Nesse instante, como se apenas aguardasse o meu gesto, Dorieta gritou da cozinha:

– De que signo você é, Silvio?

– Câncer, ora. Você sabe. Sou de junho.

– Perfeito, perfeito. É câncer! Parabéns! É câncer!

Dorieta gritava agora na sala, rodopiando, dançando a um som imaginário qualquer, cantarolando essas palavras:

– Mamãe está com câncer. Mamãe está com o signo do papai! Trá lá lá lá lá! Mamãe está com câncer... Trá lá lá lá. O papai acertou!

Rasguei furiosamente o envelope, para constatar o que já considerava o óbvio a partir daquela brincadeira estúpida.

– Izabella, sobe para tomar banho. Está na hora, vai indo. Papai logo sobe para ajudar.

– Que que é câncer, mamãe? – A menina fez a pergunta como se quisesse saber o que diferencia o alto do baixo, o azul do vermelho.

– É uma doença que logo passa – respondi, adiantando-me ao que Dorieta pudesse dizer. – Sobe, Izabella – insisti, a voz mais firme. – Prepara o teu banho que já subo também.

Mais uma vez doíam-me as costas. O bolor no cérebro se fazia presente. Dorieta, agora em silêncio, caminhava pela sala de braços cruzados olhando o chão. Sua cicatriz, branca e fininha junto aos lábios, parecia se agitar, nervosa.

Escondera de mim a doença porque havia muitas dúvidas, explicou-me então. Durante meses fizera exames para ter certeza. Sentia dores esquisitas pelo corpo fazia já algum tempo. No estômago em especial. Havia como precedente o caso da irmã em Florianópolis.

– Uma mulher de trinta e quatro anos pode ter câncer assim, sem mais nem menos, de um dia para o outro? – perguntei, e foi apenas por perguntar. Achava que, afinal, aquilo tudo ainda poderia ter a chance de ser apenas uma representação, um blefe de Dorieta, de quem eu sempre esperava, a qualquer momento, a manifestação de um sadismo cujos limites desconhecia.

– Deixa de ser besta, Silvio. Dá uma olhada nos exames, se quiser.

Dorieta subiu a escada.

–Vou ajudar minha filha no banho.

Mesmo sem entender nada do assunto, li a papelada dos exames do início ao fim. Li e reli inúmeras vezes. Tudo indicava que Dorieta dissera a verdade. Em vários pontos do relatório havia manchas, era evidente que se tratava de lágrimas.

Rodopiando, agora eu, pela sala, esfreguei os olhos e pensei se deveria cancelar ou não a viagem à Venezuela prevista para dali a um mês – dessa vez eu iria mesmo, com Márcia e Teodoro. Típico problema sem sentido, ao menos em tese, pois, àquela altura dos acontecimentos, ir ou não ir a Caracas deveria ter importância desprezível diante do diagnóstico de câncer em Dorieta. Mas a verdade, por mais inacreditável que possa parecer, é que me vi, naquele momento, enroscado diante de um dilema: ficar aqui, cuidar definitivamente de Dorieta e de Izabella, assumi-las como pessoas que precisavam de mim mais do que nunca, ou, em lugar disso, encampar de vez, ao menos internamente, com todas as suas conseqüências, a possibilidade de iniciar um novo relacionamento – com Márcia Arantes, claro está. Era isso que havia por trás de minhas hesitações, era essa a miséria da minha condição mental enquanto ouvia os ruídos do banho de Izabella no andar de cima, a ingenuidade de suas brincadeiras, o cantarolar surpreendentemente macio de Dorieta junto a ela.

Não tenho dúvida de que nasceu nesse dia, exatamente nesse momento de hesitação, o hábito que carrego até hoje de passar as mãos de leve nas paredes e nos móveis, acariciá-los quase a toda hora, como se pudesse captar dessas carícias frias alguma energia que de dentro de mim jamais saberia brotar. Se há segredos que não ousamos revelar nem mesmo para o espelho, e assim de fato acontece, é porque nossa indigência espiritual é mesmo infinita, aí está. Não existe aquilo a que alguns teimam em chamar de "mente limpa". Dorieta costumava dizer: "A merda, olha só, Silvio, a merda mora é dentro da gente, a gente está sempre cheio de merda, Silvio."

Ela tinha razão.

Mas, uma coisa era ouvi-la dizer essas palavras, com a obsessão que a caracterizava. Outra coisa era vivenciá-las, sem ter noção de escapatória.

17

O flat ficava no segundo andar do setor de apartamentos do Caracas Hilton, com vista direta para a piscina do hotel. Era a primeira manhã livre que eu tinha após três dias de sessões plenárias e reuniões particulares com engenheiros, arquitetos e empreendedores de várias partes do mundo, e aproveitara para dormir um pouco mais.

Ao abrir a janela da sala do apartamento, já escutando os sons de gente na piscina pouco abaixo, dei com a imagem do corpo de uma mulher cujo rosto estava encoberto por um chapéu de palha de abas enormes. Estirada numa espreguiçadeira, tinha a pele de coloração uniforme, morena, as unhas dos pés pintadas de vermelho-rubi. Descansava os braços, deixando-os estirados em paralelo ao longo das laterais do corpo. O biquíni, lilás, era realmente mínimo, embora elegante, no estilo dos anos sessenta – não cavado feito bumerangue como era moda. Ao pé da espreguiçadeira, ao lado de uma toalha branca, um copo vazio, apenas com gelo, repousava sobre um livro grosso cujo título minha vista não conseguia alcançar. Mesmo com o sol já àquela altura imponente, a mulher mantinha a pose, talvez até dormisse, o corpo em equilíbrio nobre, magro mas de modo algum ossudo. Atraente.

Apoiado no peitoril da janela, fixei o olhar por alguns minutos naquele corpo, até que a mulher retirou o chapéu e, dirigindo-se a mim, a mão em concha para proteger os olhos contra o Sol, perguntou:

– Você não vai descer?

Reconheci Márcia pelo sorriso, mais do que pela voz – parecia a voz de uma mulher cansada, talvez em função da pose em que se mantivera por tanto tempo.

– Claro, claro, já vou descendo – eu disse, como quem se desculpa por saber-se pego de surpresa. – Dormi demais, não?

Sem responder à minha indagação protocolar, Márcia voltou a deitar a cabeça, cobrindo outra vez o rosto com o chapéu de palha. Rapidamente, pensando em como fora possível que eu não a tivesse reconhecido logo de cara, deixei a janela e fui ao banheiro. Fiz ali o que tinha de fazer, retornei ao quarto e escolhi no armário o calção mais largo que trouxera, o qual, por coincidência, era dominado pelo lilás, como o biquíni dela, embora com tiras azuis fininhas atravessando-o no sentido vertical.

Antes de sair do quarto, dei mais uma espiadela na piscina, como quem testa a temperatura do lado de fora. Veio-me à lembrança, então, a piscina da casa de Teodoro, onde eu estivera no fim de semana anterior para acertar os detalhes de nossa viagem.

Mesmo tendo-o conhecido já havia quase dois anos, estava ali pela primeira vez naquele sábado. Como chegara antes do combinado, pude perambular enquanto o aguardava. Assim fiquei, então, observando a piscina ovalada, impressionado com a amplitude da sala de visitas, cujas paredes, de tijolo aparente, exibiam gravuras e telas pintadas a óleo.

Numa saleta contígua, onde fui surpreendido pela governanta que me oferecia café ou chá com bolachas, espantei-me com a quantidade de fitas de vídeo ocupando três estantes de mogno. Nas lombadas, pude ler que se tratava de gravações registrando, uma a uma, as construções empreendidas por Teodoro. Estavam ali, catalogadas, todas as suas obras.

Retomando o corredor principal, pude distinguir entre várias portas, alguns metros adiante, uma outra saleta, bem menor do que a da videoteca mas também decorada com paredes de tijolo aparente. Era praticamente ocupada por uma *bérgère* de couro preto, à frente da qual havia um pufe para o apoio das pernas. O piso, de ardósia, ficava protegido por um tapete colorido.

Ao lado da poltrona, sobre uma mesa retangular, perfilavam-se cachimbos das mais variadas formas, três caixas de fumo e o retrato de uma mulher à qual se agarrava, sorrindo, um garoto aparentando dez anos de idade.

Quando Teodoro chegou, eu mantinha a xícara de café na mão direita e me abaixava justamente para aproximar os olhos do retrato.

– Minha mulher e meu filho – disse ele, sem anúncio de chegada, o que me fez deixar cair no piso a xícara por sorte já esvaziada.

– Não se preocupe. Tem milhares dessas por aí – acalmou-me Teodoro, enquanto eu tentava juntar os caquinhos de louça espalhados pelo chão.

– Muito simpáticos, os dois – exclamei, recompondo-me.

– Obrigado, um dia você vai conhecê-los. Carlos não mora aqui. Vive em Atibaia. E a Fayga está passando uns dias no sítio da irmã, em Cotia. Gostou da casa?

– Muito confortável, bonita. Vê-se que é casa de quem entende do assunto – respondi, com a sensação de ter proferido uma bajulação totalmente dispensável.

– Bobagem, bobagem – disse ele.

Depois de chamar pela governanta, Teodoro caminhou pelo corredor rumo à sala de visitas. Fui atrás.

– Hoje podemos conversar aqui. Quando a Fayga está em casa, ela não deixa que se trate de negócios na sala...

Deixei a casa de Teodoro uma hora depois, tomado pela sensação de que eu era uma migalha, uma ridícula migalha. Não que ele criasse o distanciamento. Ao contrário, Teodoro era gentil, não ostentava grandezas. Sua voz era de quem quer ensinar os outros. Seu tamanho, mignon, não podia impressionar ninguém. Mas suas realizações, sua determinação, o acúmulo de conquistas que aquela casa parecia significar – será isso a sabedoria?, eu me perguntava –, tudo isso fazia com que me sentisse alguém cujos limites eram estreitos demais, um ser humano tosco, sem planos, à mercê das circunstâncias, sem saber do que gosta ou não gosta.

Caminhando pelas ruas de Campo Belo, naquela tarde, depois da conversa com Teodoro, concluí que talvez estivesse encontrando nesse parceiro de trabalho alguma pessoa na qual pudesse me apoiar, e não apenas profissionalmente. E foi, na verdade, essa dedução que me convenceu de vez a ir à Venezuela, mesmo com a doença de Dorieta e todas as suas conseqüências martelando-me a cabeça.

Agora, ao lado de Márcia na piscina do hotel, Caracas se oferecia como um asilo temporário. A distância física e mental em relação a Dorieta, a Izabella e até mesmo a Sandro e Osório; tal distância criava um mundo inesperado, no qual me sentia bem, um homem retocado, enfim.

Quando abri a terceira lata de cerveja, estirado sobre uma espreguiçadeira, a coragem que até ali tentava criar corpo dentro de mim finalmente se fez presente. Virei-me então de lado, encarei aquele rosto protegido pelo chapéu de palha e perguntei:

– Por que você subiu no palco aquele dia?

Márcia parecia dopada. Nem sequer tirou o chapéu de cima do rosto. Permaneceu deitada. O que eu via, eram os seus lábios se mexendo ligeiramente:

– Que palco?

– No karaokê. Aquele duelo com a Dorieta...

Apoiou as mãos na cadeira para se sentar, ajustou o encosto, ergueu o chapéu de modo a permitir-me ver o perfil completo do seu rosto. Chamou um garçom e pediu água. Dobrou os joelhos, amarrou-os com os braços amorenados e falou sem olhar para mim, os olhos fixos na piscina:

– Fiquei deslumbrada, naquela hora. Estava meio alta. Achei desbundante a performance dela. Queria participar daquilo, entende?

Entornei toda a cerveja da terceira lata no meu copo embaçado.

– Você se sentiu atraída pela Dorieta, é isso?

– Não é bem isso – disse Márcia, virando-se para mim. – Fui atraída pelo espetáculo que ela fazia, entende? E acho que eu queria mesmo era impressionar você.

Seus olhos me desconcertaram. Senti que me engolfavam. Nesse momento surgiu à beira da piscina a figura miúda de Teodoro. Terno engomado, sorriso de sábio, bigode bem aparado, paternal.

– Ei, pessoal, está na hora de se aprontar. Temos o almoço com os chilenos, esqueceram?

Subimos, os três, para o apartamento. Minha conversa com Márcia adiava-se para eu não sabia quando.

A sessão de encerramento do encontro de arquitetura e construção realizou-se naquela mesma tarde. Na mesa dos trabalhos, personalidade conhecida e respeitada que era desde o primeiro congresso dois anos antes, Teodoro sentou-se junto ao presidente, ocupando o posto de relator oficial do evento. Acomodei-me ao lado de Márcia no auditório repleto.

Com os olhos eu fingia prestar atenção aos discursos, enquanto minha mente tentava se conformar, mais uma vez, com a frieza que Márcia exprimia quando estava no trabalho. Pouco antes, durante o almoço com os empresários chilenos, por exemplo, seu comportamento fora escandaloso. Única mulher na mesa, portara-se como igual a todos os demais. Tão acintosa era a sua determinação, que nem mesmo as usuais brincadeirinhas sobre mulheres participando de negócios encontraram espaço na conversação.

– Se os senhores me permitem, creio que é hora de começarmos a falar de negócios, não? – esta foi a maneira pela qual ela, na mesa, se dirigira aos empresários chilenos, sem um único sorriso e, visivelmente, com autorização de Teodoro. Maneira tão chocante, para eles, vale insistir, que o mais velho, um senhor perto de seus oitenta anos, chegou a pedir desculpas por ter-se excedido nos canapés.

Agora, ao final da intervenção de Teodoro – resumo florido e bem-humorado das principais conclusões do congresso internacional –, Márcia parecia derreter-se. Aplaudiu o chefe com efusão. Provavelmente chegaria às lágrimas se aquele discurso continuasse. Além disso, forçou-me a fazer o mesmo, e nossos aplausos se perdiam em meio à ovação de toda a platéia diante da oratória do relator brasileiro.

– Ele é mesmo grande, não é? – comentou Márcia, os olhos brilhando. – Podia ser deputado!

– Nós é que somos pequenos! – exclamei.

– Bobinho! – disse ela, os lábios umedecidos, a aplaudir mais uma vez o relatório de Teodoro.

Quando o presidente dos trabalhos, um ministro venezuelano qualquer, retomou a palavra para o encerramento, resolvi deixar o local e preparar as malas para a viagem de volta. Teodoro e Márcia ficariam em Caracas até o final da semana para tratar de outros assuntos relativos ao escritório deles. Meu avião partiria dali a três horas.

Despedi-me de Márcia com um beijo na testa e acenei para Teodoro, que me devolveu o cumprimento discretamente, dali do palco, com uma piscadela.

– A gente se vê em São Paulo – ela disse. – Vê se me liga, que agora o projeto vai andar. Essas casas vão sair do papel, hein!

Não é justo, Dorieta. Você sabe que não é. Você construiu uma armadilha, amarrou-me no saco e me sacoleja sem parar, Dorieta. Minha vida se transformou numa merda. Sangro por todo lado. Você deixou as coisas se acumularem. Uma escuridão, Dorieta. Assim eu conversava comigo mesmo, a cabeça recostada na poltrona macia, aguardando a decolagem do avião. Além de mim, havia apenas dois ou três passageiros.

Logo após a decolagem, aproximou-se uma aeromoça e, maternalmente, perguntou se eu não queria um copo d'água com açúcar. Dei-me conta, então, de que, na verdade, eu chorava convulsivamente, sem vergonha nem inibição.

Bebi tudo com rapidez. Enxuguei os olhos com o guardanapo de papel. A aeromoça trouxe um travesseiro e, num gesto que refletia a gravidade do meu estado – assim o interpretei inicialmente –, sentou-se na poltrona ao lado. Depois, silenciosa, apertou minha mão entre as suas.

Passaram-se alguns minutos. Eu me acalmava. As mãos da comissária, calorosas e sem aliança, moviam-se junto à minha numa fricção agradável.

– Qual é o seu nome? – perguntei, pois, do ângulo em que a via, era tarefa árdua tentar enxergá-lo na plaquetinha dourada junto à lapela do uniforme.

– Gleice – respondeu, com um sorriso de dentes cinematográficos, mantendo minha mão na quentura do seu colo.

Foi aí que observei como era bonita a aeromoça. Loira, vivaz, de pele impecável no rosto e pernas rígidas, atléticas. Mechas brancas reforçavam a claridade da sua cabeleira. Uma Barbie, pensei. Barbie talvez quarentona, sim, mas Barbie, de todo modo, em carne e osso.

– Gleice... Gleice... – repeti, enquanto ela erguia a mão para passá-la carinhosamente no meu rosto.

– Você melhorou?

– Acho que já estou bem. Obrigado, Gleice.

A mulher ergueu-se, encarou-me com firmeza e apertou-me a mão, desta vez com uma intensidade cujo significado só compreendi plenamente meia hora mais tarde, quando, na bandeja em que ela trouxera o meu jantar, encontrei sob os talheres o seguinte bilhete: “Vamos nos encontrar? Moro no Rio. O telefone e o endereço estão no papelzinho anexo. Você é um homem muito sensível. Gleice.”

Guardei os pedaços de papel no bolso da calça, pensei qualquer coisa como “no fundo sou um homem de sorte”, comi vorazmente e adormeci sem ver o filme que começavam a exibir na cabina do avião.

18

O céu estava exposto por inteiro. Azul puro, sem nuvens à vista. Matizes variados de verde se formavam nos canteiros, para além do asfalto, com o brilho e os contornos enobrecidos por uma atmosfera excepcionalmente despoluída. Naquele sábado, dia 27 de junho de 1992, muita gente caminhava ao longo dos acostamentos da Fernão Dias. A luminosidade, o frescor outonal, certo friozinho saudável, tudo isso sustentava a promessa que nos havíamos feito de um fim de semana especial no condomínio de Bragança Paulista, onde mais uma vez eu alugara uma casa de veraneio.

Por precaução, e como era grande o movimento de carros, ônibus e caminhões, Izabella viajava no banco de trás, junto com Plínio – de novo Álvaro, o sobrinho do meio, optara por um fim de semana no sítio de um amigo. Na frente ia eu, sozinho. Dorieta, morando na casa da mãe, praticamente sem sair do leito nos finais de semana, já não viajava mais conosco; sofrera duas cirurgias, e o médico proibia qualquer esforço maior. O carro, um Chevette preto, ano 91, equipado com rádio e toca-fitas, era novo e bastante seguro. Eu guiava sem pressa. Ansioso pelo descanso, é verdade, mas solto, despreocupado.

Esse desprendimento não provinha apenas da expectativa de um final de semana decente, nem era obra do acaso, a bem dizer. Na verdade, desde a minha volta do encontro de arquitetura na Venezuela, dois meses antes, muita coisa mudara, a começar pelo comportamento de Dorieta. O exemplo mais eloqüente dessas mudanças aconteceu já no aeroporto, onde ela e

Izabella me aguardavam. Recebeu-me com festa e carinho, como se fosse uma pessoa normal! Sentia-se animada. Parecia eufórica, apesar das cirurgias, e informou-me do tratamento que iniciara. Mencionou também uma vontade de estudar piano. No sábado seguinte, voltaria até mesmo a freqüentar os ensaios do coral na Vila Mariana.

Altos e baixos, altos e baixos. Nas semanas seguintes, em meu trabalho, várias vezes refleti sobre aquela reviravolta. Invariavelmente concluía pela tese de que o casamento vive de altos e baixos. Altos e baixos. Altos e baixos. A tese da gangorra, e pronto! Era apenas uma questão de administrar as oscilações com maturidade. Equilibrá-las. A uma fase ruim sucederiam momentos de plenitude, e assim por diante, ciclicamente. Dorieta, é provável, chegou à mesma conclusão, eu pensava. Trata-se, portanto, de investir nesse novo momento, ainda que ele possa durar pouco, ou quase nada, ainda que ele possa ser, na realidade, o último momento.

Sem dúvida informado por Teodoro de meu desempenho no mínimo correto no encontro de Caracas, Sandro passara a me prestigiar mais no escritório. Almoçávamos juntos duas ou três vezes por semana, o que até provocara estremecimento nas relações entre mim e Osório O Asno. Cheguei a ganhar folgas inesperadas. A secretária da direção começava a me tratar com mais respeito.

Também passara a almoçar com Márcia de vez em quando. Ela fora finalmente designada de modo formal por Teodoro para cuidar, do lado deles, do projeto das casas populares. Fato este que, aliás, no entender dos meus colegas, simbolizava uma ascensão de minha parte, já que ela, hierarquicamente, equivalia na Meyer ao que O Asno era no Sotero.

Invertiam-se, assim, as expectativas negativas que me arranhavam internamente poucos meses antes. As peças pareciam se ajustar umas às outras, afinal. A viagem a Caracas tivera como resultado uma guinada. Serenavam-se as ondas dentro de minha cabeça. Antevia, inclusive, a possibilidade de aprofundar meu relacionamento com Márcia sem que isso implicasse, necessariamente, afastar-me de Dorieta. Além disso, trocava cartas libidinosas e divertidas com a aeromoça Gleice. Em que pese o agravamento da doença de minha mulher – a ponto de o próprio médico hesitar acerca de suas reais chances de sobrevivência –, meus dias eram paradisíacos perto dos pesadelos que vivera fazia tão pouco tempo.

As crianças agora liam gibis, silenciosas, no banco de trás. Eu tamborilava com leveza no volante, ao ritmo acelerado de certas passagens das *Variações Goldberg*, pensando no crescimento incessante das favelas nos beirais da Fernão Dias: barracos descoloridos pululando por todo lado nos morros que margeiam a estrada, nas proximidades de Guarulhos.

Vi a perua Belina marrom deixar de supetão o acostamento da direita, bem à nossa frente. Ela ficou enorme de repente, como se fosse um ônibus cruzando a rodovia rumo ao outro lado, bem no instante em que eu ia passar por ali. Iria ocupar o mesmo espaço que eu, portanto; e isso obviamente era impossível de acontecer sem um choque entre os dois veículos.

Desviei o Chevette para a esquerda, invadindo a pista contrária na contramão, porque, se brecasse, raciocinei – ou reagi por instinto, reflexo –, fatalmente, se brecasse não daria tempo, bateria com toda a força na lateral da Belina, arrebentaria o motorista e a mulher que notei de forma vaga estar ao lado dele. No mesmo instante, senti que o motorista da perua iria brecar, ele também – torci por isso intimamente –, e que, dessa forma, tudo acabaria, como sempre, sem maiores problemas.

Mas, apesar do meu desvio, a maldita Belina acabou pegando em cheio a lateral traseira direita do meu Chevette. O motorista, inacreditavelmente, não pusera o pé no freio. Ao contrário, tentara acelerar mais para escapar do choque agora inevitável. Vi então não mais do que algum verde, algum marrom pela frente. Manchas confusas. Logo um negrume voluptuoso em movimento cobriu-me a visão. Senti o carro subir numa decolagem abrupta, virar de lado no ar e bater em seguida com as rodas em algo que me pareceu ser o barranco do outro lado da estrada – tudo num átimo, como se costuma dizer.

O volante escapando-me das mãos, pensei nas crianças no banco de trás. Mas não podia olhar para elas – isso foi o mais terrível. Dominou-me com nitidez a sensação de que estava tudo acabado, de que não mais veria Izabella, de que ela tampouco me veria. Nunca mais. Tive essa sensação, ela coube inteira ali, naquele espaço indefinido e naquele tempo quase nulo, arrepiante e límpida, no momento em que o carro capotava, a sensação de que tudo o que eu vivera se extinguia naquele centésimo de segundo em que rolávamos sobre o asfalto. Meus anos, os anos de Izabella, de Plínio. Berrei como jamais berrara antes. Berrei simplesmente "meu deeeeeus", recordaria isso mais tarde e para sempre feito coisa cristalina. De minha boca saíram somente essas palavras, dirigidas a ninguém, obviamente, mas muito prolongadas, na intensidade de um terror absoluto, do pânico, do horror mais gélido. E junto com elas o carro despencou, rodopiando em seguida mais uma vez de cabeça para baixo sobre o asfalto. Uma, duas voltas. Apoiado apenas na capota, o Chevette girou feito pião em câmera lenta, até parar no meio da pista contrária.

Abri a porta para cair fora dele, e tenho certeza de que vi Izabella fazendo o mesmo, lentamente, com muito esforço, pela porta de trás. Certamente, o corpo a tremer inteiro, fora de mim, pensei bem depois, eu estava mais assustado do que ela quando percebi meu ombro direito que sangrava muito e vi a gasolina jorrar do tanque do Chevette como se uma torneira tivesse sido instalada ali subitamente; ou quando alguém mandou que nos afastássemos urgentemente dali, aquilo tudo podia explodir, disseram, e tirei pedaços de vidro desse ombro sanguinolento, a camisa rasgada; ou ainda quando vi Plínio sendo carregado para o acostamento por um rapaz barbudo de calça vermelha e procurei mais uma vez por Izabella no asfalto – juraria tê-la notado saindo do carro com o primo. Gritei seu nome. Berrei seu nome deformado, na verdade. Uma, duas, três, dez vezes. Berrei a ponto de não escutar mais nada em volta além da minha própria voz.

Izabella ficara estatelada no teto do Chevette. Entre estilhaços de vidro, sob as quatro rodas viradas para cima. Não havia saído de lá de dentro junto com Plínio como eu imaginara até ali. Permanecera dentro do carro, Izabella, o corpo de barriga para cima, braços abertos, as pernas pequeninas inteiramente para fora do vestido florido cor de vinho, a calcinha azul e branca exposta ao vento frio. Um filete de sangue partia-lhe o rosto ao meio. Seus olhos estavam fechados.

Um caminhoneiro que assistiu a tudo do posto de gasolina, a cinqüenta metros dali, trouxe-me um pedaço de papelão em que anotara a placa da Belina enquanto ela fugia pela estradinha vicinal. Aproximou-se também uma senhora de vermelho. Ofereceu-me água. Segurava-me pela cintura, tentando me reanimar. Pernas bambas, eu rodopiava no acostamento. Mal conseguia pregar os pés no chão. O carro, de cabeça para baixo, obstruía a pista que ia para São Paulo. Caminhei até ele e agarrei Izabella, tentando também reanimá-la.

Um guincho estacionou nas proximidades. Guincho-rabecão, aí está. Inescrupuloso. Desses de modelo antigo, que perscrutam as vítimas pelas estradas em busca de fatalidades. Urubus rodoviários, eles são, esse o seu ofício "humanitário". De um orelhão, no posto em frente ao local da batida, liguei para Gisele. Que viesse ajudar. Que viesse correndo. É grave, eu dizia, e minha voz saía da boca aos poucos. Que ela ou Moisés viesse pegar Plínio com urgência – lívido, silencioso, por sugestão da senhora de vermelho ele passava agora um picolé de limão na testa, como se fosse pedra de gelo, para atenuar o galo que ali crescia. Ainda do orelhão observei a chegada de duas viaturas da polícia rodoviária.

Bebi água, alguém me levou para dentro de um carro e ficou me segurando pelas mãos. Tremia assustadoramente. Meus olhos se fixavam nos joelhos. Queria voltar para o Chevette, mas não me deixavam.

Não posso dizer por quanto tempo fiquei paralisado. O

fato é que só notei a presença de Moisés quando ele próprio me cutucou no ombro – sanguinolento mas já enfaixado por um policial –, e pude sentir nos seus olhos a acusação: a culpa do acidente é tua, diziam os olhos do meu cunhado. Se Izabella está morta e Plínio, ferido (levemente, a bem dizer), a responsabilidade é tua. Logo acertaremos essa conta, diziam-me os olhos de Moisés.

Mesmo encolerizado, meu cunhado soube ser pragmático naquele momento. Conversou com os guardas rodoviários, contratou o guincho-rabecão, encarregou-se de todos os trâmites. Devo admitir que foi mesmo bastante expedito, o cunhado filho-da-puta, assumindo o controle da situação diante do meu estado de choque.

Enquanto ele cuidava do corpo de Izabella, obrigavam-me a assinar alguns papéis dos quais não me recordo. Um processo teria de ser instalado, evidentemente. Alvoroçavam-se, os policiais. Iam e vinham, agitados em meio à balbúrdia criada na Fernão Dias pelo acidente. Um deles, observei de relance, guardava no bolso da calça o papelão com a placa da Belina anotada.

Saindo do pronto-socorro de Mairiporã, duas ou três horas mais tarde, com pontos no ombro e na cabeça, peguei carona com um policial até Guarulhos. Ali tomei um táxi e fui ao encontro de Dorieta, na casa de minha sogra. Sabia que elas estavam informadas do ocorrido, por um telefonema do diligente Moisés, e que, dada a situação de Dorieta, não podiam sair dali. No meio do caminho, dentro do táxi, eu me esforçava para encontrar a melhor maneira de explicar a Dorieta, sem chocá-la, como tudo havia acontecido.

Dona Rosa recebeu-me sem me olhar nos olhos. Nenhum sinal explícito foi necessário para demonstrar que também ela me responsabilizava pela morte da neta. Fingi ignorar aquela insinuação silenciosa e caminhei resoluto ao quarto onde Dorieta repousava. A luz estava apagada. Na penumbra, porém, eu podia distinguir os lençóis brancos e a cabeça de minha mulher sobre o travesseiro. Ficamos em silêncio; eu tinha certeza de que ela me via.

Sentei-me à beirada da cama no mesmo instante em que saiu da boca de Dorieta uma voz frágil, fatigada:

– Você recuperou a fita das *Variações*?

Mantive o meu silêncio por alguns instantes. Voltei a ficar de pé, ao lado da cama.

Dorieta insistiu:

– Você trouxe a fita?

Senti, como se tivesse um olho na nuca, que minha sogra nos observava da porta do quarto. Virei-me para ela, quase a pedir-lhe ajuda. Queria que Dona Rosa, mesmo sendo minha inimiga, testemunhasse aquela cena, que ela, com sua presença, provasse a mim mesmo que Dorieta estava de fato fazendo aquela pergunta.

– Quero a minha fita de volta.

A voz de Dorieta vinha carregada de ira, mas, ao mesmo tempo, estranhamente, chegava a mim com uma frieza tumular.

– Não, eu não pensei nisso. Precisaria ir lá ver se sobrou alguma coisa.

– Você não vai passar lá? Preciso da fita. Preciso dessa fita, Silvio. É a minha vida, droga!

Mais uma vez tentei socorrer-me em Dona Rosa, que no entanto se retirara.

– Deixa de ser ridícula, Dorieta.

– Você não sabe o que é ser ridículo ou não. Quero a fita, Silvio. Só isso.

– Você... – pensei em responder algo conveniente, ou seja, que, naquelas circunstâncias, um pedido como aquele só podia vir de uma pessoa doente, fora de si. Mas simplesmente cortei a resposta pelo meio, pedi licença e deixei o quarto. – Você enlouqueceu, Dorieta – gritei, já próximo da porta da rua.

Saí correndo da casa de Dona Rosa, inconformado, sem acreditar no que ouvira. Experimentava, ao mesmo tempo, pela primeira vez na vida, um ódio assassino. Por alguns instantes, imaginei-me recuperando a fita desgraçada no automóvel e trazendo-a para o quarto de Dorieta. Eis a fita, eu diria. Mas não deixaria nem sequer que ela a tocasse. Pelo contrário, eu imaginava já na calçada, com a ajuda de um lápis desenrolaria aquela tirinha marrom e, na frente de Dorieta, picaria tudo em pedacinhos, centenas de pedacinhos daquela fita ficariam espalhados pelo chão, assim eu visualizava a atitude mais correta de minha parte: acabar com aquelas *Variações* na frente mesmo de Dorieta.

Apanhei um táxi e fui para nossa casa. Ali, atirei no lixo todos os porta-retratos, desmontei e joguei fora o mural de cortiça com fotos e desenhos de Izabella. Havia recados de Dario e de Gisele na secretária eletrônica, mas, enraivecido, eu simplesmente não distinguia o seu conteúdo.

Não consegui dormir, naquela noite. Mais uma vez, passei horas dando voltas pelas ruas, em plena madrugada. A pergunta de Dorieta sobre a fita das *Variações* se misturava às imagens do acidente, o rosto de Izabella ensangüentado.

Após o enterro, realizado às pressas, no dia seguinte, recusei todas as ofertas de companhia. Recebi abraços e tapas nas costas, mas estava entorpecido. Nenhuma palavra decente saía de minha boca. Alguns dos presentes tentavam me consolar com as palavras de sempre. Meus pais estavam ali, Gisele, Moisés, Dario. Via-os, no entanto, como figurantes de um espetáculo qualquer, a quilômetros de distância, como se posassem para um álbum de fotografias sem tempo nem páginas. Deixei o cemitério arisco, avesso a todos os convites para que fosse almoçar com essa ou aquela pessoa. Voltei para casa a pé e ali chorei sem parar pelo resto do domingo.

Na mesma noite, sonhei que Izabella acabava de morrer, de modo impreciso. Acordei com o pijama empapado de suor. O sonho se repetia sempre que voltava a fechar os olhos, roubando-me o sono, até que decidi levantar e sair à rua, mais uma vez. Zanzei em direção à avenida Paulista, andei por mais de uma hora, passei pela fachada da Pro Matre, cruzei a porta giratória do Maksoud Plaza. Exausto, quando a manhã já dava os primeiros sinais, vi-me de volta à cama. Mesmo assim, não consegui dormir. Depois de um banho frio, fui à padaria tomar café. De lá telefonei para o escritório e deixei um recado: que não contassem comigo naquela semana.

A destruição pode vir a galope, desenfreada, eu pensava ainda segurando o fone na mão. Quando vem, encrava-se no estômago, pinica os olhos por dentro com um sopro penetrante, cobra a resignação da vítima, a rendição absoluta. Bebi o café tentando driblar a tremedeira desse modo: descrevendo o que sentia, calado, os cotovelos apoiados no balcão da padaria. Mais uma vez o gerente aproximou-se de mim e ofereceu um copo com água e açúcar. Aceitei, mas não engoli nem a metade.

Eram oito e meia da manhã quando voltei para casa. Depois de deixar o telefone fora do gancho, caí sem forças sobre o sofá da sala. Começou aí, pela primeira vez, algo que se repetiria terrivelmente ao longo das semanas e meses seguintes sempre que fechava os olhos. Era a voz de Izabella.

Escutava a voz de Izabella bem perto do ouvido, como num sussurro infantil. "Senti que ia me machucar muito porque ia cair vidro em mim... fiquei muito assustada, chorei de susto, não senti mais nada; fechei os olhos como se tivesse desmaiado; não pensei mais nada... uma hora eu abri os olhos e meu primo estava piscando, falei para ele fechar os olhos que iam cair caquinhos dentro, mas ele falou que não, não ia fechar os olhos, de jeito nenhum... só olhava para os caquinhos de vidro... que eu lembre não ouvi nada... não achei que fosse morrer... um homem me deu um picolé de limão para eu colocar na testa, tinha um galo enorme nela, fechei os olhos de novo sentindo o gelado na pele... já estava sentada em algum lugar quando você chegou e me pegou no colo, não percebi que estava sangrando pelos cabelos... vi você de um jeito que parecia que você estava chorando, ouvi os berros, seu cabelo estava duro, acho que eram berros seus... tinha uma coisa quente assim no meu ouvido, mas também estava muito calor..."

Sempre que fechava os olhos, em muitos dos dias que se seguiram ao enterro de Izabella, ouvia essa voz e essas palavras. Meus dentes rangiam com violência. Sofria uma pontada aguda no lado esquerdo da testa. Uma ardência se espalhava pelo corpo: era o bolor, velho conhecido, a se agitar dentro do cérebro. Arranhava o meu próprio rosto, sozinho, de ódio, de medo.

A essa espécie de delírio tormentoso vinha se juntar, quase sempre, repetidas vezes, a inconformidade diante da reação desvairada de Dorieta. Perguntar pela fita das *Variações*, nada mais do que isso, insistentemente, sempre perguntando "e a fita, Silvio?", assim no primeiro e nos demais dias após a morte de Izabella – eis a loucura instalada entre nós, concluí. Com todo o peso da sua podridão, a uma velocidade espantosa, o mundo desabava sobre a minha cabeça – nada mais claro do que isso. Foi aí que decidi pela separação.

19

No congestionamento assustador de fim de tarde, o taxista, suando em abundância, parecia xingar todos os demais motoristas ao mesmo tempo. Seu sotaque carregado de morro carioca fazia aumentar ainda mais a temperatura. O calor tornava-se inaceitável. O endereço que eu tinha ficava no Flamengo. Quando chegamos, entendi que se tratava de um conjunto bastante conhecido – "aí dentro tem de tudo", disse o taxista –, quatro edifícios enormes com vinte e cinco andares cada um. Paguei o táxi azul e amarelo e perguntei ao porteiro pelo Bloco C.

Abriu-me a porta um garoto de treze ou catorze anos de idade, louro oxigenado, dorso nu, olhos azuis e porte de surfista.

– Gleice está?

Fez um sinal com os olhos para que eu entrasse na minúscula sala de visitas, da qual se avistava o início de um corredor, uma porta fechada, que supus ser a da cozinha, e uma janela sem vista para o mar, ou, mais precisamente, com vista para a parede lateral do edifício vizinho – "Bloco A, Bloco B?", eu me perguntei.

– Só um minuto, cara! – disse o rapaz. – Pode sentar aí que eu vou chamar minha mãe.

Agradeci a oferta mas continuei em pé sobre o piso de tacos da saleta. Refletia acerca da situação em que acabara de me meter. A última coisa que eu esperava era que Gleice fosse de família estabelecida, com filhos grandes, empregada, tudo certinho, cada coisa em seu lugar. A impressão transmitida no avião dois meses antes e nas cartas fora exatamente oposta a essa de agora.

Parado na saleta, a garganta com sede, a camiseta cheirando a suor, tive a certeza de que caíra numa enrascada, certeza acentuada pelo cheiro de comida caseira que vinha da porta fechada. O pessimismo se dissipou logo em seguida, porém, quando Gleice surgiu do corredorzinho com suas feições de Barbie amadurecida e uma saída de banho branca tão reduzida que mais parecia uma toalha de mão adaptada para ir à praia.

Sorriu solta, maliciosamente, como se dissesse "olha só, e não é que ele veio?, vamos ter festa hoje à noite". Aproximou-se e beijou-me na boca, deixando em meus lábios uma umidade estimulante e sugestiva. Como o que eu procurava ali era de fato uma "festa", concluí aliviado que acertara ao tomar a ponte aérea de chofre, sem pensar, disposto apenas a desanuviar a cabeça no Rio de Janeiro.

O garoto surfista desaparecera.

– Quer uma água? Ou prefere uísque com gelo?

Não perde a mania de ser aeromoça, pensei.

– Água, bem gelada, por favor.

Gleice entrou na cozinha e voltou com o copo à mão.

– Senta aí, bebe essa água bem gelada, que eu já volto – disse ela, a voz adocicada, a estatura bem inferior à que eu fixara em minha mente a partir do encontro no avião; uma Barbie mignon, enfim. "Os saltos altos, os saltos altos...", deduzi, dirigindo-me ao sofá de curvim vermelho.

Ali sentado, fiquei pensando que separar-se é coisa tão mais difícil quanto mais adoecido se encontra o cônjuge mal querido. No meu caso, separar-me de Dorieta significava simplesmente abandoná-la, ela com sua doença, aí está. Mas eu não tinha saída. Precisava me afastar dela. Não apenas para sentir algo próximo da liberdade, mas para encarar o meu sofrimento de maneira livre, eis a questão. Ir à guerra. Tinha de ir à guerra. Necessitava de uma guerra. Caso contrário, adoeceria também. Outro tipo de doença, talvez, mas com o mesmo destino sepulcral.

Dorieta estava hospitalizada fazia duas semanas. Apesar

das dificuldades de relacionamento, eu a visitava todos os dias. Fazia-o como se cumprisse uma missão, a bem dizer: a de representar Izabella diante da mãe. Fazia-o, portanto, por Izabella, a qual, antes de morrer, dava sempre sinais de que se angustiava com o acelerado definhamento da mãe.

À saída de cada visita, doía-me a cabeça em pontadas. O arrependimento era total. Acometia-me uma única certeza: a de que minha presença junto a Dorieta era absolutamente inútil. Mais do que isso: nociva, destruidora, tanto para mim quanto para ela. A rigor, ficávamos em silêncio o tempo todo no quarto do hospital enquanto durasse a visita, embora Dorieta, até ali, não tivesse qualquer dificuldade para usar a voz. Fazia-o abundantemente com a mãe naqueles dias, aliás, dirigindo-se apenas a ela quando acontecia de estarmos os três no quarto ao mesmo tempo.

Único sobrevivente de uma cidadela arruinada sob plena tempestade – assim eu me enxergava, a procurar a marquise que parecesse menos propensa ao desabamento. Queria encontrar abrigo, e, até decidir pela ida ao Rio para escapar daquele contato cotidiano com a morte, pesaram em minha cabeça diversas opções.

Pensara em contatar Teodoro, por exemplo. Única pessoa, naquelas circunstâncias, a quem eu poderia contar minhas idéias e de quem, eu supunha, obteria com certeza uma orientação lúcida. Mas constatei que ainda era cedo. Não tínhamos intimidade suficiente, aí está. Intimidade se constrói ao longo do tempo, eu sabia. Além disso, para fazê-lo, para deflagrar o processo de formação da intimidade, são necessários a coragem e o desprendimento que eu não possuía.

Considerei também a possibilidade de sair em busca de Márcia. Conquanto fosse altamente tentador, tal empreendimento, porém, significaria um temeroso passo adiante. Implicaria assumir um novo relacionamento com seriedade, eu imaginava, pois certamente Márcia não era mulher de aceitar casinhos aqui casinhos ali. Não admitiria arriscar sua situação profissional por causa de um *affaire* mais ou menos interessante.

Mais uma vez repassei minha história com Dario – outra possibilidade de abrigo contra a tempestade –, e ponderei as chances de nossa amizade retomar os trilhos, como se diz, a partir da nova situação. No entanto, faltou-me, aí também, qualquer átomo de certeza. Estávamos a cada dia mais distantes. Cada vez mais perigosa fazia-se sentir, para mim, a simples idéia de me abrir com ele a respeito das relações com Dorieta.

Gleice não, Gleice não implicava nada. Era nuvem limpa, sem sinal de chuva. Nenhuma obrigação teria eu de lhe explicar isso ou aquilo. Não poderia ser algo sério, Gleice. Pertencia a um mundo diferente. Jamais encararíamos senão como pura diversão a possibilidade de estarmos um ao lado do outro de vez em quando. Como freqüentar uma sauna finlandesa, onde se entra e de onde se sai conforme o desejado – assim eu estabelecia os parâmetros de um relacionamento que até então era apenas virtual. Por isso fui ao Rio naquele dia.

Tal prognóstico ficou próximo de se confirmar no abafado início de noite no Flamengo, quando o filho de cabelo oxigenado de Gleice retornou à saleta, disse com frieza algo como "até mais, cara, vou para o colégio" e, sem me olhar, sem me dar tempo de sequer lhe perguntar o nome, deixou veloz o apartamento. Em seguida, numa performance ensaiada, uma senhora alta e mulata, de cabelos grisalhos, cheirando a alho e gordura, surgiu igualmente na saleta, fechou a porta da cozinha atrás de si, olhou para mim e, antes de se retirar também do apartamento, sentenciou com marotice:

– O jantar está pronto, senhor Silvio. Bom apetite!

Tudo começava a dar certo. Finalmente teria algumas horas de relaxamento. Concluí que realmente acertara ao responder às cartinhas insinuosas de Gleice desde o vôo Caracas–São Paulo, poucos meses antes. A ponte aérea, embora cara, tinha sido agora um investimento vencedor. Dar linha na pipa, de novo a frase de Caio me socorria e me empurrava.

O elemento definitivo a chancelar minhas expectativas partiu, por fim, como não poderia deixar de ser, da própria aeromoça. Enquanto eu espiava um pedaço de céu escuro através da janela, ela apareceu na sala com uma camiseta branca e larga com os dizeres "I Love Rio". Camiseta sem-vergonha, a bem dizer, comprida apenas o suficiente para lhe cobrir os pêlos pubianos. Balançando o corpo como se desfilasse, caminhou até o aparelho de som e pôs para tocar um disco do Roberto Carlos.

Vai, Silvio, entra fundo nessa, tem que dar linha na pipa, não é isso?, desencana, Silvio, linha na pipa, vai, relaxa..., tentei abstrair toda a distância cultural, social, material, enfim, todas as imensas diferenças existentes entre mim e Gleice, para encará-la simplesmente como uma mulher cheia de vida, experiente, disposta a me agradar.

Ao embalo das canções melosas e românticas do "rei", deixei-me levar então por aquela sedução feminina tão estudada quanto eficiente. Estirado no sofá de curvim, acolhi o corpo pequenino de Gleice. Seus lábios carnudos e sua língua ágil e vigorosa logo tomaram conta da minha boca. A partir daí nossa química, como ela chamava, desenvolveu-se à perfeição. Eu relaxara, passara a me sentir à vontade com ela sobre o sofá, enquanto a excitação cuidava de enterrar em definitivo a série de preconceitos que haviam aflorado em minha cabeça minutos antes.

O caminho para o prazer completo ia-se construindo assim entre nós, em harmonia, no calor do apartamento, até que aconteceu um incidente. No instante em que fui acariciar os seios de Gleice mais ousadamente, ela me agarrou pelos pulsos com força, afastou-se com rapidez e me encarou:

– Não vá se assustar.

– Assustar com o quê? – Minha ereção se reduziu à metade em apenas cinco segundos.

Gleice recolheu-se ainda mais, embora mantivesse o peso sobre mim, meus punhos atados por suas mãos.

– É que eu não tenho um dos seios. Esse aqui, olha, o direito. Tive que tirar dois anos atrás.

Mal disfarcei o arrepio que me dominou diante dessa revelação.

– Isso não tem problema nenhum, Gleice. Não tem a menor importância. Você é linda e muito gostosa!

– Não quero que você tenha pena de mim, viu? Quero que você me saboreie. Vamos gozar horrores, Silvio, está bem?

– Claro, claro, vem, me dá um beijo gostoso. Vem, vem...

Versada que era no assunto, Gleice sabia que teríamos de começar tudo de novo, pois àquela altura minha ereção simplesmente se desfizera. Ela sorriu, sentia de novo a situação sob controle, tenho certeza disso, e tal sensação tornava seus olhos agora devoradores. Então, numa fração de segundo, liberou-me os punhos e voltou a se encaixar no meu corpo.

– Me abraça, me abraça, Silvio.

Abracei-a com força. Gleice desabotoou minha camisa, abriu o cinto da minha calça, e assim foi, deixando-me nu, aplicando instinto e sabedoria para fazer-me recuperar, de forma ainda mais possante, a agitação que antes apenas começava a tomar conta do meu corpo. Envolvemo-nos deliciosamente por mais de duas horas, ela sem tirar a camiseta branca, eu aprendendo a acariciar o seu único seio com a película do tecido branco entre minhas mãos e ele.

Ao final, cumprido o repouso, a exaustão do sexo, ambos suados, satisfeitos, Gleice pôs-se de pé, ajeitou a cabeleira loira de Barbie e me indicou uma porta no início do corredor.

– Pode se lavar aí, se quiser. É o banheiro do meu filho. Separei toalhas para você.

– Vamos tomar banho juntos... – convidei-a, na tentativa de prolongar ainda mais os meus prazeres.

– Deixa, deixa – respondeu –, eu tomo banho no outro, lá no meu quarto, tá bom?

– Claro, claro, obrigado – eu disse, por fim, beijando-lhe a testa e concluindo que, evidentemente, Gleice evitava ficarmos juntos à luz direta e reveladora de um banheiro. Temia mostrar-se da cintura para cima.

Apesar da pouca água que caía do chuveiro elétrico, meu banho foi demorado e prazeroso. Deixei-me levar, despreocupadamente, por uma espécie de contentamento físico, puro, integral. Praticamente não pensei em nada durante meia hora.

Eram quase dez da noite quando deixamos o apartamento

– ela trajava um jogging rosa-choque. Descemos até a garagem do prédio e entramos no seu inacreditável Karmann-Guia prateado.

Gleice dirigia a quase cem por hora, rumo à Barra da Tijuca, onde, segundo me informou, havia um supermercado gigante com um lugar ao lado para jantarmos fartamente. Tinha o hábito de fazer as compras ali em suas semanas de folga – como essa em que eu a visitava – e fazia questão, assim se expressava, de me mostrar ao menos uma parcela da sua rotina.

Confesso que, quando adentramos o supermercado, senti vergonha de estar ao lado dela. Gleice se agitava entre as gôndolas com uma velocidade absurda, obrigando-me a caminhar atrás como um robô. Não havia um corredor naquele supermercado onde ela não chamasse a atenção dos consumidores, fosse pela maneira de caminhar fosse pela roupa rosa-choque. A vantagem desse comportamento, obviamente, era que tudo andava mais depressa. E quanto menos eu me sentisse obrigado a estar como acompanhante daquela figura melhor seria para mim – assim eu sentia as coisas naquele supermercado.

Guardadas finalmente as compras no banco traseiro do Karmann-Guia, atravessamos o pátio de estacionamento a pé, até o restaurante das imediações.

– Rodízio, adoro rodízio de carne – exclamou a Barbie mignon, veloz à minha frente, abrindo a porta do local, apinhado de gente. Do ângulo em que se posicionava, permitia-me ver claramente as marcas de sua calcinha sob o jogging tipo colante. Detesto rodízio, eu pensava, detesto rodízio, mas tenho de dar linha na pipa, não é isso? Nem tudo é perfeito, as coisas têm algum preço, nem tudo é perfeito, cara...

Sem controlar a gula por um instante sequer, Gleice devorava carnes de todo tipo, assustadoramente. Garçons chegavam a se enfileirar em nossa mesa para servi-la, o que parecia inexplicável, para mim, diante do seu corpo pequeno e bem torneado.

– Adoro carne, adoro rodízio – dizia Gleice. – Sempre como carne aqui depois das compras!

Chegamos de volta ao apartamento a uma hora da manhã, carregados de sacos plásticos e caixas de tamanhos variados. Depois de arrumar as compras na cozinha, Gleice me segurou pela cabeça, beijou-me os lábios demoradamente. A seguir, dirigindo-se ao final do corredor, indicou com a mão direita:

– Você dorme nesse quarto. Tem um sofá-cama que eu já arrumo para você.

Observei, então, que o filho surfista já havia retornado da escola e dormia no quarto da mãe, em frente àquele onde eu deveria dormir, numa cama menor, ao lado da dela. O dia está encerrado, a festa acabou, concluí.

Sem esperar que Gleice voltasse do banheiro, ajustei por minha própria conta a roupa de cama e deitei no sofá que me haviam reservado. Ela surgiu minutos mais tarde. Vendo-me já deitado, a luz apagada, disse maternal:

– Boa noite, Silvio. Sonhe com os anjos que eu vou dormir ao lado do meu!

Dormi realmente bem nessa noite. Pelo menos oito horas seguidas, como não fazia desde vários meses.

Ao acordar, dei com o apartamento vazio e o bilhete de Gleice sobre uma cadeira junto ao sofá-cama: "Meu bem, meu amor, meu amado, bom dia. Espero que tenha tido um bom sono, que tenha sonhado com os anjos. Fui fazer ginástica, malhar um pouquinho, e caminhar na praia. Até já!"

Nem bem saí da cama, porém, uma sensação de mal-estar impôs-se contra aquela espécie de paz-relâmpago sentida pouco antes, ao despertar. Alguma coisa começava a me sufocar, apesar do sono restaurador. Esfreguei o rosto duas ou três vezes. Senti o estômago a embrulhar-se, uma tontura desconcertante, e logo detectei o motivo de tamanho desconforto: como fantasmas havia pouco despertos, voltavam a me atormentar as imagens, a voz de Izabella, seus sussurros, e, junto a isso, ressurgia violento, teimosamente, o ódio em relação a Dorieta.

Rapidamente lavei-me no banheiro. Esfreguei o rosto com energia mais uma vez, duas vezes, três vezes. Arrumei a bagagem e deixei o apartamento.

Para meu azar, enquanto aguardava o elevador social, chegou pelo de serviço, tendo nas mãos uma sacola cheia de pães, a empregada de Gleice.

– O senhor não vai tomar café da manhã? Dona Gleice mandou eu preparar uma mesa de fartura para o senhor.

– Poxa, que pena! Estou atrasado – inventei. – Tenho que tomar o avião das dez para um compromisso em São Paulo. Perdi a hora.

– Tudo bem. Eu digo a ela, então, que o senhor saiu correndo?

– Isso, isso. Depois eu telefono, está bem? Muito obrigado.

– Está bem, está bem, seu Silvio. Mas leva esse pãozinho pelo menos, para comer no caminho.

Depois de guardar o pão ainda quente no bolso da jaqueta, entrei na caixa do elevador de serviço como se fugisse de alguma coisa bem maior do que eu. Sabia, no entanto que, cedo ou tarde, sentiria necessidade de voltar àquele apartamento.

20

"Dorieta quer te ver."

Custei a reconhecer a voz na secretária eletrônica, ao chegar em casa. Talvez por causa do cansaço, talvez pela irritação provocada pelo trânsito desde a saída do aeroporto, no meio da tarde; ou, ainda, quem sabe, por rejeitar inconscientemente aquela voz. Tratava-se de um pedido estranho, de qualquer maneira, pois visitar Dorieta no hospital já fazia parte de minha rotina, era automático – antes do trabalho, depois do trabalho, assim cotidianamente –, e, além disso, todos sabiam de minha viagem ao Rio. Ouvi de novo a fita da secretária, duas ou três vezes, identificando por fim, na gravação, a voz ligeiramente afeminada de Justino: "Dorieta quer te ver."

Minha decisão, no entanto, estava tomada. Com calma explicaria a opção, considerando-a irreversível. Separar é inevitável, como a progressão dessa maldita doença, eu diria. Você há de entender, Dorieta. Alforria, eis a palavra adequada. Alforria para um e alforria para o outro. É o justo. É o mínimo.

A bem da verdade, desde algumas semanas antes, Dorieta às vezes parecia se recuperar um pouco. Sua morte já não era dada como certa pelo médico, ao menos para aqueles meses. Mas isso, devo admitir, em vez de significar boa notícia, simplesmente me estorvava: eu já não a suportava mais. Um esfacelamento fizera-se visível ao longo dos dois últimos anos. E Dorieta conhecia a evolução estropiada do nosso relacionamento. A erosão de uma convivência tornada impraticável, assim eu lhe diria. Com câncer ou sem câncer, aí está.

Diante daquele chamado de Justino, em tom imperativo, "Dorieta quer te ver", perguntei a mim mesmo, um tanto apalermado, enquanto tomava banho: "Será mesmo algo inatingível escapar dela? O que poderia me prender a Dorieta hoje? O que me falta para estar livre, afinal?"

Após alguns momentos de uma hesitação que me fez levar mais tempo que o normal para fazer a barba, antes de deixar a casa resolvi reler a carta escrita no avião, entre o Santos Dummont e Congonhas.

Ela dizia:

São Paulo, 17 de setembro de 1992

Dorieta,

Você já sabe. Já entendeu tudo o que se passa entre nós, mais do que eu até. Não tenho alternativa. Está tudo estilhaçado dentro de mim, você sabe. O que podia ainda nos unir já não existe. Tudo passou muito depressa, como um sonho. Mas um sonho nada piedoso. Sonho cruel comigo e com você. Ficou impraticável. O que existia entre nós ficou agora impossível, Dorieta. A hora é a mais difícil, mas preciso, precisamos, sair desse pesadelo. Continuarmos juntos é prolongar as dificuldades. É tirar de vez, de você, qualquer chance de recuperação. É sufocar o que ainda tenho de vivo dentro de mim. Temos de tomar a única decisão plausível: a separação. É isso, a única saída. Cada qual para o seu lado. Tua mãe pode cuidar de você. Eu seria apenas um espantalho ao teu lado. Além disso, tenho certeza de que não é de caridade que você necessita. Você repudia caridade, não é certo? Ainda mais vinda de mim. Não faria sentido. Desculpe pelo momento, Dorieta, mas é inadiável, é o que posso fazer de mais honesto comigo mesmo e com você. Se precisar de alguma coisa, sabe que eu me disporei a fazê-la. Você conhece, mais do que eu próprio, todos os meus limites. Giro, giro, e não saio de onde estou. Chegou a hora de sair do círculo odioso. E é o que eu vou, o que precisamos, fazer. Que fiquem as lembranças felizes, Dorieta, as recordações do que aconteceu de bom...

Com carinho,

Silvio

A estada no hospital transformara minha mulher num corpo empalhado vivo. Era aproximar-me dela e sentir o odor de algo parecido com formol. A pequenina cicatriz, sempre branquinha junto ao lábio, dava a impressão de ter-se eternizado. Quando cheguei para a visita, em obediência ao apelo de Justino, eram sete horas da noite. Dona Rosa acabava de alimentar Dorieta com uma sopa quase transparente de tão rala e, ao notar minha presença à porta, fez menção de retirar-se.

– A senhora não precisa sair, dona Rosa. Pode ficar com a gente.

– Não, obrigada, Silvio. Preciso conversar com a enfermeira-chefe. Ela me chamou já faz mais de uma hora – respondeu-me a sogra, para sair, em seguida, em passo vagaroso, levando tanto tempo para chegar ao corredor que cheguei a oferecer-me para auxiliá-la na caminhada.

– Não, não, eu sei andar por minha conta.

Dona Rosa, claramente, me repudiava.

Virei-me para Dorieta. Vi-a imóvel, um cadáver sobre a cama.

Seguiram-se minutos de silêncio total, até que notei em suas mãos um pedaço de papel, que ela então me estendeu. Em sua caligrafia equilibrada e infantil, eu li:

"A jornada será longa e difícil. Enquanto tiver força ocuparei os espaços. As palavras são minha homenagem a você. A vontade de te dizer tudo isso vem de muito tempo, mas se precipitou com essa viagenzinha ao Rio. Posso parar, retomar horas depois ou somente no dia seguinte, não importa, conforme o meu estado de dias contados. Sei o que quero te dizer."

Dorieta estava de olhos fechados.

– Senta aí, Silvio. – Sua voz saiu em volume baixo, mas com a firmeza de sempre.

Enfiei o papelucho no bolso da calça, o mesmo em que guardara a minha carta. Em seguida, sentei-me na cadeira onde antes estivera dona Rosa, ao lado da cama, passando a ficar quase na mesma altura de Dorieta. Podia ver seu rosto de perfil, os olhos agora abertos, voltados para o teto.

– Certamente você acha que a louca sou eu. Mas você é que é o louco. Você é que está sempre fora da realidade, Silvio. Insensível, impermeável, alienado, um asilado voluntário. Você se sente superior aos outros, menospreza os outros. O teu ciúme é artificial, grotesco, falso, como tudo o mais em você. O egoísmo é o teu vício irreversível, Silvio. Não que seja verdadeira essa história de dizer que existe uma realidade que é o interior das pessoas e uma outra realidade que seria o exterior, o social, coisa assim. Não, isso é bobagem. Tudo está unido. É a mesma coisa. Por isso você é ainda mais perigoso; para as pessoas com as quais se relaciona e para o meio onde possa viver, entende? Mas você jamais poderia se dar conta disso, Silvio. E talvez ninguém venha a se dar conta disso, na verdade, dessa tua falsidade, típica de pessoas insanas como você, a não ser aquelas pessoas que, infelizmente, tenham a oportunidade de conviver mais de perto com as tuas impossibilidades, as tuas maledicências inexpressas, que você mesmo não ignora, embora procure camuflá-las por medo de se ver, de sentir o quanto elas predominam no teu ser. Me dá um copo d'água, por favor.

Levantei-me, peguei a água. Ela se serviu, vagarosamente, e continuou:

– Passei anos ao teu lado, e você não sabe nada de mim. Na minha fragilidade, era eu a pessoa mais fácil de ser entendida, sistema binário, escancarado, jogo infantil, feito de coisas simples. Mas você, em vez de entrar no jogo, sempre teve medo de mim. Sempre achou que não, que você é que precisava de mim; e nessa mesquinharia você se agarrou, Silvio, e só aí, apoiado nela, construiu a tua moralidade rasteira e mequetrefe. Eu batia na Izabella, oh, eu surrava, dava sovas nela, não é isso? Sabe por quê? Por que ela se recusava a tomar os remédios de que precisava! Tinha problemas de saúde que você jamais admitiu. Problemas sérios. E precisava tomar remédios. Rejeitava-os, mas precisava tomar muitos remédios. E você sempre se recusou a me ajudar, é ou não é verdade? Você montou em cima da Izabella, porque no fundo não amava a Izabella. O acidente? Ah, o acidente da Fernão! O acidente não foi um acaso! E dane-se se você vai achar isso forte demais! Agora já não importa. Ah, quando a Izabella morreu, que nobre escândalo você não fez! O pai, o grande pai sofredor, digno de todas as mais sentidas compaixões. Jogou os porta-retratos todos janelas afora, o paizinho. Que gesto heróico! O parvo! Perambulou pelas ruas da cidade, não foi assim?, doido, desvairado, ele se rebelava contra a tragédia que lhe fora imposta pelo mundo dos maus. Os maus contra o bom moço, o nosso querido Silvinho! Levava enfim uma chibatada do mundo, o nosso Silvio.

Dorieta exprimia-se lentamente. Apesar da virulência de suas palavras, não alterava a voz nem mexia o rosto, o que tornava o sentido daquilo que dizia ainda mais claro e cortante para mim. Pensei em responder alguma coisa, cheguei a coçar os olhos, mas aquela espécie de falação cerimoniosa mantinha-me preso à cadeira. Notei que seu travesseiro estava úmido e que um inseto parecido com uma joaninha passeava ao lado dele sem no entanto tentar alcançar a cabeça de Dorieta. Nesse momento pensei em me aproximar dali para pegar na mão a joaninha, efetivamente o único inseto com o qual sinto-me capaz de conviver. Logo ela escapuliu, porém, para debaixo da cama, e perdi a vontade de persegui-la.

Dorieta prosseguia:

– Que incrível: todos perceberam como ele se recuperou rapidamente, como foi ele o centro de todos os lutos da família unida, como foi ele o mártir e, por isso mesmo, reergueu-se como um homem de verdade! Silvio, Silvio, se fossem permitidos os espelhos na semana do luto todos veriam o real, e todos passariam mal. Que bando de hipócritas, e você no meio. Lágrimas de asno. Dona Dorinha que me desculpe, dona Dorinha, a grande mãe que nunca me suportou, a sogra amada, que me desculpe, mas quem foi o responsável pelo acidente?

Fui eu? Quem matou a Izabella, Silvio? Fui eu? Imprudência, negligência, imperícia... Faltou alguma coisa? Ou será que essas perguntas não têm cabimento? Se para você três e três são sete, Silvio, isso é problema seu, de mais ninguém. Você não tem o direito de meter os outros nessa história. Você teria coragem de me dizer, em sã consciência, que qualquer uma dessas perguntas não tem cabimento? Então, eu pergunto novamente: quem matou a Izabella, Silvio? Fui eu? Quem causou aquele acidente? A que velocidade você estava na Fernão Dias àquela hora? Ah, a grande inquisidora! Qual era a velocidade em que você estava quando aquela Belina cruzou à tua frente? Ah, dona Dorinha, doutor Alfredo, onde irá parar o inquérito do caso? Por que o inquérito sobre a morte da Izabella não foi adiante? Ah, vamos em frente, amigo meu, vamos em frente, que essa eu não posso perder. Como é que foi o acidente mesmo? Você poderia descrevê-lo uma vez mais, com um pouquinho, só um pouquinho mais de detalhes?

Obviamente ela não fazia essa pergunta para que eu respondesse, assim ao menos o senti naquele instante. Da rua provinham alguns sons que me pareciam sinais de chuva. Estranho, pensei, quando vim para cá não achei que fosse chover. Mas poderiam ser também de puro vento aqueles ruídos, não necessariamente de água caindo.

– Será que o fato de você no fundo ter sempre achado, repito, sempre achado – continuava Dorieta –, que a Izabella não era filha tua, será que isso teve alguma influência no caso, Silvio? Veja como eu sou benevolente, como eu dou chances. Veja como minhas perguntas são diplomáticas. Calma, Silvio, fique sentado aí. Aprenda a escutar um pouco. Vai te fazer bem, acredite. Será que esse fato teria, poderia ter, quem sabe, por absoluto acaso, nada mais do que isso, um mero acaso, esse fato tão desprezível de duvidar da paternidade, será que ele não teria levado ao acidente? Não dê a mim nem a ninguém as tuas respostas prontas, Silvio. Dessas eu não preciso. A verdadeira, preciso da verdadeira resposta, que você sabe qual é mas nunca vai dar. Você não, nem para mim, nem para ninguém, jamais. De qualquer modo, querido, serei sempre uma mulher razoável. Afinal, você receberia do próprio e meritíssimo juiz o "perdão judicial", não é? Afinal, perdeu a filhinha junto, houve "delito culposo", diriam eles, os sábios, mas a filha foi-se junto. Então o nosso amigo já foi punido com isso, com a perda da filhinha, o coitado. Para que remexer, não? Há meses não durmo mais ao teu lado. E bastaram esses meses para perceber que os anos todos anteriores não valeram nada, Silvio. Sumiram e pronto, subitamente. Que engodo!

Tive vontade de deixar o quarto. As palavras de Dorieta pareciam-me tiradas de alguma obra antiga. Senti ânsia de vômito. Em silêncio, levantei-me e peguei um copo d'água. Dorieta, ali deitada, tinha consciência dessa perturbação. Seja para permitir-me um respiro, seja para descansar ela mesma do esforço que significava para uma doente produzir aquela torrente de palavras, resolveu ficar quieta por alguns minutos.

Mal terminei de beber a água, porém, ela voltou a falar com a mesma energia, enquanto eu, engessado na cadeira, amassava minha carta e o seu bilhete, juntos, no bolso da calça.

– Você me viu pela primeira vez na Pro Matre e em vez de me deixar sossegada, sentiu-se atraído pelos meus olhos inchados, não foi? Ôpa, ali havia uma piscina para mergulhar e catar prazer. Ali havia uma presa fácil, não é verdade? E era verdade! Mas o que você fez, depois, para desinchar os olhos daquela presa? Nada, durante anos. Nada. Você se sentia na verdade a vítima da presa. Olha que fenômeno incrível, Silvio: a vítima da presa. Porque você precisa ser sempre acariciado. É você quem precisa disso. Porque não sabe amar, eis a mais banal das verdades. Que frase maravilhosa. Oh, ele não sabe amar! Ah, o nosso pobre Dom Casmurro paulistano, nos finais do século XX! Indiana Jones se aventurando nos confins da Índia, foi o primeiro filme que vimos juntos, não foi? História ridícula de criancinhas raptadas, seitas religiosas repugnantes. Mas havia uma coisa boa naquele filme: o poder, a glória, a fortuna, tudo isso se concentrava naquela maldita pedra sagrada de Sankara. Não era esse o nome daquilo? Você deve se lembrar disso, Silvio. Tudo por causa de uma única pedra. Aquele filme queria dizer então que essas três coisas – a glória, a fortuna, o poder – são na verdade inatingíveis. Só na ficção elas se realizam. Assim eu li e leio até hoje aquela idiotice cinematográfica do Spielberg, Silvio. Mas você não pensa assim, não é? Para você, o sucesso vai cair do céu mais cedo ou mais tarde. Não pode haver dúvida. Mamãe não garantiu isso quando você era pequeno? A ambigüidade, essa é uma marca tua também. Não só a minha. Não me venha com outras fugas. Tua perplexidade é falsa. Falta pulso no teu corpo. Faltam aros na tua roda. Isso mesmo: você é uma roda sem aros, Silvio, e de alumínio, entende? Que se amassa com facilidade ao mesmo tempo em que posa de firmeza, de coisa acabada, perfeita.

Eu não posava de nada, essa certeza sempre tive. Dorieta parecia inventar coisas ali. Pode não ser de atleta, mas meu corpo tem pulso sim, pensei. Ridículo esse ataque contra a minha pessoa, Dorieta. Nesse momento senti uma coceira na planta do pé esquerdo e esforcei-me por pressioná-la contra o sapato. Sem êxito, disfarçadamente descalcei o pé com o pé direito e, usando a ponta do calçado, finalmente aplaquei o mal-estar. Repus o sapato e voltei a olhar para minha mulher, que falava incessantemente, de um modo inacreditável para uma moribunda – sim, pela primeira vez eu ousava encará-la como uma moribunda.

– Sabe o que o Dario sempre teve de mais interessante? Ele domina a gagueira dele, Silvio. Isso é o que ele sempre teve de mais interessante. Mas não se preocupe. É só isso que vejo de interessante nele, no fim das contas. Você não. Nem sequer as tuas gagueiras mentais você domina. Você é homem de fôlego curto, Silvio. Faltam raios no teu sol. É pontual demais. Previsível. Por isso esses anos se passaram tão depressa. Porque você não respira nada. Ou melhor, respira, mas nenhum centímetro cúbico de ar pode ficar retido no teu cérebro. Não cabe. Desculpe a grosseria, mas ela não é nada perto da violência da tua fragrância de egoísmo. Você não era estéril nada, coisa nenhuma. Que nada! Nunca foi estéril, essa é a verdade. Mas você queria ser estéril, isso sim. Porque isso, à custa de uma dor passageira, resolveria os seus problemas, os problemas que você teria de enfrentar. Quando a Izabella nasceu, você preferia que isso não tivesse acontecido. No fundo lamentava o nascimento dela. Preferia ter continuado sem poder gerar um filho. Mas fui eu quem sugou isso de você. Porque eu queria; queria e não tinha medo; era o que eu mais desejava. Você diz que fui cruel com a Izabella. Mas eu sonhava com dar a ela alguns pilares, para que ela pudesse ter onde se apoiar enquanto você caía a cada passo, incapaz de assumir fosse o que fosse. Essa é a verdade, a tua cegueira, que só na aparência te deixava livre. Silvio Goldman, o homem de lata! A verdade, Silvio, é que a nossa Izabella foi um sonho, sempre foi um sonho e não uma realidade.

Teria sido melhor que minha sogra tivesse desenvolvido comigo ao longo dos anos um relacionamento mais saudável, pensei. Pois ninguém senão ela seria capaz, caso não me odiasse, de confirmar se a iluminação do quarto naquele preciso momento era mesmo precária, como numa pintura medieval, ou não, se minha mente é que não conseguia enxergar nada mais do que obscuridade. Senti necessidade de perguntar a qualquer ser vivo se minhas sensações diante das palavras de Dorieta eram reais ou se fantasiava, se compunha, ao lado da cama dela, uma segunda viagem sem sentido, como sem sentido me pareciam as suas frases cheias de eloqüência, tão febris quanto mentirosas, deve-se dizer.

Ela, no entanto, desprezava a minha agitação. Deitada, extraindo forças eu não imaginava de onde para falar, mantinha o tom acusatório:

– O Mal, o Mal mais difícil de enfrentar, porque não possui cor nem forma, eis você, sem cor nem forma, ou melhor, adquirindo formas e cores variadas, de modo a escapar sempre dos olhares. Um homem furta-cor, Silvio. A morte do Caio também foi um bálsamo para você – e você tem de assumir isso se quiser um dia tirar alguma lição das coisas. Porque você não suportava o sucesso dele. Você não suportava a valentia, a coragem dele, a ousadia que você no fundo invejava nele. Você não suporta o mínimo sucesso de um amigo. Não por inveja, creio, mas porque você verifica como é limitado o teu próprio desempenho enquanto ser humano e como você, por isso, não alcança o que os outros alcançam. Aumenta então, sem parar, a tua sensação de fracasso. Você se prostra. Uma besta encolhida. E isso, porque você se situa sempre na superfície, Silvio. Você não confia no que faz. Eu sei por que você nunca sequer tentou ter um escritório próprio, por exemplo. Pensei muito nisso e tenho a conclusão: porque você é um covarde. E talvez tenha sido esse o meu erro maior: ter escolhido um covarde para ser pai dos filhos que não tive. E posso dizer o mesmo sobre você em relação a essa maldita doença, Silvio. As tais lágrimas engolidas. Você na verdade está mais aliviado do que antes, pelos mesmos motivos. Porque você não suporta a minha falta de sucesso!!!! Esse o teu maior fracasso. Onde você vai passar a tua eternidade, hein? Ah, a eternidade é um blefe, não é? Esse negócio de alma? O corpo apodrece, tudo acaba e pronto. Que eternidade que nada, não é, Silvio? Tudo bem, tudo bem. Admito isso. Mas não me venha falar de fracassos ou naufrágios, você, que não conhece nada disso senão na superfície, que vive de imagens mas não sabe criar os teus próprios símbolos. Vive, portanto, fora de qualquer realidade. É você o louco, Silvio. Definitivamente. Uma existência inteirinha assim. Você tem origem judaica, eis um outro exemplo, mas não sabe o que fazer com ela; se a joga no lixo, se a bebe por inteiro, se a desfaz em partes e funde a sobra com outras coisas num mosaico novo. Você se sente superior a isso mas é de modo artificial, temeroso. Mantém-se na superfície para não encarar isso. Despreza os outros porque sofre, na verdade, de um complexo de inferioridade. Nada complicado. Tudo muito simples. Tem pavor de encarar os outros e se recolhe sob o disfarce do desprezo em relação a eles. Que comportamento vil! Potro perdido no pasto. Nunca quis conversar comigo sobre essas coisas. Mas existe um outro pequeno lado em aberto no caso Caio, não é? E você certamente não pensou que eu fosse deixar escapar essa?! Pois vamos a ele. Por que você, meu herói, ficou tão preocupado com a morte do amigo em Nova York? Não digo apenas sentido, não digo apenas entristecido, arrasado, penalizado, Silvio. Estou dizendo pre-o-cu-pa-do. Por quê? Bastariam alguns exames e qualquer dúvida sobre o teu estado se desanuviaria, não é verdade? Você deveria se espelhar no exemplo do Justino, meu querido. Ah, mas você, o homem da pele lisa, do corpo perfeito, você jamais poderia se submeter a um exame desse tipo, colocar em questão a tua sagrada incolumidade, não é mesmo? Mas talvez eu esteja enganada, neste leito de morte, talvez alguma luz tenha raiado súbita de algum canto. Então, a pergunta terá de ser outra: teria sido o resultado de um eventual exame, eventual exame, apenas eventual, repetindo, a causa da morte da Izabella, como alguém que devesse ser sacrificado por mais de um motivo? Olha a hipocrisia. Eu te disse, na hora: você foi o primeiro e único homem circuncidado que conheci, coisa de garota, coisa de deslumbrada. E fiquei curiosa. Aquela glande exposta era uma coisa diferente para mim. Disse isso a você e você se assustou. Mas eu não me assustei com a tua reação diante do meu segredo, meus lábios gigantescos, Silvio, aqui embaixo. E isso são coisas pequenas que ficam, que valem. Você e suas fórmulas! Espécie de impostor, essa é a palavra. Ah, como você ficou contente quando a Izabella nasceu! Já que não havia como evitar uma criança, então, que bom quando você viu que era uma mulher e não um homem! Um problema a menos, não foi? Afinal, não precisaria quebrar a cabeça para decidir se o filho iria ou não sofrer a circuncisão. Já pensou? Você, o firme, tendo de tomar uma decisão dessas? Silvio Goldman, homem cheio de saúde, legítimo e puro representante ashkenazi, neto de comerciantes prósperos dos anos de glória do Bom Retiro, filho de engenheiro bem-sucedido e reconhecido socialmente, o grande doutor Alfredo, de uma mãe prestimosa, sempre presente a dona Dorinha, engajada nos eventos beneficentes da comunidade – ainda hão de te presentear, todos eles unidos num esforço heróico, hão de te presentear com uma "Silvio Goldman – Projetos e Construções Ltda.", você, o único dono, porque você nasceu para ser grande, não foi? –, já pensou esse você, cuja irmã é um exemplo de mãe, a Giselinha, cuidando dos filhinhos – que beleza! – como sempre se sonhou, já pensou esse você encurralado tendo de tomar uma decisão dessas diante da pressão que todos certamente presumiriam contrária da parte da megera disfarçada de esposa? Circuncisão? Ah, escapou de uma boa, o nosso Silvinho!

Engoli em seco. Pensei em me retirar deixando-a a falar sozinha. Inexplicavelmente, porém, as palavras de Dorieta me atraíam. De uma forma ou de outra, naquele discurso interminável ela parecia refletir dúvidas que eu mesmo nutria em relação a mim.

– Um homem como você merecia a mulher perfeita: bonita, forte, inteligente, sensível, original. Que decepção, não foi? Influenciado por Dario – prosseguia Dorieta –, sempre achou que eu tinha opiniões esdrúxulas, coisas assim. Avaliações de importância nula. Nunca procurei pensar em nada. Não almejava senão uma paz morna. Não queria brigas. Mas quando uma ou outra acontecia, que beleza, Silvio, você parecia outro, carne e osso, sangue, cérebro nervoso, aí sim era um ser vivo, não uma imagem. Queria que eu me encarneirasse um pouco mais, que eu fosse mais civilizada, não é? Ai de mim! Queria que eu me desfizesse daquela capa cáqui! Eu não, Silvio. Pelo contrário: eu queria te ver brigando mais. Que você me lançasse ao menos um olhar de cumplicidade explícita por mês, um em média. Não necessariamente todo mês. Em média apenas, pelo menos isso. Podia ser uma média mesmo. Mas falta força em você para dar continuidade a esses que foram pouquíssimos momentos vivos em nossa vida aspeada, querido. Homem descarnado. Homem furta-cor. Roda sem aros, gaita de fole murcha, sem ar, Silvio. Parece para mim, agora, quase insuportável te dizer essas coisas. Um pesadelo, me parece. Sinto assim. Mas pior seria sem isso, para mim. Seria bem pior sem isso, acredite. O mundo dos adultos, nosso mundo, é o mundo do Bem. Todos sabem o que é o Bem quando são adultos, não é verdade, Silvio? Você sabe o que é o Bem, não sabe? Ficar no Mal é uma forma de não crescer. Você sabe disso, não é? Finalmente farei meu tratamento de pele. O tratamento definitivo, Silvio. Não aquele da receita de milho branco, ovos e pipoca. Não a velha receita baiana.

Nesse instante, como se quisesse me socorrer, ajudar-me a escapulir das palavras de Dorieta, veio-me à cabeça a imagem de Gleice no supermercado da Barra da Tijuca menos de vinte e quatro horas antes, a gritar com um funcionário porque faltava milho para pipoca nas prateleiras. E ela prometera ao filho fazer pipoca no dia seguinte.

– Como pode faltar um negócio desses num supermercado gigante como esse?! – gritava Gleice, e seus olhos pareciam degolar o rapaz de guarda-pó branco imaculado que gentilmente procurava explicar a ausência da mercadoria.

– Tivemos problema de transporte, mas o abastecimento é regular. Logo teremos as latas aqui de novo, minha senhora. Talvez ainda hoje. As gôndolas vão ficar abarrotadas de milho, senhora, pode acreditar!

Gleice me agarrou pela cintura sem dizer nada ao rapaz. Puxando-me para a seção de papelaria, exclamou:

– São uns imbecis, você não acha?

– Claro, são uns imbecis – eu disse. – Como é possível faltar uma coisa dessas, não? Milho para pipoca! É ridículo faltar milho para pipoca num supermercado desses em pleno Rio de Janeiro!

Antes de voltarmos ao apartamento, tivemos de passar por pelo menos quatro mercearias ou padarias até encontrar um maldito saquinho de milho para pipoca.

– Você prefere o quê? – continuava Dorieta na cama, os olhos voltados para o teto, minha testa banhada de suor. – Mesmo no teu ciúme doentio em relação a Dario, uma coisa completamente besta, estúpida, alucinatória, mesmo aí foi incapaz de um gesto. Dario, o homem atlético, evaporou numa fração de segundo. Você notou? Izabella, completamente apaixonada por ela eu era. Sempre fui. Tínhamos um pacto visceral, nós duas. Talvez doentio, você sabia? Cheguei quase a abusar dela sexualmente, como diriam os juristas, se você quer saber. Por amor. Bati nela algumas vezes, e foi por amor, Silvio. Nem eu nem você agüentamos mais essa desagregação, não é mesmo? Agora, quando me liga, quando me visita neste quarto, você busca na verdade a cumplicidade perversa da última hora no traçado da picada, da fenda, do caminho curto que só pode nos levar ao abismo. É o que você, no fundo, vive a procurar com as suas arengas. Esses meses todos na casa da minha mãe valeram por todos os anos que deixei de passar com você, que apenas sonhei estar passando com você. Valeram muito mais, apesar dessa doença de merda. Mas com tudo isso você só consegue provar, para você mesmo, que é capaz de destruir alguém, e se sentir forte por causa disso. Olhem para mim, vejam só, eu, Silvio, o demolidor, sou capaz de destruir uma pessoa como Dorieta Mangano, vejam só. Vejam todos! Apreciem sem gastar um tostão a proeza desse filho-da-puta. Sou, portanto, alguém! Sou ou não sou alguém? Não sou uma ratazana! Sou capaz de muito! Consigo até destruir alguém! Você precisa se sentir assim, Silvio. É disso que você precisa para se sentir menos insosso, menos sopa rala, prato sem tempero. Eu apodrecendo, é disso que você precisa. Não pense que sofro de melancolia. O que sinto, nessa cama, é um ressentimento dolorido, só isso, em torno dessas frases descosidas, eu garotinha, Silvio, nessa mesma cama, o mesmo quarto, minha caixinha de música, usada para atrair o sono, embalar-me nas crises de pequena, as compras com a empregada no peg-pag. Ah, você sabe da minha história, não sabe? Meu pai, veja a foto dele na mesa aí do lado.

No fundo, eu pouco sabia de sua história, aí está. De início Dorieta contara alguma coisa, os detalhes da morte principalmente, mas se limitara a isso. Você vai morrer de tanto falar, Dorieta, pensei nesse momento, observando as cortinas do quarto movimentadas por uma brisa que eu não sabia de onde vinha.

– Coitado, morreu aos trinta e cinco anos, o pobre-diabo. Sabe o que é isso? Meus pais se foderam, Silvio. Viveram sob uma imensa camuflagem. Crises e sentimentos de ódio dentro da família só foram descobertos tarde demais, aos poucos, ao longo dos anos. Tabus, mentiras. Uma tia de suicídio nunca admitido, suicídio anômico, Silvio, sabe, aquele tipo específico que os estudiosos classificam assim, anômico, eu sei bem, fruto de uma grave crise, um desequilíbrio, nada de um gesto altruístico ou mesmo egoístico, como eles dizem. E a amante estrangeira do pai, a prima chilena que se envolveu com o pai morto aos trinta e cinco anos, minha idade agora, veja só. Entre os pais houve só rancor. Não pense você que houve festejos. Era para ser bom, comemorado, o pai e a mãe, Francesco e Rosa. Criança, eu ouvia conversas dos pais pelo vão da porta do quarto deles, risadas. Pensava que estavam bem. Mas o conteúdo da conversa, que eu não captava, era outro. Hoje não tenho nenhuma dúvida sobre isso. Conteúdo negativo, de discórdia e cinismo. Ao contrário de você, Silvio, o belo Silvio, ao contrário de você, nunca tive a certeza de um porto seguro ao final de qualquer viagem. Por muitos anos sonhei com um berçário carmesim. No meu sonho, havia um único berçário no mundo inteiro, e todos os seres humanos nasciam ali. Não era um berçário comum, de paredes claras, brancas, azuis, verdinhas ou rosinhas. Era um vermelho, um vermelho mais escuro. No meu sonho, era um berçário carmesim, Silvio, no qual as crianças pareciam mais escuras, de olhos sempre abertos, agitadas, e as enfermeiras não vestiam branco, vestiam também roupas carmesim, com lenços em torno do pescoço, lenços estampados com desenhos de papagaios verdes muito ativos no vaivém do berçário. Os bebês, nos meus sonhos, eram gigantescos e se comportavam como autênticos sacanas, pequenos adultos infernais. Assim era o sonho que se repetia na minha cabeça por muitos anos, Silvio. A recomposição daquele berçário carmesim, com seus recém-nascidos imbecis, alguns até vermelhos eles mesmos. Aquilo era o mundo, aquele berçário infernal, com suas criaturas maledicentes, cheias de escárnio. Minha mãe, Silvio, a fibra ímpar dela, caro Silvio, jamais você poderia chegar aos pés da minha mãe. Quisera eu ser igual à dona Rosa! Ter a metade de sua fibra que fosse, dessa minha mãe que agüentava tudo desde menina. Você só conheceu a Mãe de poucos contatos. O que mais sabia eram as poucas histórias que eu contava cheia de fascínio. Ah, mãe! Você nunca viu uma filha tão fascinada pela mãe, não é verdade? Jamais imaginou que um dia a Izabella fosse assim em relação a mim ou mesmo em relação a você. Aquilo te parecia uma anulação, mas para mim era sinal de maturidade. Perdi o medo de admirar a mãe. Não a admiração que temos quando somos crianças, natural e ingênua. Não. Falo de uma admiração racionalizada, falo da eleição de um exemplo. Minha mãe, Silvio, escapou daquele berçário cor de carmim onde todos nós, os outros que não ela, fomos amamentados por algum demônio onipresente. Não tenho nem metade da força dela, mulher de olhos duros e pele marcada mas que se cuida, a mãe. Sabe se cuidar para estar presente junto à filha, apesar de tudo, aqui neste quarto. Cuida-se para estar aqui sempre que for preciso. Você não, Silvio, você simplesmente desconhecia a história dos teus pais. Ou não?

Dorieta silenciou de repente, e assim permaneceu. Após alguns minutos, pediu-me que lhe pegasse água na geladeirinha e molhasse, apenas molhasse os seus lábios – ela não podia beber mais água naquela hora. Atendi ao pedido e, dada a tremedeira que me dominava o corpo, por pouco não esparramei a água pelo chão do quarto. Minhas mãos suavam. Queria mesmo deixar aquele recinto que cheirava a morte, mas não conseguia. Têmporas comprimidas, mais uma vez senti o bolor no cérebro. Lá fora já era noite. Mesmo assim, não acendi a luz do quarto.

Tão logo recuperou-se, ainda com os olhos voltados para o teto, Dorieta retomou a falação cada vez mais torturante:

– Tenho sangue de fel, não é? Você diz que eu sou feita disso. Meu sangue é de fel, você diz. Se não diz, pelo menos pensa assim, não é certo? A cicatriz no rosto, essa coisinha aqui em cima dos meus lábios, é a morte presente em mim em permanência, não é isso? O primeiro filho eu perdi porque quis. Aborto provocado mesmo. Uma menina de dezoito anos tem lá os seus direitos, as suas liberdades. Mas o segundo, aquele que se foi dois anos antes de eu te conhecer, esse se foi na porrada mesmo, você sabia? Nunca disse isso, mas foi na base de pontapés do filho-da-puta do pai. Na verdade, ele não admitiu a gravidez. E olha que era homem de bem, como se dizia, faculdade de Letras e muito mais, desses que as mães querem ter como genro. Cara limpa. Cheiroso. Era isso. Revisor profissional. Gabaritado. Funcionário das editoras mais sofisticadas. Encurralada no canto, apanhei mesmo, Silvio.

Saiba disso agora, você, que nunca soube disso antes. Foi na porrada que eu perdi aquele filho. Mas eu tenho minhas medalhas também, não se iluda a esse respeito. Você seria capaz de se lembrar do *Untergeher*, Silvio? Aquela declaração de amor à arte, embutida num suicídio. Lembra? Porque há suicídios e suicídios! Todos sabem disso. Que palavra! Suicídio. Aquilo sim foi uma declaração de amor ao homem, à arte. A maior declaração de amor que eu vi. E foi com o suicídio que essa declaração se fez. Eu te disse isso. Você não deve se lembrar. Te disse isso nos nossos primeirinhos dias. Mas você é incapaz de compreender o significado disso. Seria a saída para mim também? Afinal, nesse estado, o que fazer? Sinto dores pelo corpo, mas não sei se são as de hoje ou as de ontem que mais me incomodam, se você me entende. Virei um peso para você, não é verdade? Se livrar de mim, é isso o que você precisa mais, não é, Silvinho? Trago a dor no nome, desde sempre, Silvio. Não sei se algum dia você se deu conta disso. No nome. A dor colada à minha existência desde o início, portanto. Quero, mas não posso viver. O que você sabe da dor, Silvio? A dor. O Glenn buscava a música como ponto de partida para o êxtase, você sabia, Silvio? Escreveu a respeito disso. O êxtase, como um fio delicado, ele dizia, liga entre si todas as músicas, liga quem executa a quem ouve a música. Só a doença pode produzir algo desse tipo, se você me entende. Sinto isso aqui, nessa cama. Aprendi com ele. As *Variações Goldberg*. Você nunca entendeu o porquê de eu adorar tanto aquela música tocada pelo Glenn. Uma execução sublime, acima da capacidade de um homem comum. Você jamais será capaz de compreender isso, Silvio.

Tive vontade de lhe responder que estava enganada, simplesmente isso, sem mais argumentos. Mas dizê-lo não teria nenhuma importância naquela hora. Nada faria sentido naquela hora, aí está, senão afundar-me no meu silêncio, aguardar que aquela falação se encerrasse de uma forma ou de outra.

– Vou te dizer uma última coisa, Silvio. Pode chegar o seu corpo mais perto de mim, minha voz está muito pesada. Prefiro te dizer isso bem baixinho. Vem, Silvio. Pode se aproximar.

Isso. Assim. Bem perto. Vou te dizer, Silvio: não gosto de receber visitas nem flores, nem os olhares de minha mãe, para falar a verdade, ela, que me culpa por tudo isso, por ter ficado com você, que te odeia, para dizer com clareza, te odeia. Que bom que a Izabella morreu naquele acidente, Silvio. Ficou poupada de tudo isso. E para você não faz mesmo diferença. Ela se foi. Eu me vou também. Também tenho o direito de ser poupada de tudo que pode acontecer. Não sei o que te espera. São muitas as perguntas sem qualquer resposta. Quem sabe você possa, depois, continuar a viver como sempre. Ah, certamente você vai viver como sempre viveu. Não posso ter dúvidas a respeito disso. Não posso ser ingênua, não é mesmo? Pelo menos enquanto a tua vida durar, isso é certo! O potro no pasto. Vai se livrar logo logo de mim, Silvio. Giselinha vai te ajudar nessa nova fase, meu querido! Chego a pensar se você não é o verdadeiro responsável por tudo isso. Esse teu ódio enrustido para com a verdade. Talvez seja crueldade minha, pensando bem. Você não é tão forte assim. Quero deixar claro para você, Silvio: não quero que você vá ao meu enterro, Silvio. Pessoas como você não devem ir ao meu enterro. Tua falta de definição não é só tua, é verdade, uma coisa de geração, tenho certeza, destruição de idéias nessa década, queda de muros e outras construções menos sólidas. Não sou profeta, não. Não pense isso para ter mais alguma coisa para me engrandecer aos teus olhos de pequeno crápula. Mas, posso te dizer, esses anos noventa e os outros que virão tampouco serão melhores, Silvio. Não tenha essa ilusão. Todos nasceram dentro daqueles sonhos de berçário carmesim, querido, com aqueles rostos de olhos sempre abertos, aquelas enfermeiras odientas vestidas de vermelho e suas estampas de papagaios verdes entre uma criança e outra. Espero não estar mesmo viva para o resto desses anos. Pessoas como você, como Gisele, como Moisés, pessoas assim sobrevivem a tudo. Passam como querem. Pequenos vencedores. Não há razão para ficar preocupado, meu marido. Este naufrágio é o meu naufrágio, Silvio, não o seu. *Der Untergeher*, eu li: aquele que soçobra, sempre e continuamente, sem jamais chegar ao fundo do mar. A propósito:

onde foram parar aquelas tuas lentes de contato gelatinosas? Uns óculos parados no ar, uma calça rastejante pelo chão, isso é você visto daqui desta cama. Uma sinédoque de curto alcance, veja só. Procure no dicionário se precisar, querido. Mas é isso mesmo, nada mais. Sinédoque! A janela do quarto está fechada, não? Só posso ver você assim, de lado. E eu não quero mesmo ver você de frente, Silvio. Sai daqui, Silvio. Vai! Por favor. Sai daqui. Agora! Agora!

Deixei o quarto no instante seguinte, obediente, extenuado. Estava fora de controle.

Quando dei por mim, horas mais tarde, repousava nu na cama de um motel. Pelo espelho no teto, via ao lado do meu corpo, também nua, uma jovem de pele morena e cabelos negros, que me contava, pausadamente, a sua história: de manhã trabalhava numa clínica de estética, fazendo limpeza de pele; à noite, gostava de ir a uma boate, onde escolhia a dedo os seus clientes.

– Só vou para a cama com quem eu quero – ela dizia, fumando um cigarro. – Posso fazer isso porque não é tanto de dinheiro que eu preciso, entende?

Do banheiro, vinha o som da água do chuveiro caindo com força. A outra mulher que estava comigo no motel, uma loira de pele quase branca que se dizia recém-chegada da Suíça, onde lecionava numa escolinha primária, já decidira por retirar-se.

Lembrava-me vagamente de como tudo tinha acontecido. Entrara tímido na boate. As latas de cerveja logo passaram a se suceder uma atrás da outra sobre a mesinha coberta com toalha verde. Mais tarde, as duas mulheres se sentaram ao mesmo tempo junto a mim, uma de cada lado, convidando-me depois a dançar. Não sei se cheguei a dançar com elas, ou mesmo com uma delas. Tenho certeza apenas de que paguei caro para sair de lá com as duas e que só depois de muita insistência consegui convencer um motorista de táxi a nos deixar naquele motel da Marginal Pinheiros.

Enquanto me despiam, já no quarto, eu ainda tinha a cabeça tomada pelos olhos de Dorieta, pelas suas palavras intermináveis. Misturado a elas, e à cerveja, cegava-me um ódio desumano, que parecia combinar-se com a lascívia a se espalhar velozmente, de modo integral, pelo meu corpo. Desses momentos guardei com clareza apenas a imagem da loira, mais velha que a outra, revestindo seu dedo médio com uma camisinha para depois inseri-lo em mim vigorosamente, enquanto a morena passeava com a boca pelas minhas partes mais sensíveis. Mas o que predominava eram as imagens incompletas. Chumbado pela embriaguez, por vezes nem sequer tive a certeza de que aquilo era mesmo real; jamais imaginara haver em mim coragem suficiente para levar duas mulheres desconhecidas, ao mesmo tempo, para um quarto de motel. Só o desespero fora capaz disso.

Retornando molhada do banho, a loira, agora sem maquiagem e portanto ainda mais velha do que a morena, ajustou dentro do sutiã vermelho os seios caídos e começou a falar de conhecimentos adquiridos ao longo dos anos. Elogiou o que chamava de "prazer total", a proximidade entre gozo e morte, dor e prazer. Parecia de fato experiente, uma professora loira.

A esteticista morena, sentada à cama para desfazer agora um nó esquisito em sua cinta-liga, reforçava tais explanações. Via na colega mais velha uma educadora sexual e se dizia também conhecedora das técnicas de sufocação.

– Você tem que provocar o prazer supremo, entende? Tirar todo o ar da garganta. Funciona, pode ter certeza de que funciona – disse a morena, já se levantando para ir ao banheiro.

– Então eu devo ser um defunto! – brinquei. Tentava fazer graça, mas expressava, ao mesmo tempo, para meu próprio consumo, a convicção que existia de fato dentro de mim naquele momento: eu estava morto – e precisava, de alguma forma, ressuscitar.

Não fora súbita, porém, essa certeza. Ela se formara aos poucos, horas antes, ainda no quarto do hospital onde Dorieta digladiava consigo mesma fazia várias semanas. Surgira passo a passo, na medida em que, gradualmente, uma secura cortante tornava opressivo o olhar de minha mulher. Olhar soturno, de tristeza pesada, com a ausência de brilho própria aos olhos de um corpo à beira da ruína. Cada palavra emitida em sua falação incessante contribuíra para reforçar em mim a tal idéia: estava mesmo apodrecido. Solidificou-se ainda mais, essa certeza, a cada pisada que dei ao sair do hospital sem me despedir de dona Rosa. E consolidou-se, por fim, durante o trajeto cumprido a pé até a boate no centro da cidade.

Mas essa mesma certeza, devo acrescentar, além de dolorida, não brotou isoladamente. Deixando o quarto de Dorieta, tão logo encostei a porta decidi que não mais voltaria a visitá-la, nunca mais. E já no elevador do hospital essa deliberação fez crescer um outro sentimento: foda-se, fodam-se, ela e sua doença. À merda com Dorieta! E que se foda se se recuperar também. Que fique morando com a mãe. Filha-da-puta. Você parece uma velha aos trinta e poucos anos, ora. Que vá embora logo, Dorieta. Que essa doença te mate de vez para que você saia da minha vida. Vou me separar, com você viva ou morta. Foda-se. Você não está com câncer porra nenhuma. Você é um câncer, isso sim, Dorieta. Você é o câncer! Foda-se. Não sou escravo. Filha-da-puta.

Ocorreu-me, à saída do hospital, antes de ir à boate, a idéia de procurar por Teodoro. Um telefonema talvez bastasse para ordenar as minhas incongruências. Estava amedrontado diante do meu ódio. Veio-me também, ao mesmo tempo, o desejo de cruzar na rua com o senhor Braga, o velho baixote de boné de lã que me interpelara na Pro Matre no dia em que conheci Dorieta, fazia já mais de oito anos. Queria cruzar com alguém mais velho à minha frente, aí está. Pois chega um momento, lá pela metade da vida, em que você já não pode contar apenas com os da sua idade, sob pena de ficar andando em círculos; sai-se em busca de uma espécie de guia, ainda que este cumpra tal papel apenas temporariamente. Um homem mais velho, era o que eu mais queria naquele momento.

Desejos como esse, contudo, jamais se realizam no instante em que os formulamos. Jamais. O velho de boné talvez já estivesse morto, ou jogado num asilo qualquer. Quanto a Teodoro, bem, aí faltou-me a coragem para lhe telefonar.

De um orelhão, em vez de discar seu número, liguei para a casa de Márcia – era a minha alternativa. Alguma frase reconfortante ela saberia produzir. Ninguém no entanto contestou a chamada do outro lado da linha. Disquei então o número de casa, ansioso por ouvir a minha própria voz na secretária eletrônica. Minha voz de anos atrás, evidentemente. Queria senti-la, ter a certeza de como ela era saudável se comparada à de agora. E assim o fiz. Após o som do bip, sem deixar qualquer mensagem, sem sequer repor o fone no aparelho, deixei o orelhão e prossegui, rumo incerto, a caminhada.

Mais de uma vez, entre um quarteirão e outro, formou-se em minha cabeça a possibilidade de simplesmente liquidar Dorieta; acabar com ela; executar de uma vez por todas aquilo que a doença parecia relutante em fazer. Exausto, perto de uma hora mais tarde, conquanto não o tivesse planejado, estava à porta da boate para executivos – quase vazia, ainda, naquele momento. Rendido, entregue, um homem verdadeiramente morto.

Optei por ficar sozinho no motel, depois de pagar as duas putas. Dormi por algumas horas em profundidade. Já era quase manhã quando despertei, sentindo-me melhor do que na véspera. Sob o chuveiro, onde fiquei mais de meia hora, concluí que de certa forma, para mim, tudo poderia acabar ali. Embora parecesse algo enganoso, senti contentamento com a morte inevitável e iminente de Dorieta. Um alívio, aí está.

Sua morte se transformara num desejo meu, assim raciocinava sob o chuveiro do motel. Significaria, também, a minha própria morte, o tão aguardado desaparecimento da pessoa que eu fora e que eu, tanto quanto Dorieta, não suportava mais. A morte de Dorieta, então, seria o meu próprio sumiço, aí está. Minha única chance de ressurreição.

21

Num encaixe ironicamente perfeito, quanto mais eu me arrasava na vida pessoal, mais parecia avançar, movida a impulsos decididos, a minha carreira de arquiteto. E, se a primeira se desintegrava, puxada para o fundo do poço, como se diz, de modo inelutável, com todos os efeitos colaterais de um terremoto, a segunda corria a galope, impunha-se, à revelia da minha própria determinação.

A rigor, nada de novo surgira no trabalho do escritório – o relacionamento com Osório O Asno e com Sandro mantinha-se no padrão de sempre, projetos passavam pela minha mesa com maior ou menor grau de empatia, o salário era pago sem atrasos. No entanto, sem qualquer esforço especial que eu tivesse feito nessa direção, crescia exponencialmente a confiança de Teodoro no meu tato; e ele, numa estratégia nada simulada, fazia-me senti-lo; queria que eu soubesse de sua crescente admiração por mim.

Certa manhã, após uma reunião sobre o projeto das casas populares, tomei coragem e lhe propus tomarmos um café. Não sabia o que dizer nem como puxar assunto, mas estava convicto de que Teodoro saberia o que fazer na hora certa, sem dificuldade para conduzir a situação que eu mesmo tomara a iniciativa de criar.

Ocupamos uma mesinha num bar perto do Shopping Ibirapuera. Enquanto ele lavava as mãos, eu desenhava num guardanapo os algarismos arábicos em seu traçado original, tal como Rovai me ensinara. Pensava também no fato de que a ousadia de convidá-lo a tomar café comigo talvez significasse uma demonstração de meu amadurecimento, o reconhecimento, de minha parte, de que sozinho eu não conseguiria quebrar as paredes – transparentes mas sólidas, firmes – dentro das quais eu mesmo me aprisionara. E a aceitação imediata da idéia, por parte dele, veio apenas comprovar a afeição que Teodoro passara a ter pela minha pessoa.

Ele ignorava aquela curiosidade sobre a origem dos algarismos. Mostrou-se interessado, reação que acabou se tornando útil por reduzir, ao menos em parte, a sensação de inferioridade em que eu me situava desde o início naquele encontro. Dali a pouco seria hora do almoço. Mesmo assim, Teodoro pediu um pão-de-queijo e um café duplo puro. Fiquei apenas com um suco de laranja.

O garçom-balconista trazia a bandeja com nosso pedido, quando Teodoro me perguntou se eu fazia algum tipo de exercício físico. Diante de minha resposta negativa, contou-me que costumava correr no Ibirapuera três vezes por semana de manhãzinha.

– Parece balela – disse Teodoro –, mas sem isso eu não conseguiria fazer metade do que faço no trabalho. Você precisa dar mais atenção para o lado físico. A mente funciona melhor quando o corpo está bem, Silvio, ou pelo menos quando você se sente bem com o teu corpo, entende?

– Preciso me organizar melhor. Não é fácil.

– É questão de apreender a importância disso. Mente e corpo são, na verdade, uma coisa única. Não existe divisão. Depois, o tempo é uma variante, que você deve controlar. Você fabrica o tempo. Não é o que se diz?

Tomei um gole do suco de laranja. Teodoro comia devagar o seu pão-de-queijo, quase por migalhas.

– Bom, isso é sabido, não é, Teodoro? Muitos manuais. Que eu saiba, filósofos também. Muita gente prega essa fusão entre corpo e mente há séculos! – Eu não queria passar por idiota no nosso primeiro contato íntimo.

– Claro, é uma obviedade. Mas saber disso é uma coisa, outra coisa é aprender a praticar isso de verdade. Sabe com quem eu aprendi?

Produzi uma seqüência de três ou quatro caretas como quem faz força para raciocinar. Os olhos de Teodoro agora pareciam marejados. Diante do meu silêncio, ele continuou:

– Aprendi com o meu filho.

– O do retrato que eu vi na tua casa aquele dia?

– Pois é. O único filho que eu tenho, aliás.

– Ele é atleta, alguma coisa assim?

– Não. Nada disso. Ele vive numa espécie de ambulatório, uma clínica para recuperação de drogados em Atibaia. Já faz três anos.

Aquilo era um sinal, interpretei. Não apenas eu quisera encontrar uma pessoa mais velha para servir de contrapeso ao meu desconcerto, mas também Teodoro parecia sentir necessidade de falar de seu filho para alguém mais jovem.

– Chama-se Carlos – continuou. – Tem vinte anos, é bem mais alto do que eu, embora não seja difícil alguém ser mais alto do que eu, certo? Mas Carlos tem porte atlético, um corpo realmente invejável. Só que aconteceu um momento na vida dele, e na minha, em que as coisas se romperam.

– Isso é trágico – comentei de maneira bestialógica, para dar embalo à conversa.

Teodoro ficou em silêncio. Bebeu dois goles de seu café duplo.

– Até hoje não consegui detectar em que momento essa ruptura aconteceu, Silvio. Em que momento eu perdi o controle, e ele também. Às vezes penso que, na verdade, eu não quis enxergar o que estava acontecendo.

– Ele devia estar sofrendo muito, imagino – eu disse.

– Mas se trancava nesse sofrimento, e eu não soube arrancá-lo dali, entende? Quando me dei conta, o Carlos que eu conhecia de pequeno já estava longe de mim, num mundo só dele. Todo dinheiro que eu lhe dava ia para maconha ou cocaína. Depois veio heroína, a trajetória de sempre...

– Foi você que propôs ou foi ele que quis se internar?

– Ele, Silvio. Por isso digo que o Carlos me ensinou que eu precisava cuidar do meu corpo. Ele pediu para ser colocado numa clínica. Por conta própria. Estava cada vez mais isolado de tudo e de todos. É muito mais forte do que eu.

Pedi ao balconista uma água mineral e reparei que os olhos de Teodoro estavam mais umedecidos ainda. Parecia a ponto de chorar.

– Você gosta de música? – perguntou-me.

– Depende do tipo de música. Todo mundo gosta de música, não é?

– Claro, claro.

Assim que a água mineral chegou à mesa, Teodoro propôs:

– Bem, acho que já tá na hora. Tenho muita coisa para fazer no escritório. Continuamos essa conversa outro dia. Que tal se você jantasse em casa amanhã? Tem algum compromisso?

Estava dado o grande passo. Teodoro adivinhara o que eu buscava e provavelmente sentira que o que também ele buscava talvez pudesse ser encontrado em mim. Aceitei de imediato o convite. Ele pagou a conta.

A caminho de casa, tive de fazer um grande esforço para reprimir a vontade de pular pela calçada. Tinha um novo amigo – e um novo amigo pode sempre significar novos amigos. O alegrinho, ele está alegrinho, o sardento besta, concluí.

– Plástica malfeita é a pior coisa que pode existir para uma mulher. É mortal! Você tem que tomar cuidado. Mas também, achando o médico certo, tem mesmo é que ir em frente, viu?

Fayga conversava ao telefone quando Teodoro e eu chegamos do escritório dele, onde nos encontráramos para que me levasse até sua casa. Era uma mulher próxima dos cinqüenta anos de idade, mas com uma beleza cinematográfica. O fato de ser mais alta do que Teodoro não significaria muita coisa – como ele mesmo sempre admitiu –, mas Fayga era também mais alta do que eu. Devia atingir quase um metro e oitenta, toda essa estatura formada por um corpo delicado e um rosto que me lembrou Elizabeth Taylor nos seus melhores momentos.

Salgadinhos de tipos variados estavam sobre a mesa de centro da sala, para onde Fayga me conduziu assim que desligou o telefone, enquanto o marido se retirava para trocar de roupa.

– Desculpe a intromissão, mas a senhora está pensando em fazer plástica? – perguntei.

– Pensando, não. Eu vou fazer. Chegou a hora de acertar alguns detalhes! – Fayga sorria, tinha dentes perfeitos, maquiagem discreta, elegante. – Por favor, Silvio, me chame de você.

– Fico espantado. Você, para mim, parece perfeita.

Ela sorriu mais uma vez, ajeitando o cabelo preto e curto.

– O Teodoro diz a mesma coisa. Bobagem. Cada um conhece os seus defeitos. Daqui a pouco chego aos sessenta anos. Você já conhece o resto da casa?

Sem aguardar minha resposta, Fayga levantou-se e por pouco não pegou na minha mão ao dizer:

– Vem, eu vou te mostrar.

Já conhecia a casa, ao menos o principal dela. Contei a Fayga que antes da viagem à Venezuela estivera ali para acertar detalhes com Teodoro. Mas ela insistiu em mostrar-me a cozinha, a área de serviço, até mesmo a garagem, detendo-se depois em detalhes sobre as esculturas da sala de estar, as plantas especiais que cultivava no jardim, à beira da piscina. Durante quinze minutos andamos juntos, ela falando sem parar, orgulhosa de seus cuidados.

Estávamos agora no meio do jantar. Falávamos apenas de trivialidades, uma ou outra discussão sobre arquitetura, até que Teodoro, depois de alguns minutos de introspecção durante os quais apenas eu e Fayga conversávamos, virou-se para a mulher e perguntou:

– Em que momento aconteceu a ruptura, Fayga?

– Que ruptura?

Teodoro voltou a ficar calado. Fayga olhou para mim, interrogativa.

– O Carlos, Fayga. Estou falando do Carlos – disse por fim Teodoro. – Você sabe quando as coisas degringolaram, não?

– Acho que esse é um assunto nosso. Só nosso, não, Teodoro? Já conversamos sobre isso inúmeras vezes. O que te deu para falar sobre isso agora? Vamos pelo menos terminar essa sobremesa.

– O Silvio conhece a história. Contei para ele ontem. Não tem problema. Bobagem, bobagem, Fayga. É um assunto que vai e volta. Não tem jeito.

Embora constrangido, não cheguei a me sentir mal, porque entre eles, assim me pareceu, havia uma harmonia extraordinária. Trocavam essas palavras com placidez. Sem sombra de tensão.

– A ruptura aconteceu com catorze anos, você sabe disso, Teodoro. O bar-mitzvah, aquela festa toda, foi a última concessão que o Carlos fez dentro dessa casa.

– Sim, fez para você, querida, porque, da minha parte, eu não me importava se ele ia fazer o bar-mitzvah ou não. Você sabe.

– Quer mais alguma coisa ou vamos mesmo para a sobremesa? O frango estava excelente, não? – Fayga dirigia-se agora a mim, diplomaticamente. Notara a minha dificuldade dentro daquele jantar bolado inicialmente para se desenrolar a três. – Teodoro, a gente conversa sobre isso mais tarde, outra hora, está bem, querido?

Como se tivesse levado uma bronca de alguém superior, Teodoro virou-se para mim.

– Vamos comer a sobremesa na outra sala? Que tal um pouco de música? Um charuto? Que tal um licor?

Fayga sorriu. Satisfeita com a compreensão do marido, chamou a governanta, passando as diretivas.

– Bom, eu fico por aqui, senhores. Tenho de resolver umas coisinhas lá dentro – disse ela, estendendo-me a mão delicada. – Gostei de te conhecer. Você será sempre bem-vindo aqui em casa, Silvio. Pode acreditar.

– Obrigado, o prazer foi meu – eu disse, apalermado, pois contava com ela para as horas seguintes, estranhamente temeroso diante da idéia de ficar sozinho com Teodoro.

Tal temeridade, porém, mostrou-se injustificável minutos mais tarde, e guardo até hoje aquela noite como uma das mais agradáveis que jamais tive em toda a minha vida.

Para começar, fui acomodado por Teodoro numa poltrona de couro imensa, tão elaborada com vistas ao conforto que cheguei a quase cochilar em alguns momentos. Embora inexperiente no consumo de charutos, entendi de imediato que o legítimo Partagas cubano "hecho a mano" a mim oferecido era da melhor qualidade, conservado numa caixa umidificadora em perfeito funcionamento. Pude ainda optar entre diversas bebidas para acompanhar o fumo, escolhendo o Drambuie, licor de uísque desconhecido pelo meu paladar até então. Por fim, esquecendo-me das horas que passavam, ainda recebi uma aula sobre variações na música, com direito a um capítulo específico referente, para meu espanto, às famigeradas *Variações Goldberg*, de Bach.

Na maneira de abordar essa obra é que compreendi, acredito, pelo menos em grande parte, a personalidade de Teodoro. Colecionador de variações, assim ele se classificava. Dizia-se fã dessa forma de composição, o que o levara a ter em casa, no caso, uma dúzia de diferentes gravações das *Goldberg*, com diferentes intérpretes, inclusive o Glenn Gould. Ao contrário de Dorieta, porém, Teodoro falava sobre tudo isso sem nenhum toque de morbidez. Para ele, essa famosa obra de Bach era de uma alegria imensa e tinha de ser tocada de modo a expressar essa alegria.

– O Glenn Gould toca essa música como se fosse uma trilha sonora de morte e melancolia – disse Teodoro. – Não tem nada a ver, embora seja virtuoso e interessante. Bobagem, bobagem. Você precisa ouvir outras gravações, com cravo, dois teclados, uma coisa mais próxima do original, naquele ritmo vibrante de máquina de costura. O Leonhardt, a Jacoffet, até o Keith Jarret gravou isso também. Você vai ver como se trata de uma exaltação, entende? Mesmo que a peça tenha sido composta apenas como exercício para ajudar um tal conde Kayserling a enfrentar a insônia.

Saboreando o Montecristo que eu recusara em prol do Partagas, Teodoro ia e vinha na saleta de música. Abriu um armário, dentro do qual observei sua coleção com centenas de CDs. Enquanto me falava de nomes como Pollini, Marta

Argerich, pianistas de primeiro time, dizia ele, punha para tocar o CD com as *Variações Goldberg* tocadas por Keith Jarret. Foi um espanto para mim, embora minha sensibilidade musical fosse altamente questionável. Dos nomes que ele mencionou, já de volta à sua poltrona, soaram-me familiares apenas Horowitz e Rubinstein, além do Glenn Gould, por causa de Dorieta, é claro.

Na terceira dose de licor, abstêmio que eu era, comecei a me sentir um tanto grogue. O vaivém de Teodoro, fumando seu charuto, trocando de disco a todo instante, transformava-se numa espécie de representação. Eu não falava mais nada. Eram ele e seus CDs. Apenas isso estava vivo na saleta: o aparelho potente abrindo e fechando a bocarra para receber na língua os disquinhos cor de prata e Teodoro, corpo miúdo, bigode bem aparado, explicando as qualidades da Variação e seu modo particular de garantir com algumas mudanças a continuidade de um tema musical. Meu charuto já fora consumido em três quartos – lentamente, como deveria ser, segundo Teodoro. Sem pedir licença, levantei-me e fui ao banheiro.

A saleta de música estava vazia quando retornei. No cinzeiro de louça, sobre uma mesinha, jaziam os restos do charuto de Teodoro, apagado ao lado do meu. Tocava no aparelho não mais um solo de piano mas uma cantora lírica qualquer. Senti uma moleza tomar conta do meu corpo. Acomodei-me na poltrona, e quase adormecia quando Teodoro ressurgiu mais alegre do que antes, mais bem disposto do que no início do jantar.

– Sabe, se você não se incomodar – disse ele, sentado na poltrona em frente à minha –, tenho algumas coisas para te contar. Acho que você é a pessoa certa para ouvir isso de mim hoje.

– Claro, claro.... – senti que estava diante de um homem solitário.

Preparei-me para ouvir algo sobre os seus sofrimentos de pai com um filho obrigado a passar anos numa clínica para recuperação de drogados. Seria justo que ele, Teodoro, desabafasse para alguém, buscasse compreender junto a um homem mais jovem, como eu, as razões que teriam levado a tanta desarmonia entre ele e Carlos. Logo que começou a falar, no entanto, pude constatar, mais uma vez, a estreiteza do meu campo mental, o quanto eu era capaz de me enganar em relação às pessoas, mais propriamente em relação a pessoas mais interessantes do que eu.

Após uma espécie de preâmbulo histórico, em vez de falar de Carlos, Teodoro contou-me, então, que fora preso e torturado durante a ditadura militar e que conhecera Fayga justamente no tempo da militância. Nenhuma seqüela séria ficara no seu corpo, mas a cabeça era perturbada constantemente por cenas que vivenciara já fazia, àquela altura, vinte e cinco anos.

De origem judaica, dizia-se no entanto materialista, ateu.

– Deus é um urubu inventado pelos homens para justificar a carnificina – disse Teodoro. Mesmo assim, não encontrava explicação racional para as coisas que se passaram naqueles anos de ditadura.

– Foram holocaustos individuais – disse. – Foram como holocaustos individuais, por mais contraditório que isso possa parecer. E é impossível passar por eles e depois viver sem que voltem como supertragédias, pragas espalhadas, sempre à espreita. Se você bobear, por aí, na Bósnia, no túnel do metrô, onde você quiser, estão de volta. Cada casa que eu construo – concluiu Teodoro –, cada casa que eu construo é povoada por essas pragas.

Hesitei em perguntar-lhe se Fayga fora torturada também.

– Não sei por que estou te contando tudo isso, Silvio, não temos intimidade. Bobagem, bobagem...

– Talvez por que eu esteja apenas ouvindo.

– Vamos mudar de assunto, Silvio. Esses são muito chatos.

Passaram-se alguns minutos de silêncio. Somente as canções líricas soavam na saleta. Teodoro acendeu outro Montecristo, terminou de esvaziar no seu copo uma garrafa de uísque, cuja marca não guardei, e caminhou até o aparelho de som para trocar de CD. Enquanto ele fazia esses movimentos, pensei em tomar mais uma dose de Drambuie. Cheguei a erguer-me para fazê-lo. Logo, porém, de volta à sua poltrona, Teodoro me dissuadiu da idéia, ao perguntar de supetão:

– Escuta, Silvio, você não quer trabalhar comigo?

Dois meses depois, eu me mudava para um apartamento de quarto e sala em Moema e tomava posse de uma pequena mesa, a poucos metros de Márcia Arantes, no pitoresco escritório da "Meyer Arquitetura e Construções".

22

– Reengenharia! Eles chamam isso de reengenharia, os filhos-da-puta! Não sei quantos mil demitidos. E essa indenização de merda!? O que é que eu vou fazer agora? Você pode me dizer?

Enterravam-se do dia para a noite os sonhos de Gleice de se tornar comissária de bordo em vôos internacionais de primeira linha. No apartamento do Flamengo, para onde eu me dirigira com a intenção de festejar modestamente o meu novo emprego e minhas amplas perspectivas profissionais, o clima era exatamente o oposto: Gleice acabara de ser posta "no olho da rua". Nada havia, no seu caso, para comemorar.

Procurei contornar a situação explicando-lhe que, com seu currículo, não seria difícil obter uma nova colocação. Seu filho dali a pouco já estaria trabalhando também, a vida voltaria a se organizar decentemente, eu dizia, a voz pausada, algo intermediário entre um falso padre e um rabino de proveta.

– Claro, claro, com quarenta anos é muito fácil arranjar emprego! – ironizou Gleice. – E o Paulinho sem dúvida já vai começar a carreira como diretor de alguma bosta, ganhando milhões, não é?

Fiquei calado, arrependido de estar ali naquele momento, convicto de que, até então prazer e solução, Gleice passara em poucas semanas a ser um problema para mim. Mais um problema, como se eu precisasse disso! Pensava já numa maneira de trocar aquela casa por um hotel carioca qualquer, mas ela, numa brusca mudança de comportamento, como se adivinhasse os meus pensamentos, agarrou-me pela cintura e beijou-me na boca de modo a fazer-me esquecer tudo que passara pela minha cabeça apenas trinta segundos antes.

– A gente perde a grana, perde o emprego, mas não perde o tesão, não é, Silvio?

Era uma afirmação grosseira, do meu ponto de vista. Naquele instante, porém, funcionou como imbatível fonte de excitação. De tal modo que, sem música como pano-de-fundo, apenas entre os sons dos nossos murmúrios e suspiros mais ou menos resfolegantes, deitamos ali mesmo, no sofá da saleta de Gleice – ela com sua camiseta, eu nu – envolvemo-nos mais intensa, mais feroz, mais deliciosamente do que em todas as outras oportunidades.

Pela primeira vez chegamos a ficar juntos sob o chuveiro, Gleice nua por inteiro. E a visão da cicatriz no lugar de seu seio direito não causou qualquer arrepio em mim. Ao contrário, acariciei-a naquela região, beijei-a ali e em todo o corpo, como se todo ele, à exceção das lágrimas no rosto, fosse inteiramente normal.

Ao deixar o apartamento, três horas depois – a visita a Gleice fora uma escapadela durante missão para a Meyer no Rio –, sentindo pena da agora ex-aeromoça, prometi-lhe que, cedo ou tarde, caso ela não o conseguisse antes, eu trataria de lhe obter uma colocação.

Antes de retomar minhas tarefas profissionais, dei voltas pelo Aterro do Flamengo. Sem pressa, cheguei a tirar os sapatos para pisar na areia da praia e assistir de perto a uma partida de futebol com juiz, bandeirinhas, torcida, tudo isso em pleno dia de trabalho. Enquanto acompanhava as jogadas, tendo ao fundo o cenário da baía e suas águas quase roxas, ao som dos ônibus e automóveis que passavam em alta velocidade às minhas costas, pensei em mudar-me para o Rio – por alguns instantes, de fato, não me pareceu absurdo propor a Teodoro a abertura de uma filial carioca da Meyer, nem que fosse temporariamente.

De volta a São Paulo, tentei trazer para o papel argumentos que pudessem convencer o meu novo patrão da necessidade da filial. A carga teórica, tanto sociológica quanto técnica, que reunira sobre habitações populares permitia-me dar base a esses argumentos. Tal idéia, porém, seria soterrada apenas dois dias depois, quando encontrei Débora numa cafeteria do Shopping Ibirapuera.

Não nos víamos fazia meses, mais de um ano talvez. Fiquei surpreso ao saber que ela ainda trabalhava com Dario na Assembléia Legislativa, embora, segundo me contou ali, não militassem mais na mesma facção dentro do partido. O namoro dos dois, de tantos anos, andava "capenga, estremecido", dizia Débora. Não seria surpreendente se acabasse já por aqueles meses.

– Política mexe com qualquer relacionamento, não tem jeito – teorizou, no balcão da cafeteria.

– Você coloca a carroça na frente dos bois – eu disse. – A política é só um pretexto...

– Pode ser, pode ser. O estrago pode estar mesmo mais embaixo, mas eu não acredito nisso, Silvio.

– Tá na cara – sentenciei. – É só abrir os olhos, Débora.

Entre um gole e outro de café com leite, conquanto estivesse preocupado com o horário, comecei a sentir por ela uma atração tão inesperada quanto difícil de explicar. Tratava-se, na realidade, de um coquetel, uma mistura caótica de elementos, materializada e a reverberar com intensidade dentro de mim. O simplório café com leite de shopping-center parecia provocar em minha cabeça o mesmo efeito de uma droga alucinógena. Apoiada sobre o balcão de mármore marrom, Débora me atraía, ora pela sua falta de ambigüidade, pela ausência daquela hibridez que sempre caracterizara Dorieta diante dos meus olhos, ora pela calidez dos seus gestos de menina, mesmo sendo ela, já, uma mulher de trinta anos. Também pareciam irresistíveis os seus olhos, castanhos como os olhos da maioria das pessoas, mas com pontinhos amarelos muito visíveis naquela iluminação do shopping. Ainda que suas idéias e obsessões políticas continuassem onde sempre tinham estado, isto é, no reino das coisas monocórdias e sectárias, a léguas de tudo o que pudesse passar pela minha cabeça, seu corpo parecia não ter sofrido as deformidades do tempo; ao invés disso, mantinha o traçado original, mais apropriado à madeira lisa dos palcos da Moda do que ao terreno arenoso da Política.

Para minha surpresa, ao contrário do que acontecera em nossos encontros anteriores, Débora me encarava de modo indisfarçadamente malicioso. Na certa captara o meu desejo, via o meu jogo, e fazia questão de demonstrá-lo.

– Você tem algum compromisso agora? – perguntei, meus olhos já fazendo o convite que as palavras sugeriam.

– Nada, não tenho nada para fazer nos próximos noventa minutos!

Senhora de seu horário de trabalho – ao menos nesse aspecto Dario nada tinha de rígido –, Débora aceitou então passar algumas horas comigo no quarto de um hotel nas imediações do shopping.

Ali, ao sopro frio e barulhento de um ar-condicionado, não demorei a perceber que o corpo da namorada histórica de meu amigo estava ainda mais em forma do que eu supunha, mais imaculado e sólido do que eu imaginara antes. Deitada de lado, nua sobre o lençol, compunha formas que lembravam dunas de areia, aprumadas à perfeição por ventos seculares. Deveria ser modelo, pensei, Débora deveria ter sido modelo.

– Você deveria ser modelo, Débora.

– Não enche o saco, Silvio. Vem, vem...

Deixamos o hotel duas horas mais tarde. Na calçada nos despedimos sem beijo nem combinações, cada qual seguindo para um lado. Metros adiante, enquanto tomava café numa lanchonete antes de retornar ao escritório, cheguei a uma certeza jamais imaginada: as horas passadas com Débora naquele hotelzinho, horas tantas vezes sonhadas antes, não me haviam propiciado um décimo do prazer que cinco minutos de sexo com Gleice me proporcionavam. Débora formava dunas perfeitas com seu corpo, era verdade. Mas também era verdade que não havia calor algum nessas areias rígidas. O sol parecia não tê-las atingido, nem sequer de relance, durante os últimos anos. Não havia dúvida, por outro lado, de que, embora Gleice recebesse o tal sol diariamente, tê-la todo dia, como imaginara ao bolar a idéia de uma filial carioca da Meyer, poderia acabar com todo o encanto. Um dilema a menos, foi minha conclusão.

Mal me acomodei na prancheta para reiniciar alguns rascunhos, o telefone tocou. Voz embargada, como sempre, era minha mãe:

– Mais um netinho, Silvio. Gisele está já no terceiro mês. Não queria contar nada, para fazer surpresa, a danadinha. Viu, que maravilha!

– Parabéns, mãe. Parabéns.

– Liga para ela, filho. Liga. Você não tinha reparado como ela estava mais gordinha?

– Já sabem se é mesmo outro homem?

– Claro, filho. Você não conhece o Moishinho!? Agora só falta você produzir um outro.

– Tudo bem. Eu ligo para a Gisele daqui a pouco.

Mais um charuto podre à vista, pensei. Mais um livro de poemas do querido cunhado Moisés.

Logo após a conversa com a mãe, liguei para minha irmã.

– Gi, mamãe me contou. Outro homem, não é? Vocês são fogo, hein! Parabéns! Manda um abraço para o Moishinho.

Dentro do prazo previsto, como não poderia deixar de ser em famílias como a nossa, as coisas estavam de fato todas ali. Pré-fabricadas, certinhas, dispostas à visitação, frutos da imaginação padronizada de uma espécie de decorador profissional especializado em ambientes comportamentais. Nada além, nada aquém do planejado: Márcio, o novo bebê, fofo e saudável, à espera do *bris*; os bombons, centenas deles, de variados formatos e sabores, espalhados por mesinhas e aparadores; o charuto, ressequido e manchado mas cubano, dos puros; e as flores, as cheirosas flores em simétricos arranjos, as amarelas, as brancas, as vermelhas, esparramadas pelo quarto do Albert Einstein. Junto a tudo isso, o pequeno volume de capa verde com título em letras douradas: *Azul do Azul*, Edição do Autor, obra do ilustre candidato à imortalidade Moisés Lehman, cunhado querido, nobre e famoso poeta, leiloeiro oficial.

Gleice, Débora, minha mãe, Gisele, Moisés, os sobrinhos a cada dia mais numerosos – ao menos para os outros, mal ou bem, a vida continuava, simplesmente. E isso parecia valer a pena para todos eles.

23

Se Izabella permanecia dando voltas dentro de mim sob a forma de lembrança e pensamento era porque, no final das contas, não tivéramos convivência bastante para nos conhecermos a fundo. Ou, mais precisamente, ela não tivera tempo de me conhecer com profundidade. Podendo sobreviver como um sonho bom que jamais acaba, desaparecera antes mesmo de qualquer possibilidade de atritos radicais comigo, antes de poder entrar na fase em que provavelmente alguma coisa se romperia entre nós dois, em que ela começaria a não me achar tão bonito como me achava antes, em que proferiria julgamentos atordoantes com a intenção explícita de me ferir. Não chegamos a isso – infelizmente. Não me foi dada a chance de sofrer com tais reviravoltas de espírito na criança que Izabella era, para poder, mais tarde, quem sabe, reencaminhá-las para um convívio harmonioso. Mal tive tempo de ser pai, enfim; e, de novo infelizmente, não posso atribuir este fato apenas às minhas dúvidas jamais dissipadas.

Era a primeira vez que passava pela Fernão Dias desde o acidente. Por isso tais pensamentos me agitavam com intensidade, enquanto Teodoro se ocupava do volante. Inspecionaríamos juntos uma obra da Meyer em Atibaia e aproveitaríamos a oportunidade para visitar Carlos na clínica. O momento da ruptura entre os dois, em que momento isso ocorreu, como foi possível que ocorresse – era o que Teodoro se perguntava fazia anos, perguntas para as quais buscava respostas a cada passagem por Atibaia. E não encontrava.

– O que aconteceu com a bandeira que os americanos fincaram na Lua em 1969?

Foi essa pergunta que Carlos fez ao pai assim que adentramos o saguão onde ele nos aguardava junto a um enfermeiro de pele manchada, magricela e afeminado.

– Você sabe? – perguntou Carlos novamente, desta vez dirigindo-se a mim.

– Ela ainda está lá. Firme. Muito firme – disse Teodoro. – E recebe os olhares de todo o Universo, filho.

O enfermeiro retirou-se.

– Se eles não trocarem aquele pano, aquilo acaba.

– Não se preocupe. Eles trocam, eles vão trocar, logo logo...

– Quem é você? – perguntou Carlos, diretamente para mim.

Teodoro estava perturbado. Nem se dera conta de que não me apresentara ao filho. Percebi nesse momento que minha presença na clínica talvez pudesse ter alguma utilidade antes não compreendida. Eu podia auxiliar Teodoro na relação com Carlos, aí está. Então, depois de lhe dizer meu nome e explicar minha ida a Atibaia com o pai, esforcei-me para entabular uma conversa com o rapaz.

Comentei algo sobre o clima, perguntei-lhe se gostava de esporte – era domingo, imaginei que ele fosse ver algum jogo de futebol pela televisão –, se não estava com calor. Carlos porém ficava quieto, seus olhos quase não se moviam. Apesar de corpulento e alto, bem diferente do pai nesse aspecto, mostrava fragilidade. Tive a sensação de que, se alguém o tocasse nos ombros àquela hora, ele se desmancharia. Ao constatar essa debilidade, por um instante lembrei-me de Caio, observando o quanto a ausência de gestos de Carlos e seus olhos apagados faziam-no parecido com o meu amigo morto em suas piores horas.

Finalmente Teodoro se levantou. Diante da falta de diálogo com o filho, decidiu encerrar a rápida visita. Após um beijo leve na testa de Carlos, nem bem fez menção de retirar-se e já o enfermeiro, que retornara silenciosamente ao saguão, ergueu-se também – na certa conhecia os rituais daquela incomunicabilidade –, orientou o rapaz a que permanecesse sentado na poltrona, como um boneco inflável, e acompanhou-nos, visivelmente entediado, até a saída da clínica.

– É sempre assim – lamentou-se Teodoro, já no carro. – Ele fica paralisado mentalmente. Parece mais drogado do que nunca.

– Não achei que estivesse drogado – retruquei.

– Não, ele não estava nada drogado. Essa é a questão. É uma apatia inerente ao processo de cura, segundo alguns especialistas. Uma paralisia benéfica, fruto de uma interiorização contínua. A pessoa fica tomada por uma necessidade ilimitada de reflexão.

– As visitas são sempre rápidas assim? – perguntei.

– Sempre, Silvio. É sempre assim. Mas para mim parece que duram horas.

Nesse dia Carlos talvez estivesse mais apático do que em muitas outras vezes, contou-me Teodoro. Mas isso, embora o abalasse como pai, não deveria motivar tristeza alguma. As alternâncias no estado de ânimo do filho eram comuns, faziam parte de sua rotina.

Almoçamos numa cantina no centro de Atibaia. Após duas ou três voltas por uma praça, onde nos sentamos para tomar sorvete, retornamos à Fernão Dias.

Justamente a poucos quilômetros do local onde ocorrera meu acidente, já próximos de São Paulo, Teodoro ensinou-me que a única maneira segura de superar os problemas acumulados ou a se acumularem é rever o passado diariamente com o filtro da memória; sentir o que poderia ser evitado, o que foi deixado de lado, o que não foi feito e deveria tê-lo sido.

– A balança penderá sempre para o positivo – disse ele. – É infalível.

Nessa ocasião, apesar do tom jocoso, fez-me então jurar que faria um esforço para aprimorar essa técnica de reconstituição. Caso eu o conseguisse, acrescentou em tom de brincadeira, seria convidado a tornar-me sócio da Meyer. Meia hora mais tarde, ao nos despedirmos, na frente do meu prédio, Teodoro revelou, sem mais nem menos, coçando o bigode, a doença de Fayga. Sua mulher sofria de câncer no intestino.

Acordei no dia seguinte assustado com o toque do interfone. O porteiro fizera as vezes de despertador, a pedido de um vendedor de seguros, o qual no entanto despachei de imediato pelo próprio interfone. Na secretária eletrônica, a gaguice inconfundível de Dario e seu recado: "precisamos de você no hospital, temos novidades." Era 19 de abril de 1993: o acidente com Izabella não completara onze meses, e apenas nove anos antes eu me deslumbrava com Dorieta e suas esquisitices.

Minha cabeça latejava agora terrivelmente. Rebuliços estomacais; o velho bolor no cérebro. Sentia-me apodrecido. Suava. A noite fora longa e maldormida.

Debaixo do chuveiro, questionei-me repetidas vezes se devia atender ao chamado de Dario. O que havia para fazer no hospital, afinal de contas? A mensagem de Dario era ambígua. As tais novidades seriam positivas ou negativas? Seu tom de voz não deixava claro. E se Dorieta estiver melhor?, foi o que me perguntei. O homem consegue isso e aquilo, ganha dinheiro, faz a sua independência, como se diz, consegue pensar em coisas do futuro, mas continua sendo o mesmo frágil e medroso animal de sempre. Não há escapatória. Será sempre um incapaz, esse homem – no caso, esse homem era eu, grotescamente ensaboado. Sempre haverá, na cara dele, a poucos metros dele, alguém que escalará sem medo nem hesitações uma rocha gigantesca e íngreme, e ele acompanhará de baixo todo o esforço, admirado, aplaudindo o feito, torcendo para que esse alguém siga em frente vitoriosamente. No momento seguinte, porém, quando a vitória estiver próxima, esse mesmo homem – agora enrugado da água do chuveiro, à procura de uma toalha velha – começará a torcer pelo fracasso do outro, não talvez para que este despenque de lá de cima, mas certamente para que ocorra, quem sabe, uma chuva torrencial capaz de impedi-lo de prosseguir a subida heróica.

Depois de me trocar, a cabeça ainda dolorida, liguei para o escritório e avisei que não iria trabalhar naquele dia. O Beneficência Portuguesa era perto de minha nova casa. Em menos de dez minutos estaria lá.

Ao passar por uma rua que contornava um pedaço do Ibirapuera, recordei-me de uma conversa tida com Teodoro apenas uma semana antes. Corríamos fazia dez minutos na pista de cooper do parque, quando ele começou a falar, lentamente, as palavras geradas ao ritmo das passadas largas que ele, embora pequenino, e ao contrário de mim, cumpria sem qualquer esforço especial.

– A mesa da sala ficou coberta de telegramas. Não sei como consegui conhecer tanta gente em minha vida. Juntei tudo de uma vez e joguei no lixo. Ela não estava morta, afinal. Que história era aquela? As pessoas estão ficando loucas.

– Bom, talvez elas estivessem mandando votos de boa sorte, recuperação – eu disse.

Teodoro continuou a corrida ao meu lado, sem responder. Depois de algumas dezenas de metros, resmungou:

– Bobagem, bobagem, pura bobagem. Hipocrisia, você sabe o que é isso?

Fiquei quieto. Aquelas palavras não exigiam resposta.

– Não acreditei. Na hora da internação, o nervosismo fez com que eu esquecesse o nome dela. É inacreditável. Perguntaram o nome dela e simplesmente me deu um branco terrível. Levei quase dez minutos para lembrar o nome da minha própria mulher!

Fayga havia sido internada duas semanas antes, e, justamente no dia seguinte foi que Teodoro convidou-me a correr com ele no Ibirapuera. Não costumava falar durante o exercício, mas naqueles dias, certamente por causa do abalo provocado pela internação da esposa, tagarelava ao meu lado.

Contou-me da vez em que fora assaltado ali no parque, próximo da pista, no instante em que iniciava o aquecimento. Falou-me depois dos tipos bizarros que apareciam para fazer cooper trajando agasalhos extravagantes e equipamentos de último tipo para medir pressão, velocidade, perda de calorias.

Por morar bem perto dali, passara inúmeros finais de semana a passear com Carlos pelas alamedas, a pé ou de bicicleta, indo e vindo sem cessar, do lago próximo à Assembléia até o Pavilhão da Bienal. Assim, continuamente, sem descanso, inúmeras vezes, incentivando o filho.

– Ela me disse que quer morrer bonita, olha só – disse Teodoro depois de um intervalo de silêncio. – A história da plástica tem a ver com isso, percebe? Bobagem, eu disse a ela, bobagem, Fayga. Ela vai sair dessa, eu te garanto, Silvio. Hoje já não é como anos atrás. A medicina evoluiu, entende?

– Claro, tenho certeza de que logo ela vai estar em casa de novo.

Ao final da quarta volta, pedi para descansarmos um pouco. Simplesmente não agüentava dar um único passo a mais. Deixei-me cair então à sombra de uma árvore, enquanto Teodoro fazia abdominais com o auxílio de troncos enormes arranjados no gramado especialmente para isso. Sem interromper as flexões, ele disse:

– Foi torturada também. A Fayga militava comigo. Já não te contei isso? Sofreu torturas inacreditáveis. E agora essa. Ela não merecia, pode acreditar, Silvio. Não merecia. É uma ironia desgraçada. Resistiu àquilo tudo e agora vai morrer por causa de uma bosta de doença. Não faz sentido.

– Mas ela não vai morrer, Teodoro. Você mesmo não está dizendo que vai haver cura? Os caras diagnosticaram o troço no início, não foi?

Senti nessa hora ter alguma utilidade a minha presença ao lado dele, alguma importância, finalmente, em existir, impressão semelhante àquela tida por ocasião da visita a Carlos. Parecia ter encontrado um objetivo em estar vivo naquele dia: confortar alguém, alguém concreto como Teodoro, como jamais me ocorrera antes. Tal descoberta acabou por levar-me a propor novas voltas na pista de cooper. Seria um esforço extraordinário para mim, mas eu sabia que, acima de tudo, poderia ajudar Teodoro a se distrair, a contornar o pessimismo, quem sabe.

Agora, no carro, a caminho do Beneficência Portuguesa, dava-me conta de que, ao contrário do que tentara fazer com meu patrão, mesmo indiretamente, sem mais nem menos abandonara Dorieta à beira da morte. Parado no farol vermelho, desapertei o cinto da calça, soltei também o de segurança – não sabia o que me sufocava mais. Reduzi a velocidade do ventilador e, para desanuviar o ardor nos olhos, enfiei no rosto os óculos escuros. Sabia por que suava tanto: é que o corpo não suportava mais, liqüefazia-se em protesto, ensopando a gola da camisa. Doíam-me as gengivas. Pareciam desfazer-se, espremidas dentro da boca. A cabeça a ponto de virar ao avesso, senti vir de dentro dela o cheiro azedo do meu próprio vômito, armazenado aos quilos durante anos, o bolor, cada vez mais deteriorado e pútrido no cérebro, à espera do que ameaçava se tornar uma espécie de apoteótica eclosão final.

O farol abriu. Engatei a primeira marcha e afundei o pé no acelerador, na expectativa de dar uma grande arrancada. Mas o trânsito estava lento; as luzes dos carros acendiam e apagavam. Troquei a marcha, troquei de novo, quase a cada poste de luz da calçada via-me obrigado a fazê-lo.

Passei para a faixa do meio, que se mostrava mais ágil do que as outras. Logo adiante, porém, um guarda vestido de cinza fez sinal para que eu estacionasse num espaço marcado por cones de borracha listados de preto e amarelo. Foda-se, pensei. O melhor da minha vida, efetivamente, o melhor da minha vida já se foi. Esses guardas, que profissão!

Tratava-se de uma batida. Policiais vistoriavam veículos ao léu, para checar os "acessórios obrigatórios".

– É uma contradição em termos. Como um acessório obrigatório? – reclamei enquanto mostrava os documentos. Mas o guarda não me levou a sério.

– Senhor Silvio Goldman, vamos dar uma olhadinha no geral. O senhor pode sair do carro, por favor...

Tentei argumentar, ia visitar minha mulher no hospital, ela estava muito mal. Isso de nada adiantou. Mostrei-lhe mais documentos, abri o porta-malas, apontei para o triângulo novinho, sem uso, mostrei em seguida o extintor carregado dentro do carro.

– Sou um homem sem problemas, seu guarda. Mas se quiser, multa, multa mesmo, vai te fazer bem. Multa mesmo! Corruptor, isso eu não sou. Não adianta fazer essa cara de quem espera uma proposta, ah isso eu não vou fazer, seu guarda. Multa, multa mesmo que vai me fazer bem também.

Disse-lhe tudo isso com um sorriso desengonçado. O guarda forjou, de seu lado, vários sorrisos estranhos também. Obviamente poderia ter-me autuado por desacato à autoridade ou coisa parecida, mas sentiu, creio, sentiu meu transtorno, o atordoamento que realmente estava à tona do meu corpo.

Segundos depois eu estava liberado e minhas costas voltavam a se enrijecer. Melhor parar esse carro, pensei. Seria simples matá-la, na verdade. Desligar os tubos, bater a cabeça dela no ferro da cama, qualquer coisa simples assim acabaria com a história toda, eu pensava. Não é mesmo simples? Mas também muita aventura poderia ser feita se Dorieta voltasse à vida normal, quando se recuperasse. Superara outras crises antes, sempre haveria uma chance de retomar tudo. Talvez nem seja crise agora, talvez Dario tenha me chamado para dizer, ao contrário, que Dorieta logo deixaria o hospital, ou, quem sabe, que ele a levaria para casa.

A idéia de me livrar de Dorieta se agigantara nos últimos dias, por coincidência, desde que começara a correr com Teodoro no Ibirapuera pelas manhãs. Uma vontade de simples execução; afinal, sutis movimentos no quarto do hospital bastariam, a puta esteticista me ensinara o que fazer para tudo ser cumprido em silêncio. Seria simples. A verdade era que, se mais e mais crescia dentro de mim uma espécie de encanto secreto por Márcia, se mais aumentava o meu tesão quase ininterrupto por Gleice, se mais e mais me assustavam os temores em relação a Débora, quanto mais tudo isso acontecia, mais se avolumava, tocando já o infinito, a repulsa diante da existência de Dorieta, aí está. Inútil era lembrar da Dorieta exuberante de anos atrás, a bizarrice tagarela, sua capa cáqui, os pernilongos abatidos.

O último farol antes do Beneficência parecia destinado a não abrir nunca mais. Essa merda está quebrada, pensei, a cabeça ainda mais pesada. Alguns minutos depois, finalmente deixei o carro num estacionamento e desci devagarinho a rampa em direção à entrada principal do hospital. Ao chegar ali, quando pedi meu crachá de visitante, a recepcionista, já velha conhecida, fez uma careta, disse que Dorieta não estava mais "hospedada" ali. Seus olhos denunciavam algo estranho que ela procurava ocultar.

Voltei-me para a rampa, andei alguns passos, como se fosse deixar o hospital, e me dei conta então do movimento anormal de pessoas pouco acima, à esquerda, onde ficam as salas de velório. Aos poucos identifiquei rostos conhecidos. Antes de decidir misturar-me ao burburinho, porém, busquei um telefone público e liguei para o escritório, a fim de transmitir a notícia para Márcia e Teodoro.

Dizia a mim mesmo, ainda dentro do orelhão: Dorieta preferia ser cremada, tenho certeza disso. E, se assim tivesse de ser, as providências deveriam ser tomadas logo, pensei. Lembrava-me bem do cartazinho que eu lera certa vez no Instituto Médico Legal quando um vizinho meu morrera por causa de uma queda na piscina: "Solicitamos aos familiares que comuniquem o mais breve possível quando pretenderem cremar o corpo." Estão certos. É preciso agir com rapidez nesses momentos, pensava ali no orelhão.

Havia muita gente no velório. Isso fazia aumentar minha tremedeira. Por que gostavam tanto dela? E, se gostavam mesmo, por que estão todos tristes? Afinal, Dorieta sofria miseravelmente, carregava no corpo dores martirizantes. Melhor estar morto do que viver assim. Deixei o orelhão.

Próximo da segunda sala de velório, enquanto buscava a maneira mais adequada de acercar-me do caixão, pelo diálogo entre dois funcionários encarregados da limpeza compreendi como tudo se passara.

– Parece que se arrastou pelo quarto, Tião.

– E depois? –perguntou o outro.

– Depois catapimba. O Manuel, da lanchonete, foi ele o primeiro a ver. A mulher estava toda torta no canteiro.

– Seis andares não é brincadeira, Zé!

– Pois é! Bobearam, Tião. Deixaram a mulher sozinha.

Senti intensificar-se a minha tremedeira. Você não podia ter feito diferente, Dorieta, pensei. Realmente, não podia. A agonia era algo demais para você, não? Acima das possibilidades. Não sei por que me surpreendo. Estava escrito nos teus olhos apagados, agora entendo. Aguardava o momento, não? Teria de ser depois do canto do cisne, como se diz; depois de descarregar todo o rancor em cima de mim. Aí chegara o momento, não foi assim? Vingança? Não acredito: você nunca deu importância à minha figura, ao menos a ponto de cometer um ato desses apenas para me chocar. Não. Talvez tenha sido apenas um gesto para se sentir à altura do seu Glenn e de suas *Variações*, não, Dorieta? Sim, talvez tenha sido tão-somente um gesto de imitação, pura e simples, com ares de heroísmo mas meramente imitativo, aí está.

Ao mesmo tempo em que compunha explicações para a opção de Dorieta, senti alívio intimamente. Seu desaparecimento era, na verdade, uma benesse. Resolvia de uma hora para outra muitos dos meus dilemas. Não mais precisaria decidir como efetivar a separação; não me perturbaria mais a vontade de eliminar Dorieta; não teria mais obrigações para com nenhuma pessoa que fosse de uma forma ou de outra ligada à nossa história. As coisas finalmente se resolviam, e de modo higiênico. Entre os olhos inchados e as lamúrias dos presentes ao velório, abria-se para mim, finalmente, a possibilidade de recomeçar tudo.

Vi Dario conversando com minha sogra, aparando dona Rosa já dentro da sala onde estava o caixão. Resolvi entrar.

A dor. A dor. Dorieta falara em dor inúmeras vezes. Mas, definitivamente, ao contrário do que ocorrera com as mortes de Caio e de Izabella, eu não conseguia sentir nenhuma dor diante da morte de Dorieta. Vivêramos juntos quase uma década, ela e eu. Mesmo assim, percebia agora, diante do seu cadáver, ali entre florzinhas amarelas e brancas dentro do caixão, petrificado, mais pálido do que jamais estivera antes, percebia agora que Dorieta continuava um ser estranho para mim, mais estranho do que nunca; e que, sem dúvida, levaria para baixo da terra essa estranheza. Não me deu uma chance sequer, Dorieta!

Isolado, fugindo de Dario, que me vigiava à distância, sentei-me num dos cantos da sala. Olhava para os meus sapatos novos, pretos e brilhantes, como se ainda os estivesse experimentando pela primeira vez na loja. À minha frente, sentadas do outro lado do caixão, duas senhoras choravam copiosamente: dona Rosa e uma outra que eu não conhecia. A mãe de Dorieta parecia sonâmbula, debilitada, semimorta, minha sogra! Nada tinha a ver, ali, com os retratos que eu conhecera anos antes, menos ainda com a imagem que a própria Dorieta guardava dela. Era uma mulher destruída. Uma pessoa arrasada naquele anexo lúgubre do hospital.

Um jovem de terno azul-escuro, que não reconheci mas que me pareceu ser alguém do coral de Dorieta, segurava o rosto com as mãos, olhando para baixo. Ao seu lado estava Eliza, a japonesinha da maldita fita das *Variações Goldberg*.

Pensei em Márcia. Se ela me visse aqui, provavelmente faria um desenho deste salão sem graça. Além disso, ao contrário de mim, saberia pronunciar palavras decentes para confortar dona Rosa.

Sem querer chamar a atenção, levantei-me e me aproximei do caixão. Dario, como que de propósito, afastou-se rumo ao corredor do lado de fora, silenciosamente. Acometeu-me, a poucos centímetros do corpo de Dorieta, uma vontade de sofrer muito, fazer o papel do jovem viúvo sofredor, para que tivessem pena, compaixão de mim, mais uma vez. Preferiria mil vezes ser cremado, eu pensava, embora saiba que quem manda no enterro, afinal, são os vivos, os que ficam, pois o morto não deve mandar em nada, nem mesmo sua vontade em vida deve ser o determinante, eu pensava; ainda mais morto que se matou; enterro é cerimônia de quem fica, serve apenas a quem fica, aí está. Preferiria, no meu caso, ser cremado, realmente, Dorieta. Você não? Não creio na ressurreição, obviamente, e, pensando bem, mesmo que acreditasse, não gostaria de voltar para cá.

Você também não pensa assim? Dessa forma eu articulava palavras internamente, junto ao caixão de Dorieta.

Dario voltou para a sala, onde notei que já havia quatro coroas de flores na parede de fundo. Vinha, desta vez, acompanhado de Débora. Aproximou-se também a nova regente do coral, senhora gorda e esbaforida, afoita por apoiar-se em Eliza do outro lado do caixão, diante de mim.

Mantendo meu silêncio, resolvi sair dali. No hall do prédio de velórios, cruzei com Justino. Estava elegante, trajando um terno preto de risca de giz. Trocamos apenas sinais com a cabeça. O ex-regente do coral, Valério, apareceu acompanhado de um rapaz alto, mulato como Justino. Os três logo trataram de se reunir e permaneceram vários minutos a gesticular incessantemente, até que a japonesinha Eliza e a nova regente, deixando a sala, integraram o grupo. Mostravam-se inconformados com o destino de Dorieta, mas eu sabia o que isso significava: ninguém a conhecera tão bem como eu, aí está; a ninguém mais do que a mim parecia compreensível o gesto dela.

Desloquei-me até o balcão onde serviam café. Copo plástico na mão, recordei a imagem de Dorieta na Pro Matre olhando Izabella, as fotos da Polaroid, a fita das *Variações* girando no quarto para espantar visitas indesejadas. Nesse instante, adentrou o saguão do anexo minha irmã, a impetuosa Gisele, justamente uma das visitas sempre indesejadas. Viera sozinha, animal estranho no ambiente, para representar a família.

– Pode ir embora, Gi. Você não tem nada para fazer aqui. Quem você veio consolar?

– Mamãe pediu que eu passasse aqui. Acho que o Dario avisou...

Minha irmã estava desorientada. Sua presença naquele lugar não fazia o menor sentido. Ofereci-lhe café, mas ela recusou e, pela primeira vez, obedeceu-me, retirando-se com a mesma discrição com que entrara, sem falar com ninguém, quase me pedindo desculpas por ter aparecido.

Terminado meu café, caminhei para o lado de fora do anexo, de onde chegava Osório O Asno, meu ex-chefe, com quem não falava fazia vários meses. Apresentou-se com jeito de diplomata a cumprir missão, explicando-me que Sandro não pudera comparecer ao velório pois estava em viagem, mas que com certeza iria à missa de sétimo dia.

– Não sei se vai haver missa de sétimo dia, Osório. Mas fique à vontade. O caixão está na segunda sala.

– Muito obrigado – ele resmungou, embaraçado.

– Fique à vontade. Pode se retirar na hora que achar mais adequada, viu? Nem se incomode – enfatizei. – Afinal, eu sei como é. Você não tinha obrigação nenhuma de estar aqui.

Osório O Asno deu-me um último aperto de mão e desapareceu entre os presentes, rumo à sala onde estava o caixão. Observei que, ali chegando, perguntou a uma senhora se era a mãe de Dorieta, recebendo uma negativa e uma indicação de onde estaria dona Rosa.

Chegou a mim, nessa hora, das mãos de uma funcionária do hospital, um telegrama de Teodoro: "Não sei se sei o que é a dor, Silvio. Um dia saberei o que você já sabe. Minha solidariedade." Guardei-o no bolso. Impostor, assim eu me senti. Impostor, eu me dizia, cansado de forçar expressões de dor em meu próprio rosto. Até mesmo Teodoro, ingenuamente, pensa que sinto muito a morte de Dorieta. Impostor, eu me xingava.

Retirei-me então da área do hospital, caminhando para a lanchonete da esquina, onde pedi água gelada. Minhas mãos tremiam. Passeava com elas por todas as partes do rosto – inundado de suor. Não conseguia mantê-las paradas. Apoiei os cotovelos no balcão. Os olhos fechados, deixei a testa tombar sobre as duas mãos, que a sustentavam com dificuldade, como se fosse uma placa de ferro.

Terno preto, gravata vinho, Dario surgiu de repente.

– O cortejo sai em dez minutos – ele disse. – Acho que você deveria ir no ccc... carro.... cc... comigo.

– Ela preferia ser cremada, tenho certeza disso – retruquei, sem responder à sugestão dele, mas sem dar muita importância para essa idéia também. Girava o copo vazio sobre o balcão.

– Isso não está em dd... discussão, Silvio. Esquece.

Dario tentou me erguer à força, segurando-me pela cintura. Repeli o gesto. Puxou então uma banqueta e, depois de pedir uma cerveja ao balconista, sentou-se ao meu lado. Fiquei quieto, olhando a água no copo. Meus olhos estavam cheios de lágrimas.

– Por que ela fff... ffff... fez isso, Silvio?

Continuei mudo. Não deixei que nenhuma lágrima pingasse de mim. E assim permaneci alguns instantes enquanto Dario esfregava uma mão na outra. Depois, olhos inchados, a gagueira acentuada, o tique nervoso de rodopiar a cabeça para todos os lados – era uma figura repugnante, aí está –, ele se ergueu da banqueta, pagou a conta e retirou-se para a calçada, sem se despedir.

À saída da lanchonete, poucos minutos depois, vi se distanciar o cortejo que levaria o corpo de Dorieta ao cemitério da Consolação.

No apartamento, consultei a secretária eletrônica. As *Variações Goldberg* com o Glenn Gould permaneciam lá, depois de anos. Por incrível que possa parecer, tinha-me esquecido disso, ou simplesmente, de modo inconsciente, nunca tivera coragem de apagá-las. O Glenn e as *Variações* estavam ali, porque assim o quisera Dorieta. Não havia, porém, nenhuma mensagem para mim.

A água do chuveiro logo caiu suave e morna, massageou-me os ombros com afeição. Esfreguei os olhos. Não chorei. Senti o bolor no cérebro, mas não crispei as pálpebras sob o vapor que me cercava. No espelho embaçado do box, vi traços de Izabella, vi outros, de Dorieta, e no meu rosto, ali embaralhado, vislumbrei um sorriso cujo contorno se expandia inexplicavelmente.

24

Plínio está ao telefone; percebo que é o celular. Aperto a tecla "alto-falante", no meu aparelho, e sua voz ecoa por toda a sala. Diz estar próximo do escritório. Vem com o chofer. O que pretende Plínio hoje? Vem me ver e pronto, diz ele, sem maiores pretensões. Duvido. Em poucas semanas fará quinze anos. É o mais velho dos sobrinhos, o de parto mais sofrido. Talvez queira dar continuidade à conversa que tivemos um mês atrás nesta mesma sala, neste mesmo horário, e que o deixou intrigado. Muito provavelmente é disso que pretende tratar comigo. Agora sei. Esperto, nunca vem de mãos abanando, como se diz.

Naquela ocasião, perguntou-me de supetão por que eu nunca ia à sinagoga, nem mesmo nas grandes festas, nem sequer uma sexta-feira ou um sábado por ano no *shabat*, apesar dos convites insistentes de Moisés e de Gisele. De fato, a última vez em que eu estivera em uma sinagoga fora um ano antes, para a cerimônia de bar-mitzvah de Álvaro, nosso futuro fagotista.

Respondi que, sendo Deus uma invenção dos homens, a ele sempre recorrerá quem sentir tal necessidade. De minha parte, porém, e foi isso o que lhe disse, assim como não sinto necessidade de usar relógios de pulso, não sinto necessidade de "falar com Deus", muito menos necessidade de comparecer a um templo qualquer.

– Os homens é que são uma invenção de Deus – retrucou Plínio. – É tudo criação Dele.

– Quem disse isso?

– Está na Torá, ora bolas. O senhor não conhece?

– Quem escreveu a Torá? – perguntei-lhe.

– Bom, isso é outra coisa...

– Questão de fé, Plínio. Quem escreveu a Torá foram os homens. Todo mundo sabe que os homens rezam é para si próprios. Usam as orações como instrumento, só isso. Eu não tenho fé em outra força que não seja aquilo que está dentro de nós mesmos, entende?

– Mas Deus está dentro de nós!

– Não é o que diz a Torá, ao que eu saiba.

Contei a Plínio, naquele dia, dos três homens que se reúnem toda manhã numa mesa próxima à minha no Chez Bougnat para ler e trocar idéias sobre a Bíblia. Os três usam óculos. O mais velho, de cabelos grisalhos, já quase brancos, tem dentes avançados como de coelho. O mais novo, de vastos cabelos e barba negra que lhe toma todo o rosto, é um urso sorridente. E o terceiro, mais magro, pálido, tem barba rala, parece um bode. Os três animais – assim brinquei com Plínio –, o coelho, o urso e o bode, lêem trechos da Bíblia no *coffee shop*; a cada dia um dá aos demais uma espécie de informe ou resumo de algum capítulo, e os outros dois fazem comentários sobre aquilo.

– Como é possível? Eu me pergunto isso todos os dias. O que essas pessoas fazem com essas ladainhas logo cedo, pela manhã, Plínio?

– Estudam, ora bolas. Devem ser teólogos, coisa assim, tio.

– Esquece, Plínio. O que você entende de Teologia? Vamos mudar de assunto.

Uma confusão absoluta, aí está. Atingi a confusão absoluta naquele dia. Decidi mesmo mudar de assunto, pois a nada chegaríamos falando de Deus e religião, até por incompetência de minha parte. Então, sem mencionar o meu caso pessoal, de uma hora para outra contei-lhe que, por razões nem sempre claras, certos homens são estéreis, incapazes de gerar filhos.

– Você sabia disso?

– Não.

– Devia saber, Plínio.

Na verdade, puxara o assunto para introduzir uma conversa não tanto sobre esterilidade mas sim sobre sexo, convicto de que Moisés, com sua cabeça de açougueiro do século dezenove, jamais abordara o tema com o filho. Além do quê, caso viesse a fazê-lo certamente causaria uma tragédia mental em Plínio.

Plínio mostrou-se espantado. Jamais imaginara a possibilidade de um homem ser estéril. Logo tornou-se arredio, porém. Falar de sexo, percebi, era difícil para ele. Pediu para ir ao banheiro, voltando muito tempo depois. Foi, na verdade, insensatez de minha parte tentar manter também esta segunda conversa. Já está tudo estragado, pensei. Moisés fez o seu trabalho. Cheguei tarde!

Ninguém, afora os sobrinhos, pode me interromper aqui no início da manhã – eis a orientação que desde sempre dei para Gleice, a qual, surpreendentemente exemplar como secretária, respeita e cumpre tudo aquilo que decido e determino. Só eles podem suspender a imersão que faço periodicamente em meu próprio inferno – minha memória –, cuja diferença em relação ao inferno oficial é apenas a de que deste se entra e não se sai, ao passo que daquele posso sair ou entrar a qualquer momento.

Plínio então logo estará aqui. Mais uma vez quererá ouvir minhas baboseiras – certamente se diverte com as excentricidades do tio, minha falta de lógica, meu ziguezague, minha inconsistência, aí está. A maldita inconsistência, defeito sempre apontado por meu pai, diga-se, e por ele reiterado na última vez que o visitei, anos atrás na velha casa do Alto de Pinheiros.

Tocara a campainha após muita hesitação naquele dia. Fazia apenas três meses a morte de Dorieta, e não nos víamos – meus pais e eu – desde o período de luto. O pai surgiu com seu aspecto de engenheiro bem-sucedido, como sempre, bem trajado, a camisa social, a calça com vincos impecáveis. Dessa vez, entretanto, para além do lustre facial, pude ver, sob o nariz achatado, um sorriso tímido, e, por cima desse mesmo nariz, um brilho intenso nos olhos, brilho que, acredito, esteve na verdade sempre ali, presente nele sempre quando diante de mim, sem que eu, no entanto, tivesse notado, ao menos tanto quanto nesse dia.

Sob o umbral da porta de nossa casa, também pela primeira vez vi no seu rosto o tempo acumulado. Foi, talvez, uma espécie de amor, o que senti. Ou teria sido compaixão? Minha mãe não estava em casa, e então, pela primeira e única vez – mais uma novidade naquele encontro cheio delas –, apostando na existência de um amor filial que me pareceu concreto por alguns momentos, contei-lhe que eu era estéril. E acrescentei que, portanto, no fundo, nunca tivera certeza de que Izabella fosse minha filha.

O pai encheu um copo de uísque e ficou minutos andando em silêncio pela sala. Depois sentou-se e encarou-me demoradamente. Eu estava sem graça, talvez enrubescido, mas, ao mesmo tempo, desfrutava uma espécie de descarga, um alívio imenso por ter-lhe revelado o meu segredo. Era uma confissão, a bem dizer.

Procurou em seguida, após esvaziar o copo de uísque, confortar-me com algumas palavras inúteis. Disse que aquilo era uma loucura de minha parte, pois Izabella era fisicamente igualzinha a mim. Mesmo que ele nunca tivesse suportado Dorieta, tinha certeza de que Izabella tinha sido minha filha.

– Você se prende a um fantasma, Silvio. Esse negócio de esterilidade é um fantasma, filho. E sabe por quê?

Fiquei calado, olhando as paredes da casa, iguaizinhas desde mais de vinte anos, época em que eu as havia olhado com atenção, de fato, como agora, pela última vez.

– Por causa da tua inconsistência. Você não se agarra em nada com paixão ou autenticidade. Nem em Deus você acredita! Então cria fantasmas. É isso, filho. Porque você é humano, e os homens precisam desses fantasmas, para se agarrarem a alguma coisa, entende?

Desde sempre a inconsistência, a inconsistência. Achei fora de propósito o que ele dizia, nem mesmo senti vontade de continuar a conversa. Evitei fazer qualquer comentário. Até por quê, o motivo de minha visita à velha casa havia sido outro, nada tinha a ver com a revelação de meu defeito, a bem dizer. Era que, poucas horas antes, estivera na despedida de Teodoro, no aeroporto de Cumbica. Ele partia para a França, apenas dez dias depois da morte de Fayga, estraçalhada pelo câncer no hospital. A decisão de mudar para Paris fora tomada em poucas horas, e, no mesmo ritmo frenético, eu era informado de que para mim ficava o controle geral do escritório – manteríamos correspondência permanente, com certeza, mas o controle da Meyer passaria mesmo para as minhas mãos. Também ficara, de Teodoro, a solicitação para que eu fosse visitar Carlos em Atibaia de vez em quando, até que o filho recebesse alta da clínica, o que deveria ocorrer dali a alguns meses, quando então, como de fato aconteceu, Carlos igualmente partiria para a França.

Estava então na casa do Alto de Pinheiros, naquele dia, fugido do aeroporto, para buscar consolo – simplesmente isso; não há como ser mais claro. Esse fora o motivo, e não a vontade de revelar ao pai a esterilidade, as minhas incapacidades. Não que a simples partida de Teodoro e a "herança" deixada por ele me transtornassem a ponto de fazer-me procurar a casa dos meus pais daquele modo patético. Devo deixar mais clara a situação. A razão principal para a visita esdrúxula foi outra. Foi saber apenas no aeroporto, onde o aguardava para a despedida, que Márcia partiria com ele para Paris. Viveriam juntos na França, aí está. Assim os dois o anunciaram para mim, sem mais nem menos, sem aviso prévio, abraçados, entre beijos; felizes, dez dias apenas após a morte de Fayga. Fizeram-no bem na minha frente, insisto; sorridentes, junto ao balcão de *check in*.

Depois de abraçá-los sem entusiasmo, forçando sorrisos, combinando detalhes burocráticos sobre Carlos, sobre a Meyer, vendo vários de meus sonhos se desfazerem ao mesmo tempo, deixei às tontas o aeroporto, sentindo dificuldade para conduzir o carro. Tive de aguardar vários minutos, dentro do estacionamento, até recuperar alguma serenidade. E foi com automatismo, quase involuntariamente, que dirigi até o Alto de Pinheiros. Imaginava encontrar ali o velho porto seguro.

Certamente essa última visita a meu pai não teve nada a ver com isso – ele nunca chegou a me ouvir com seriedade –, mas o fato é que o bem-sucedido engenheiro Alfredo Goldman, pai severo de Silvio e Gisele, figura constante nas atividades de peso da comunidade judaica paulistana, veio a falecer dois meses mais tarde, vítima de um ataque cardíaco – que mais poderia ser? E apenas um ano depois, minha mãe, dona Dorinha, senhora criptorracista mas avó dedicada, apagando-se, como sempre, mais e mais, seguiu pelo mesmo caminho: o cemitério israelita do Butantã. Assim, como num passe de mágica hollywoodiano, em praticamente trezentos e sessenta e cinco dias meu número de perdas multiplicou-se por três.

Desde a despedida no aeroporto, nunca mais encontrei Teodoro. Por mais oportunidades que tivesse, evitei cruzar com ele em Paris nas quatro vezes em que lá estive nos últimos anos. Da mesma forma, sempre que ele veio a São Paulo, eu soube me arranjar para não vê-lo nem sequer à distância. Desde o início, desde a morte de Fayga e a partida de Márcia com Teodoro para a França – ocasião, aliás, em que tomei a decisão de importar do Rio a pobre Gleice para contratá-la como secretária –, soubemos cuidar dos negócios da Meyer sem necessidade de um encontro direto. E, se isso aconteceu, não tenho dúvidas de que se deve também a um desejo do próprio Teodoro.

Vez por outra, devo admitir, penso em colocar um retrato dele por aqui, ao lado dessas paisagens. Não se trata de nenhuma espécie de masoquismo, pois é do primeiro Teodoro Meyer que quero ter lembrança. A ele é que me refiro. Não ao segundo, que fugiu com Márcia e com esse gesto me golpeou em definitivo. Teria de ser um retrato velho, portanto, que correspondesse ao início de nosso relacionamento, ao momento preciso no qual deixei-me dominar por sua sabedoria, pela maneira inimitável com que, ao menos assim me parecia, ousava encarar as dificuldades. Não suportaria, aqui, um retrato do segundo Meyer, aquele que partiu. Esse não.

A memória arrasa a vida de um homem, aí está. Dario e Débora, eis um outro exemplo. Deles costumo receber cartões-postais insossos e hipócritas, protocolares, com uma regularidade tão perfeita que me causa enjôo. A última vez em que estivemos juntos, um ano após a morte de Dorieta – menos de um ano portanto após o esfacelamento de Fayga, oito meses depois de meu pai sofrer o ataque cardíaco e poucos meses antes de minha mãe seguir o marido no cemitério, portanto mais ou menos dois anos depois do acidente de Izabella e quase três anos desde que a Aids abocanhara Caio; assim mantenho a minha averiguação cronológica de perdas –, a última vez em que estivemos juntos, então, Dario, Débora e eu, foi no cartório, em seu casamento civil, para o qual aceitei, sem qualquer explicação razoável, o papel de padrinho. No dia seguinte os dois já se mudavam para Minas, onde Dario prosseguiria a carreira de militante político com chances de disputar uma cadeira de deputado estadual.

Naquele dia, mal saíamos do cartório, ele pediu que Débora entrasse no carro e nos deixasse a sós do lado de fora. Encostados no capô, ficamos em silêncio, até que Dario resolveu falar.

– Você é um filho-da-puta, Silvio.

– O que houve? Do que você está falando? Só porque virei empresário? – Eu achava, até ali, que ele não estava falando sério.

Veio então uma carga de acusações.

– Você é um alienado. Egoísta. Ss... só liga para o que te... te interessa.

Dizia-me coisas desse tipo, as quais, a rigor, àquela altura, pouco me tocavam. Senti que Dario procurava, na verdade, descarregar sobre mim um ódio de muitos anos. A ausência de proximidade entre nós criara um desconforto irremediável. Isso estava claro ao ouvi-lo cuspindo calúnias em minha direção.

A certa altura, porém, perdi a fleuma. E isso aconteceu em decorrência da última de suas acusações: Débora estava grávida e o filho era meu.

Forcei uma gargalhada. Balancei a cabeça.

– Larga de ser imbecil, Dario. Transei com ela uma única vez. Muito tempo atrás. E você sabe que sou estéril.

Mentira um tanto, a bem dizer, a verdade era que estivera com Débora naquele hotel de Moema inúmeras vezes.

– Estéril, o caralho, Silvio. Deixa de ser imbecil, com essa história. Você sabe que nunca foi estéril coisa nenhuma. A Izabella veio de quem, então? Larga de ser idiota!

– Mesmo que seja meu – retruquei, a voz arrasada –, mesmo que seja verdade, foda-se. Manda a Débora abortar. Pronto!

Por pouco Dario não me estapeou nesse momento. Vi nos seus olhos que a vontade dele era mesmo de acabar comigo.

– Filho-da-puta – ele disse, e repetiu-o várias vezes. – Você é um grande filho-da-puta, Silvio.

Não nos despedimos.

Deixei aquele local enquanto ele abria a porta para entrar no carro. Não sei, até hoje, por que insistem em mandar-me cartões-postais de Belo Horizonte.

Além de secretária exemplar, Gleice sabe me satisfazer sexualmente, muitas vezes aqui mesmo no escritório. Com seu único seio, sempre soube me agradar, aí está; bem mais do que qualquer outra mulher em toda a minha vida. Ela e os sobrinhos – por mais despreparados que estes sejam, em tudo e a toda hora –, são estas as únicas pessoas em quem ouso depositar hoje alguma confiança. Quanto aos clientes da Meyer – em número cada vez menor, deve-se dizer –, faço questão de tratá-los à distância. Fodam-se, os clientes!

O que mais me preocupa em Plínio, em Álvaro e me preocupará talvez mais tarde em Márcio, o pequenino, o que mais me preocupa neles é aquilo que, felizmente, menos existe em minha Barbie Gleice: a timidez. Pois a timidez é sempre uma máscara. Os tímidos, em geral, são tímidos porque têm a mente suja; sei disso por experiência própria. Temem permanentemente os seus próprios impulsos, em relação às outras pessoas e em relação a si próprios, logicamente. Aprendi isso ao longo de anos de auto-observação. Têm vergonha de si próprios e de seus pensamentos asquerosos, os tímidos. Suas intenções são sempre as mais inconfessáveis. Por isso se retraem.

Não quero que Plínio seja igual a mim. Não gostaria de saber, também, que o motivo pelo qual tão nobre e sabiamente Álvaro deseja ser músico de orquestra, fagotista, tenha a ver com essa doença que é a timidez. Essa tarefa eu posso assumir, ao menos essa, para os próximos anos: impedir que tal enfermidade liquide a vida de meus sobrinhos.

Gleice anuncia a chegada de Plínio. Depois de autorizar que a porta seja aberta para recebê-lo, esmago o resto do charuto no cinzeiro de pedra-sabão. Levanto-me e caminho em direção ao aparelho de som. Aciono-o, para ouvir as *Variações Goldberg*. É com elas, ao som delas, que recebo meus sobrinhos; sempre o faço dessa maneira. Mas não ponho para tocar nenhuma de suas versões em piano, nem mesmo em cravo. Não quero saber de ouvi-las tristes como ensinara Dorieta, tampouco festivas como Teodoro me fizera conhecê-las. Os sobrinhos, em que pese toda a sua ignorância, não o merecem.

Ponho para tocar em minha sala a famosa obra de Bach, sim, a mesma obra, executada, no entanto, por uma orquestra de cordas cheia de vivacidade, com destaque para o violino de um jovem – Dmitry Sitkovetsky, o seu nome – que descobri faz poucos anos em uma de minhas idas doentias e inexplicáveis a Paris. Prefiro ficar com eles, esse violino e essa orquestra de músicos vibrantes, não mais do que pós-adolescentes. Como gosto musical, tal opção pode parecer equivocada. Não duvido. Julgue-o quem quiser. Mas, certamente, nunca será esse o meu critério.

Há passos, agora, no corredor. Incha-me o peito. Sinto-me nervoso, como se fosse receber uma alta personalidade, um conde, uma princesa, o presidente da República, ou o mais importante de meus clientes. Abro a porta. Comprime-se a garganta. Aí vem ele. Tímido e alegre, desengonçado. Aí estão a lividez, a limpeza, a ingenuidade, a beleza espinhenta do sobrinho Plínio.

– O que é isso? Chorando, tio!?

Romance

Este livro foi composto pela
Art Line Produções Gráficas Ltda.
Rua Visconde de Inhaúma, 64 - Centro - RJ
e impresso na Editora JPA Ltda.
Av. Brasil, 10.600 - Rio de Janeiro - RJ
em outubro de 1998,
para a Editora Rocco Ltda.